普通高等学校应用型教材·会计与财务

《税法 第6版》习题集

主 编◎梁文涛
副主编◎苏 杉 耿红玉 张清亮

TEST BANK FOR LAW OF TAX

中国人民大学出版社
·北京·

图书在版编目（CIP）数据

《税法（第6版）》习题集/梁文涛主编；苏杉，耿红玉，张清亮副主编. --北京：中国人民大学出版社，2022.1

普通高等学校应用型教材. 会计与财务

ISBN 978-7-300-30116-7

Ⅰ.①税… Ⅱ.①梁…②苏…③耿…④张… Ⅲ.①税法-中国-高等学校-习题集 Ⅳ.①D922.220.4

中国版本图书馆CIP数据核字（2021）第266366号

普通高等学校应用型教材·会计与财务

《税法（第6版）》习题集

主　编　梁文涛

副主编　苏　杉　耿红玉　张清亮

《Shuifa（Di 6 Ban）》Xitiji

出版发行	中国人民大学出版社		
社　址	北京中关村大街31号	**邮政编码**	100080
电　话	010－62511242（总编室）		010－62511770（质管部）
	010－82501766（邮购部）		010－62514148（门市部）
	010－62515195（发行公司）		010－62515275（盗版举报）
网　址	http://www.crup.com.cn		
经　销	新华书店		
印　刷	北京昌联印刷有限公司		
规　格	185 mm×260 mm　16开本	**版　次**	2022年1月第1版
印　张	15 插页1	**印　次**	2022年7月第3次印刷
字　数	320 000	**定　价**	34.00元

前言

“税法”是应用型院校财经专业的一门专业核心课。“税法”服务于会计专业人才培养目标，培养具有一定企业涉税法律知识、涉税岗位能力强的应用型人才。本课程坚持“理实一体，学做合一”，以涉税岗位能力的培养为主线，直接为培养学生从事财税工作应具备的基本知识、基本技能和核算操作能力服务。

《税法》（第 6 版）配备配套参考书《〈税法（第 6 版）〉习题集》。“税法”课程的后续课程为“税务会计”“纳税筹划”，读者也可以继续选用本教材相关作者在中国人民大学出版社出版的《税务会计》（第 4 版）、《〈税务会计（第 4 版）〉习题集》、《税务会计（简明版）》、《纳税筹划》（第 6 版）和《〈纳税筹划（第 6 版）〉习题集》教材。另外，《税法》（第 6 版）有对应的简明版本，即《税法（简明版）》（第 2 版），适合课时（学时）少的师生选用。《税法（简明版）》（第 2 版）与《税法（第 6 版）》相比，主要是少了第 8 章“税务行政法制”，同时第 1 章“税法认知”也有所压缩。

《税法》（第 6 版）包括税法认知、增值税法、消费税法、企业所得税法、个人所得税法、其他税种税法（上）、其他税种税法（下）、税务行政法制共八章。为培养高端应用型涉税岗位人才，该教材从“工作引例”“情境引例”“工作实例”“理论答疑”“实务答疑”等方面对涉税实例进行分析与操作，主要讲授企业实际工作所必需的各税种的认知、计算、征收管理、涉税疑难解答等，突出税法的实用性和应用性，让学生在学习税法理论知识的同时，提升税法的实践和应用能力。

本套教材在借鉴大量优秀前期成果的基础上，结合作者对税法理论与实践的认识，具有以下特色。

一、案例经典、丰富，实用性和应用性强

《税法》（第 6 版）从作者多年归纳整理的 500 多个经典涉税问题和案例中，选取 200 多个有代表性的涉税问题和案例，通过“情境引例”“工作实例”“理论答疑”“实务答疑”等方式融入教材中。通过对这 200 多个涉税问题和案例的解答和分析，让学生较快地把握税法的精髓和思想。

二、编写体例、形式和内容适合应用型人才培养特点

《税法》（第6版）每章开头设置“能力目标”，让学生首先能够明确本章的学习目标；在每章具体学习之前设置“税收格言”和“工作引例”，在每节具体学习之前设置“情境引例”，激发学生的学习兴趣；在税法理论知识的讲授过程中，融入“理论答疑”，在税法实务知识的讲授过程中，融入“实务答疑”，实现理实一体，与此同时设置“点拨指导”“特别提示”“归纳总结”“知识链接”等模块，并从“工作实例”“工作要求”“工作实施”三个方面对涉税实例进行分析与操作，让学生体验案例学习的趣味，再次激发学生的学习兴趣；每章的最后设置“技能训练”“实战演练”，并配备单独的《〈税法（第6版）〉习题集》，让学生通过训练和实战，进一步理解和掌握所学知识。

三、严格按照新税法编写，体现最新的营改增、深化增值税改革有关政策（含13%和9%的增值税新税率）和新个人所得税法等内容

本教材根据截稿之日（2022年7月15日）的最新税法修订。本套教材在以后重印、修订或再版时，将根据最新税法及时修订和完善，同时在PPT等教学资源中体现。本教材根据自2022年7月1日起施行的《中华人民共和国印花税法》、自2021年9月1日起施行的《中华人民共和国城市维护建设税法》、自2021年9月1日起施行的《中华人民共和国契税法》、自2020年9月1日起施行的《中华人民共和国资源税法》、自2019年9月1日起施行的《中华人民共和国耕地占用税法》、自2019年7月1日起施行的《中华人民共和国车辆购置税法》、自2019年4月1日起我国实行的深化增值税改革有关政策（含13%和9%的增值税新税率），以及自2019年1月1日起正式施行的《中华人民共和国个人所得税法》《中华人民共和国个人所得税法实施条例》《个人所得税专项附加扣除暂行办法》等新税收政策进行编写。同时，本教材根据《国家税务总局关于简并税费申报有关事项的公告》（国家税务总局公告2021年第9号）、《国家税务总局关于增值税消费税与附加税费申报表整合有关事项的公告》（国家税务总局公告2021年第20号）、《国家税务总局关于进一步实施小微企业“六税两费”减免政策有关征管问题的公告》（国家税务总局公告2022年第3号）、《国家税务总局关于修订发布〈个人所得税专项附加扣除操作办法（试行）〉的公告》（国家税务总局公告2022年第7号）等文件对纳税申报表、税费申报表进行了修订。

四、教学资源丰富

本套教材给任课教师提供教学PPT课件、教学大纲、技能训练和实战演练的参考答案电子版等资源。任课教师经过实名认证后可通过中国人民大学出版社网站索取上述课程资源。

五、提供最新法律法规库链接

本教材提供最新法律法规库链接，读者可以通过法律法规库查询各个税种的最新法

律法规文件。具体可登录 http://www.chinatax.gov.cn/chinatax/n810341/n810825，或者扫描以下二维码（注：通过电脑登录可以按照税种查询最新法律法规文件）。

本套教材的出版得到中国人民大学出版社相关工作人员的大力支持与帮助，在此表示衷心感谢；本套教材在撰写过程中，参考借鉴了大量本学科相关著作、教材与论文，在此向其作者表示由衷的感谢。由于作者水平所限，以及会计、税收等法律、法规、政策不断修订变化，本套教材定会存在不当之处，读者在实际运用时应当以最新的法律、法规、政策为准。竭诚欢迎广大读者批评指正。若有意见、建议或指正，请发送至邮箱：nashuichouhua@126.com。本套教材任课教师 QQ 群号：498267290（仅供任课教师加入，加入时请说明单位、姓名）。

本书由梁文涛担任主编，苏杉、耿红玉、张清亮担任副主编。

本套教材不仅可以作为应用型院校的教材，也可以作为各种财税培训机构的培训教材，同时适合企业董事长、经理、财务主管、税务经理、会计人员、税务人员、律师、注册会计师、税务师、会计师、管理会计师、纳税筹划师等各类关心财税的人士阅读。

目　录

第 1 章　税法认知 …… 1
1.1　能力目标 …… 1
1.2　知识体系 …… 1
1.3　技能训练 …… 2
1.4　实战演练 …… 5
第 2 章　增值税法 …… 6
2.1　能力目标 …… 6
2.2　知识体系 …… 6
2.3　技能训练 …… 7
2.4　实战演练 …… 22
第 3 章　消费税法 …… 25
3.1　能力目标 …… 25
3.2　知识体系 …… 25
3.3　技能训练 …… 26
3.4　实战演练 …… 37
第 4 章　企业所得税法 …… 39
4.1　能力目标 …… 39
4.2　知识体系 …… 39
4.3　技能训练 …… 40
4.4　实战演练 …… 57
第 5 章　个人所得税法 …… 61
5.1　能力目标 …… 61
5.2　知识体系 …… 61
5.3　技能训练 …… 62
5.4　实战演练 …… 75
第 6 章　其他税种税法（上） …… 77
6.1　能力目标 …… 77

6.2　知识体系 …… 78
6.3　技能训练 …… 78
6.4　实战演练 …… 87
第7章　其他税种税法（下） …… 88
7.1　能力目标 …… 88
7.2　知识体系 …… 88
7.3　技能训练 …… 89
7.4　实战演练 …… 99
第8章　税务行政法制 …… 101
8.1　能力目标 …… 101
8.2　知识体系 …… 101
8.3　技能训练 …… 102
8.4　实战演练 …… 105
模拟试题 …… 106
习题集参考答案 …… 122
《税法（第6版）》主教材课后题参考答案 …… 217

参考文献 …… 229

第1章 税法认知

1.1 能力目标

（1）能识记税收的含义与特征、税法的含义与特征。

（2）能明确税法的原则、税收的分类、税法的构成要素、税收法律关系。

（3）能办理税务登记，能进行发票管理。

（4）能区分税收立法和税收执法，能区分纳税申报与税款征纳。

1.2 知识体系

税法认知	税收的内涵和分类	（1）税收的含义与特征（★★[①]） （2）税收的分类（★★）
	税法的内涵和构成要素	（1）税法的含义与特征（★★） （2）税法的构成要素（★★★★）
	税法的原则	（1）税法的基本原则（★★★） （2）税法的适用原则（★★★）
	税收法律关系	（1）税收法律关系的含义（★） （2）税收法律关系的构成（★★） （3）税收法律关系的产生、变更与消灭（★★）
	税收立法与执法	（1）税收立法（★★） （2）税收执法（★★）
	税务登记与发票管理	（1）税务登记（★★★） （2）发票管理（★★★）
	纳税申报与税款征纳	（1）纳税申报（★★） （2）税款的征收与缴纳（★★）

① ★越多，表示越重要。下同。

1.3 技能训练

一、单项选择题

1. 下列各项中可以体现程序优于实体原则的是（　　）。

A. 税务机关对纳税人的关联交易价格进行调整

B. 必须在纳税人缴纳有争议的税款后，税务行政复议机关才能受理纳税人的复议申请

C. 因信赖税务机关的正式表示而少纳税款的，纳税人无须缴纳滞纳金

D. 在新程序法实施后进入征管程序的，适用新法规定

2. 下列税种中，属于中央地方共享税的是（　　）。

A. 消费税　　B. 环境保护税

C. 关税　　D. 增值税

3. 下列关于税法特征的表述中，不正确的是（　　）。

A. 从立法过程来看，税法属于制定法，而不属于习惯法

B. 从法律性质来看，税法属于义务性法规，而不属于授权性法规

C. 税法具有强制性、无偿性、固定性的特征

D. 从内容上看，税法属于综合法，而不属于单一法

4. 下列各项中，属于税法基本原则的是（　　）。

A. 法律优位原则　　B. 特别法优于普通法原则

C. 税收公平原则　　D. 实体从旧、程序从新原则

5.《中华人民共和国消费税暂行条例》的法律级次属于（　　）。

A. 全国人大授权国务院立法　　B. 财政部制定的部门规章

C. 国务院制定的税收行政法规　　D. 全国人大制定的税收法律

6. 采用比例税率征收的税种是（　　）。

A. 黄酒消费税

B. 土地增值税

C. 合伙企业投资者从合伙企业取得经营所得的个人所得税

D. 天然气资源税

7. 税务登记不包括（　　）。

A. 开业税务登记　　B. 变更税务登记

C. 停业复业登记　　D. 纳税申报登记

8. 针对会计核算比较健全、能够正确计算应纳税款且认真履行纳税义务的纳税人，应采取的税款征收方式为（　　）。

A. 查定征收　　B. 查账征收　　C. 查验征收　　D. 邮寄申报

9. 邮寄申报以（　　）为实际申报日期。
A. 纳税人、扣缴义务人寄出纳税申报表的邮戳日期
B. 纳税人、扣缴义务人寄出纳税申报表的邮戳日期的次日
C. 税务机关收到纳税申报表的日期
D. 税务机关收到纳税申报表的日期的次日
10.（　　）是区别一种税与另一种税的重要标志。
A. 纳税义务人　　B. 征税对象　　C. 税目　　D. 计税依据

二、多项选择题

1. 下列属于税收法律关系主体的有（　　）。
A. 国家各级税务机关
B. 海关
C. 依法直接负有纳税义务的自然人
D. 依法直接负有纳税义务的法人
2. 下列关于我国税收法律级次的表述中，正确的有（　　）。
A.《中华人民共和国企业所得税法实施条例》属于税收行政法规
B.《中华人民共和国房产税暂行条例》属于税收规章
C.《中华人民共和国个人所得税法》属于全国人大制定的税收法律
D.《中华人民共和国增值税暂行条例》属于全国人大常委会制定的税收法律
3. 以下选项中，属于税法适用原则的有（　　）。
A. 程序优于实体原则　　B. 法律优位原则
C. 实质课税原则　　D. 新法优于旧法原则
4.《中华人民共和国税收征收管理法》属于我国的（　　）。
A. 税收实体法　　B. 税收基本法
C. 税收程序法　　D. 税收法律
5. 下列关于税法原则的表述中，正确的是（　　）。
A. 居于特别法地位级别较低的税法，其效力可以高于作为普通法的级别较高的税法
B. 税收法律关系主体的权力（权利）义务必须由法律予以规定，这体现了税收法定原则
C. 税收程序法不具备溯及力；税收实体法在特定条件下具备一定的溯及力
D. 税法适用原则中的法律优位原则明确了税收法律的效力高于税收行政法规的效力
6. 税收执法权具体包括（　　）。
A. 税款征收管理权　　B. 税务检查权
C. 税务行政复议裁决权　　D. 税务稽查权
7. 下列应当办理纳税申报的是（　　）。

A. 负有纳税义务的单位和个人

B. 扣缴义务人

C. 纳税期内没有应纳税款的纳税人

D. 享受减免税的纳税人

8. 纳税人、扣缴义务人的权利包括（　　）。

A. 对税务机关作出的决定享有陈述权、申辩权

B. 对未出示税务检查证和税务检查通知书的拒绝检查权

C. 纳税人或扣缴义务人应当按照法律、行政法规规定或者税务机关依照法律、行政法规的规定确定的期限，缴纳或者解缴税款

D. 检举和控告税务机关、税务人员违反税收法律、行政法规的行为

9. 虚开发票行为包括（　　）。

A. 为他人开具与实际经营业务情况不符的发票

B. 为自己开具与实际经营业务情况不符的发票

C. 让他人为自己开具与实际经营业务情况不符的发票

D. 介绍他人开具与实际经营业务情况不符的发票

10. 纳税申报方式包括（　　）。

A. 直接申报　　B. 数据电文申报

C. 简易申报与简并征期　　D. 查定征收

三、判断题

1. 我国个人所得税中非居民个人工资、薪金所得的“起征点”为5 000元/月。（　　）

2. 我国成品油的消费税采用定额税率。（　　）

3. 征税主体和纳税主体双方法律地位是平等的，权利和义务也是对等的。（　　）

4. 纳税人、扣缴义务人当期不发生纳税义务，则不需要办理纳税申报。（　　）

5. 对于累进税率，一般情况下，课税数额越大，适用税率越高。（　　）

6. 税目是各税种的具体征税项目。（　　）

7. 开具发票应当按照规定的时限、顺序、栏目，全部联次一次性如实开具，并加盖发票专用章。（　　）

8. 延期申报相当于延期纳税。（　　）

9. 自2020年3月1日起，从事生产、经营的个人应办而未办营业执照，但发生纳税义务的，可以按规定申请办理临时税务登记。（　　）

10. 自2020年3月1日起，纳税人负有纳税申报义务，但连续6个月所有税种均未进行纳税申报的，税收征管系统自动将其认定为非正常户，并停止其发票领用簿和发票的使用。（　　）

11. 自2020年3月1日起，对纳税人、扣缴义务人、纳税担保人应缴纳的欠税及滞纳金不再要求同时缴纳，可以先行缴纳欠税，再依法缴纳滞纳金。（　　）

12. 电子专票由各省税务局监制，不能采用电子签名代替发票专用章，属于增值税专用发票，其法律效力、基本用途、基本使用规定等与增值税纸质专用发票相同。

（　）

1.4　实战演练

纳税人甲月应纳税所得额为 9 999 元。纳税人乙月应纳税所得额为 10 001 元。假设纳税人上述所得适用的三级全额累进税率表和三级超额累进税率表分别如表 1－1 和表 1－2 所示。

表 1－1　三级全额累进税率表

级数	全月应纳税所得额	税率（%）
1	10 000 元以下（含）	10
2	10 000（不含）～20 000 元（含）	20
3	20 000 元（不含）以上	30

表 1－2　三级超额累进税率表

级数	全月应纳税所得额	税率（%）	速算扣除数（元）
1	10 000 元以下（含）	10	0
2	10 000（不含）～20 000 元（含）	20	1 000
3	20 000 元（不含）以上	30	3 000

要求：

（1）若采用全额累进税率，分别计算甲、乙当月的应纳税额。

（2）若采用超额累进税率，分别计算甲、乙当月的应纳税额。

第2章

增值税法

2.1 能力目标

（1）能判定增值税一般纳税人和小规模纳税人的标准，能判断哪些业务应当征收增值税，会选择增值税适用税率，能运用增值税优惠政策，会使用增值税专用发票。

（2）能根据相关业务资料计算一般计税方法下增值税销项税额、进项税额、进项税额转出额和应纳税额，简易计税方法下增值税应纳税额，进口货物增值税应纳税额。

（3）能合理选择和运用增值税出口货物或者劳务退（免）税政策、出口服务或者无形资产退（免）税政策，能根据相关业务资料运用免抵退税办法和先征后退（免退税）办法计算增值税应退税额。

（4）能确定增值税的纳税义务发生时间、纳税期限和纳税地点。

2.2 知识体系

增值税法	增值税的认知	（1）增值税纳税人和扣缴义务人的确定（★★★） （2）增值税纳税人身份的确定（★★） （3）增值税征税范围的确定（★★★） （4）增值税税率和征收率的判定（★★★） （5）增值税优惠政策的运用（★★） （6）增值税专用发票的使用和管理（★★） （7）深化增值税改革中有关增值税发票的规定（★★）
	增值税的计算	（1）增值税一般计税方法下应纳税额的计算（★★★★★） （2）增值税简易计税方法下应纳税额的计算（★★★★★） （3）增值税差额征收应纳税额的计算（★★★★★） （4）进口货物应纳税额的计算（★★★★）
	增值税出口退（免）税的计算	（1）增值税出口退（免）税政策的认知（★★） （2）出口货物或者劳务增值税退（免）税的计算（★★★★） （3）出口服务或者无形资产退（免）税的计算（★★★）
	增值税的征收管理	（1）增值税的征收管理要求（★★） （2）增值税的纳税申报（★★）

2.3　技能训练

一、单项选择题

1. 下列各项中，不属于混合销售行为的是（　　）。

A. 某电脑制造公司在销售电脑的同时又为该客户提供运输服务

B. 某建材商店在销售建材的同时又为其他客户提供装饰服务

C. 某邮政企业销售集邮商品的同时又为该客户提供邮政服务

D. 某塑钢门窗销售商店在销售外购塑钢门窗的同时又为该客户提供安装服务

2. 下列关于增值税纳税义务发生时间的表述中，不正确的是（　　）。

A. 纳税人提供应税劳务的，为提供劳务同时收讫销售款项或者取得索取销售款项凭据的当天

B. 纳税人采取委托银行收款方式销售货物的，为发出货物并办妥托收手续的当天

C. 纳税人采取直接收款方式销售货物的，为货物发出的当天

D. 纳税人进口货物的，为报关进口的当天

3. 甲公司为增值税一般纳税人，本年①7 月进口一批高档化妆品，海关核定的关税完税价格为 150 万元，甲公司缴纳进口关税 20 万元、进口消费税 30 万元。已知增值税税率为 13%。甲公司进口该批高档化妆品应缴纳的增值税税额为（　　）。

A. (150+20)×13%=22.1(万元)

B. 150×13%=19.5(万元)

C. (150+20+30)×13%=26(万元)

D. (150+30)×13%=23.4(万元)

4. 甲企业为增值税小规模纳税人，选择按月申报缴纳增值税，2020 年 1 月销售自产货物取得含税收入 12 万元，销售自己使用过 2 年的设备，取得含税收入 4 万元，购入货物取得的增值税专用发票上注明金额 5 万元、增值税税额 0.65 万元，则该企业当月应纳增值税为（　　）万元。

A. 0.35　　B. 0.41　　C. 0.43　　D. 0.47

5. 甲公司为增值税一般纳税人，本年 7 月采用以旧换新的方式销售冰箱 50 台，冰箱每台售价 4 500 元，同时收到旧冰箱 50 台，每台折价 300 元，实际收到销售款 21 万元，已知甲公司适用的增值税税率为 13%，则甲公司本年 7 月销售冰箱的增值税销项税额为（　　）元。

A. 24 159.29　　B. 27 300　　C. 25 884.96　　D. 29 250

6. 下列关于营改增试点纳税人的各项服务的表述中，不享受免征增值税优惠政策

① 没有特殊说明，本书中的本年均指 2022 年。

的是（　　）。

A. 非学历教育收取的学费　　B. 个人销售自建自用住房

C. 福利彩票的发行收入　　D. 婚姻介绍服务

7. 下列各项中，属于应计入销售额缴纳增值税的是（　　）。

A. 纳税人销售货物的同时代办保险而向购买方收取的保险费

B. 受托加工应征消费税的消费品所代收代缴的消费税

C. 纳税人销售货物的同时向购买方收取的手续费

D. 纳税人代有关行政管理部门收取的符合税法规定条件的政府性基金

8. 甲建材商店为增值税小规模纳税人，选择按月申报缴纳增值税，2020 年 1 月销售建材一批，取得收入 123 600 元（含增值税），并开具增值税专用发票；当月该批建材购进时取得的增值税专用发票上注明价款 12 000 元（含增值税）。该建材商店本月应纳增值税为（　）元。

A. 17 000　　B. 1 800　　C. 3 600　　D. 1 890

9. 甲公司为增值税一般纳税人，本年 11 月将 5 月购入用于职工活动中心的电脑改用于生产车间。该批电脑购入时取得的增值税专用发票上注明价款 60 万元、增值税税额 7.8 万元。截至本年 11 月，该批电脑已计提折旧 10.8 万元，则该批电脑应转增进项税额（　）万元。

A. 7.8　　B. 6.56　　C. 1.24　　D. 0

10. 甲企业进口一批货物，经海关审定的关税完税价格为 34 000 元，关税为 13 700 元，增值税税率为 13%。甲企业在进口环节应缴纳增值税（　　）元。

A. 6 201　　B. 7 007.13　　C. 1 781　　D. 4 420

11. 下列各项中，说法正确的是（　　）。

A. 采取折扣销售方式的，销售额为扣除折扣后的金额

B. 采取还本销售方式的，不得从销售额中减除还本支出

C. 采取以旧换新方式的，销售额为实际收取的全部价款

D. 采取以物易物方式的，以实际收取的差价款为销售额

12. 下列各项中，应当征收增值税的是（　　）。

A. 某公司将外购的部分饮料作为福利发给本公司员工

B. 某服装商店销售代销服装

C. 某企业将外购材料用于本企业食堂装修

D. 某公司将外购茶叶作为防暑降温物品用于员工福利

13. 下列各项中，不属于营业税改征增值税的是（　　）。

A. 餐饮服务　　B. 金融服务　　C. 物业服务　　D. 加工服务

14. 甲企业为增值税一般纳税人，本年 7 月从农民手中收购一批苹果，农产品收购发票上注明的收购价款为 104 000 元。该企业将这批苹果加工成果汁对外销售，本月取得不含税销售额 195 000 元。该企业本年 7 月应纳增值税为（　）元。

A. 11 830　　B. 15 990　　C. 14 950　　D. 25 350

15. 甲厂为增值税一般纳税人，本年 10 月将 600 件衬衣销售给乙商场，含税单价为 226 元/件。由于乙商场购进的数量较多，甲厂决定给予七折优惠，开票时将销售额和折扣额在同一张发票上的“金额”栏分别注明，已知增值税税率为 13%。甲厂该笔业务的增值税销项税额的下列计算中，正确的是（　　）。

A. 600×226×13%＝17 628(元)

B. 600×226÷(1＋13%)×13%＝15 600(元)

C. 600×226×70%÷(1＋13%)×13%＝10 920(元)

D. 600×226×70%×13%＝12 339.60(元)

16. 下列情况中，外购货物发生的进项税额准予抵扣的是（　　）。

A. 将外购货物用于免征增值税项目

B. 将外购货物用于交际应酬消费

C. 将外购货物用于对外捐赠

D. 将外购货物用于简易计税项目

17. 一般纳税人销售下列货物或者应税劳务适用免税规定的是（　　）。

A. 自己使用过的汽车　　B. 避孕药品

C. 农产品　　D. 图书

18. A 公司为增值税一般纳税人，本年 7 月采用以旧换新的方式零售冰箱 50 台，冰箱每台零售价为 1 000 元。同时收到旧冰箱 50 台，每台折价 100 元，实际收到销售款 4.5 万元。已知 A 公司适用的增值税税率为 13%。A 公司本年 7 月销售冰箱的增值税销项税额为（　　）元。

A. 5 850　　B. 5 176.99　　C. 5 752.21　　D. 6 500

19. 下列行为中，应当缴纳增值税的是（　　）。

A. 客运公司为本公司员工提供班车服务

B. 建筑公司员工接受本公司的工作任务设计建筑图纸

C. 母公司向子公司无偿转让商标权

D. 运输公司为灾区提供免费运输救灾物资的服务

20. 甲餐饮企业为增值税一般纳税人，本年 5 月甲餐饮企业提供餐饮服务取得不含税销售额 135 万元。已知生活服务适用的增值税税率为 6%。该企业当月的销项税额为（　　）万元。

A. 7.64　　B. 8.1　　C. 8.59　　D. 17.55

21. 甲管道运输公司主要从事天然气输送服务，为增值税一般纳税人。本年 11 月该公司向客户运输天然气共取得不含税收入 6 000 万元，同时随同天然气输送向客户收取管道维护费 100 万元。当月发生可抵扣的增值税进项税额为 200 万元。那么，该公司可申请办理即征即退的增值税为（　　）万元。

A. 165.51　　B. 365.51　　C. 348.26　　D. 0

22. A首饰店为增值税一般纳税人，本年7月采取“以旧换新”方式销售一批金项链。该批金项链含增值税价款为22 600元，换回的旧项链作价13 560元，A首饰店实际收取差价款9 040元。已知增值税税率为13%。A首饰店本年7月该笔业务的增值税销项税额的下列计算中，正确的是（　　）。

A. 22 600÷(1+13%)×13%=2 600(元)

B. 13 560÷(1+13%)×13%=1 560(元)

C. 9 040÷(1+13%)×13%=1 040(元)

D. 22 600×13%=2 938(元)

23. 甲公司为增值税一般纳税人，本年11月5日购进写字楼一层用于办公，计入固定资产并于次月起开始计提折旧。本年11月20日，甲公司取得相应的增值税专用发票且本月符合抵扣规定，增值税专用发票上注明的增值税税额为800万元。甲公司本年就上述业务可以抵扣的进项税额为（　　）万元。

A. 0　　B. 320　　C. 480　　D. 800

24. 下列关于特殊销售方式下销售额的确定，说法正确的是（　　）。

A. 纳税人采取还本销售方式销售货物的，可以按扣除还本支出以后的金额为销售额

B. 纳税人采取以旧换新方式销售金项链的，应按新金项链的不含税售价计算缴纳增值税

C. 直销企业先将货物销售给直销员，直销员再将货物销售给消费者的，直销企业的销售额为其向消费者收取的全部价款和价外费用

D. 纳税人采取以物易物方式销售货物的，双方都应作购销处理，以各自发出的货物核算销售额，以各自收到的货物核算购货额，并分别计算销项税额和进项税额

25. 下列项目的进项税额可以从销项税额中抵扣的是（　　）。

A. 接受的餐饮服务

B. 用于生产经营项目购进的非专利技术

C. 与非正常损失的购进货物相关的交通运输业服务

D. 与非正常损失的在产品、产成品所耗用购进货物相关的交通运输业服务

26. 下列关于增值税专用发票记账联用途的表述中，正确的是（　　）。

A. 作为销售方核算销售收入和增值税销项税额的记账凭证

B. 作为购买方核算采购成本的记账凭证

C. 作为购买方核算增值税进项税额的记账凭证

D. 作为购买方报送主管税务机关认证和留存备查的扣税凭证

27. 甲公司为增值税一般纳税人，本年8月将一批新研制的产品赠送给老顾客使用，甲公司并无同类产品销售价格，其他公司也无同类产品。已知该批产品的生产成本为40万元，甲公司的成本利润率为10%。甲公司本年8月视同销售的增值税销项税额

为（　　）万元。

A. 4　　B. 5.2　　C. 5.72　　D. 5.06

28. 甲制药厂为增值税一般纳税人，本年 8 月销售抗生素药品 226 万元（含税），销售免税药品 100 万元。当月购入生产用原材料一批，取得的增值税专用发票上注明税款 10.4 万元，抗生素药品与免税药品无法划分耗料情况。甲制药厂当月应纳增值税为（　　）万元。

A. 26　　B. 28.6　　C. 19.07　　D. 15.6

29. 甲企业为增值税一般纳税人，本年 7 月购进原材料取得的增值税专用发票上注明的增值税税额为 15.6 万元，当月销售货物取得不含税销售额 80 万元；8 月购进原材料取得的增值税专用发票上注明的增值税税额为 6.4 万元，当月销售货物取得不含税销售额 140 万元。已知增值税税率为 13%，取得的增值税专用发票本年 7 月符合抵扣规定。甲企业 8 月应缴纳的增值税为（　　）万元。

A. 11.8　　B. 18.2　　C. 6.6　　D. 28.6

30. 甲公司为增值税一般纳税人，本年 12 月将其作为固定资产核算的一批电脑作为职工福利发放。该批电脑于 6 月份购进时取得增值税专用发票，注明价款为 40 万元，增值税税额为 5.2 万元，已提取符合规定的折旧额 8 万元。已知增值税税率为 13%。有关甲公司将该批电脑作为职工福利发放时应当转出的进项税额，下列计算正确的是（　　）。

A. 40×13%＝5.2(万元)

B. 40×(1＋13%)×13%＝5.876(万元)

C. (40－8)÷(1＋13%)×13%＝3.68(万元)

D. (40－8)×13%＝4.16(万元)

31. 甲个体商店为增值税小规模纳税人，选择按月申报缴纳增值税，2020 年 1 月该商店购置一批货物，取得的普通发票上注明金额 6 400 元，当月零售货物取得销售收入 180 000 元；当月用部分外购商品抵债，抵债商品的买价为 2 400 元，平均售价为 3 000 元，最高销售价格为 3 600 元。以上价格均含增值税。甲个体商店 2020 年 1 月应纳增值税为（　　）元。

A. 5 347.570　　B. 5 330.10　　C. 5 490　　D. 5 508

32. 甲企业为增值税一般纳税人，本年 5 月对外转让其使用过的 2008 年 1 月购进的作为固定资产核算的机床一台，含税转让价格为 72 000 元。有关甲企业该笔业务应缴纳的增值税，下列计算正确的是（　　）。

A. 72 000÷(1＋4%)×4%÷2＝1 384.62(元)

B. 72 000÷(1＋13%)×13%＝8 283.19(元)

C. 72 000÷(1＋3%)×3%＝2 097.09(元)

D. 72 000÷(1＋3%)×2%＝1 398.06(元)

33. 甲厂为增值税一般纳税人，本年 7 月销售化学制品取得含增值税价款 226 万元，当月发生的可抵扣的进项税额为 10.2 万元，上月月末留抵的进项税额为 7.2 万元。

已知增值税税率为13%。甲厂本年7月应纳增值税为（　　）。

A. 226÷(1+13%)×13%−7.2=18.8(万元)

B. 226÷(1+13%)×13%−10.2=15.8(万元)

C. 226÷(1+13%)×13%−10.2−7.2=8.6(万元)

D. 226×13%−10.2=19.18(万元)

34. 增值税纳税人（　　）采用预收款方式的，其纳税义务发生时间为收到预收款的当天。

A. 销售货物　　B. 提供生活服务

C. 提供租赁服务　　D. 提供建筑服务

35. 甲食品加工厂本年7月从乙农副产品批发厂购入鲜鸡肉一批用于生产火腿，取得的乙农副产品批发厂开具的增值税普通发票上注明的价款为20 000元，另支付给丙运输公司（一般纳税人）运费，取得的丙运输公司开具的增值税专用发票上注明的价款为1 000元。则该业务甲食品加工厂可以抵扣的进项税额为（　　）元。

A. 0　　B. 100　　C. 1 890　　D. 2 100

二、多项选择题

1. 甲公司进口越野车应按照组成计税价格和规定税率计算增值税，下列各项中，应计入组成计税价格的有（　　）。

A. 通关、商检费用　　B. 关税完税价格

C. 消费税　　D. 关税

2. 下列情形不属于在境内销售服务或者无形资产的有（　　）。

A. 境内单位或个人向境内单位或个人提供完全在境外消费的服务

B. 境外单位或个人向境内单位或个人提供完全在境外消费的服务

C. 境内单位或个人向境内单位或个人出租完全在境外使用的有形动产

D. 境外单位或个人向境内单位或个人出租完全在境外使用的有形动产

3. 一般纳税人销售货物不得开具增值税专用发票的有（　　）。

A. 向消费者个人销售货物　　B. 零售劳保专用品

C. 销售非自用二手车　　D. 批发计生用品

4. 下列各项中，应计入增值税的应税销售额的有（　　）。

A. 向购买者收取的销项税额

B. 向购买者收取的包装物租金

C. 受托加工应征消费税的消费品所代收代缴的消费税

D. 因销售货物向购买者收取的手续费

5. 下列业务中，一般纳税人不允许开具增值税专用发票的有（　　）。

A. 向消费者个人提供修理、修配服务

B. 向消费者个人零售服装、化妆品

C. 向一般纳税人销售房屋

D. 向一般纳税人销售货物

6. 下列属于营改增征税销售应税服务项目的有（　　）。

A. 铁路运输　　B. 家政服务　　C. 房屋销售　　D. 房屋租赁

7. 下列关于增值税纳税地点的表述中，正确的有（　　）。

A. 固定业户应当向其机构所在地的主管税务机关申报纳税

B. 非固定业户销售货物或者应税劳务，应当向销售地或者劳务发生地的主管税务机关申报纳税

C. 进口货物，应当向报关地海关申报纳税

D. 扣缴义务人应当向其机构所在地或者居住地的主管税务机关申报缴纳其扣缴的税款

8. 甲企业主要从事洗衣机的生产和销售，本年11月发生下列购进业务，准予依法抵扣进项税额的有（　　）。

A. 购进办公用打印纸一批，取得销售方开具的增值税专用发票

B. 进口设备一台，取得海关进口增值税专用缴款书

C. 从境外单位受让位于境内的办公室一处，取得解缴税款的完税凭证

D. 接受某设计公司提供的设计服务，取得服务提供方开具的增值税普通发票

9. 下列选项中，属于营改增征税的征收范围的有（　　）。

A. 公路运输服务　B. 建筑服务　C. 加工劳务　D. 修理修配劳务

10. 下列选项中，应当按照交通运输服务征收增值税的有（　　）。

A. 期租业务　　B. 程租业务

C. 航空运输的干租业务　　D. 航空运输的湿租业务

11. 增值税一般纳税人支付的下列运费中（均取得了运输企业开具的增值税专用发票），不允许抵扣进项税额的有（　　）。

A. 外购生产应税产品的机器设备所支付的运输费用

B. 销售免税货物所支付的运输费用

C. 外购苹果用于生产果汁所支付的运输费用

D. 外购水泥用于装修职工宿舍所支付的运输费用

12. 下列行为中，应视同销售货物征收增值税的有（　　）。

A. 将外购货物用于个人消费

B. 将自产货物用于集体福利

C. 将外购货物分配给股东

D. 将自产货物无偿赠送他人

13. 下列项目中，增值税一般纳税人的进项税额不得从销项税额中抵扣的有（　　）。

A. 生产应税产品购入的原材料

B. 不动产在建工程使用的外购货物

C. 因管理不善被盗的产成品所耗用的购进原材料

D. 因管理不善变质的库存购进商品

14. 增值税一般纳税人发生的下列情形中，暂按简易计税办法依照3%征收率计算缴纳增值税的有（　　）。

A. 寄售商店代销企业寄售的物品

B. 典当业销售死当物品

C. 寄售商店代销居民个人寄售的物品

D. 生产企业销售废旧材料

15. 下列行为中，外购货物进项税额准予从销项税额中抵扣的有（　　）。

A. 将外购货物分配给股东

B. 将外购货物无偿赠送给客户

C. 将外购货物用于本单位职工福利

D. 将外购货物作为投资提供给联营单位

16. 甲公司为增值税一般纳税人，本年7月进口产品160 000元，取得的海关进口增值税专用缴款书上注明的增值税税额为20 800元；发生运输费用1 600元，取得的增值税专用发票上注明的增值税税额为144元；向农业生产者购入免税农产品24 000元用于生产增值税税率为13%的产品；购入原材料240 000元，增值税专用发票上注明的增值税税额为31 200元。已知甲公司取得的增值税专用发票、海关进口增值税专用缴款书等均符合抵扣规定；购进和销售产品适用的增值税税率为13%，运输费用的增值税税率为9%。下列关于准予抵扣的进项税额中，说法正确的有（　　）。

A. 运输费用准予抵扣的进项税额为144元

B. 进口产品准予抵扣的进项税额为20 800元

C. 购入原材料准予抵扣的进项税额为31 200元

D. 购入免税农产品准予抵扣的进项税额为2 400元

17. 下列各项中，属于增值税专用发票基本联次的有（　　）。

A. 发票联　　B. 抵扣联　　C. 记账联　　D. 存根联

18. 下列表述中正确的有（　　）。

A. 物业公司提供写字楼物业管理服务，属于提供“生活服务”

B. 建筑公司修缮房屋，属于提供“加工、修理修配劳务”

C. 汽修公司修理汽车，属于提供“加工、修理修配劳务”

D. 邮政公司发行报纸，属于提供“邮政服务”

19. 下列各项中，免征增值税的有（　　）。

A. 用于对外捐赠的自产工业产品

B. 农业生产者销售的自产农产品

C. 外国企业无偿援助的进口物资和设备

D. 直接用于教学的进口仪器

20. 下列行为中，外购货物进项税额准予从销项税额中抵扣的有（　　）。

A. 将外购货物无偿赠送给地震灾区
B. 将外购货物作为投资提供给被投资企业
C. 将外购货物用于本单位简易计税项目
D. 将外购货物用于本单位集体福利
21. 下列各项中，增值税进项税额不得抵扣的有（　　）。
A. 甲公司将外购的房屋作为集体宿舍，以福利方式供员工居住
B. 乙公司因违法经营被强令销毁一批货物造成的损失
C. 丙公司用外购的机器设备作为出资投资给 A 公司
D. 丁公司接受 B 银行的贷款服务
22. 下列行为中，属于增值税视同销售货物行为的有（　　）。
A. 购进的货物分配给股东　　B. 购进的货物用于集体福利
C. 购进的货物无偿赠送其他单位　　D. 购进的货物用于个人消费
23. 下列关于包装物的增值税处理正确的有（　　）。
A. 一般货物包装物押金一律在收取时作为价外费用并入销售额计征增值税
B. 随同货物销售而出租包装物的租金一律在收取时作为价外费用并入销售额计征增值税
C. 黄酒包装物押金一律在收取时作为价外费用并入销售额计征增值税
D. 白酒包装物押金一律在收取时作为价外费用并入销售额计征增值税
24. 下列行为中，应视同销售货物征收增值税的有（　　）。
A. 将外购货物用于个人消费　　B. 将外购货物分配给股东
C. 将委托加工的货物无偿赠送他人　　D. 将委托加工的货物投资给其他企业
25. 下列项目中，属于增值税免税项目的有（　　）。
A. 个人转让著作权　　B. 残疾人提供修理小汽车劳务
C. 养老机构提供养老服务　　D. 提供学历教育的学校收取赞助费
26. 下列各项中，属于增值税免税项目的有（　　）。
A. 企业销售使用过的机器设备　　B. 残疾人个人提供餐饮服务
C. 农民销售自产农产品　　D. 航空公司提供飞机播洒农药服务
27. 一般纳税人购进下列服务所负担的进项税额，不得抵扣的有（　　）。
A. 贷款服务　　B. 餐饮服务　　C. 娱乐服务　　D. 住宿服务
28. 下列项目属于现代服务的租赁服务项目的有（　　）。
A. 将飞机、车辆的广告位出租给其他单位或者个人用于发布广告
B. 融资性售后回租业务
C. 道路通行服务
D. 车辆停放服务

三、判断题

1. 增值税扣缴义务发生时间为纳税人支付货款的当天。（　　）

2. 固定业户应当向其机构所在地的主管税务机关申报缴纳增值税。（　　）

3. 自2018年5月1日起，增值税小规模纳税人标准统一为年应征增值税销售额500万元及以下。（　　）

4. 纳税人委托其他纳税人代销货物，纳税义务发生时间为代销货物移送给受托方的当天。（　　）

5. 增值税一般纳税人提供贷款服务，以其取得的全部利息及利息性质的收入为销售额；增值税一般纳税人接受贷款服务，凭增值税专用发票上注明的税额作进项税额抵扣。（　　）

6. 纳税人发生应税行为适用免税、减税规定的可以放弃免税、减税，依照规定缴纳增值税。放弃免税、减税后，24个月内不得再申请免税、减税。（　　）

7. 增值税扣缴义务发生时间为纳税人增值税纳税义务发生的当天。（　　）

8. 增值税纳税人以15日、1个月或者1个季度为一个纳税期的，自期满之日起15日内申报纳税。（　　）

9. 出租车公司向使用本公司自有出租车的出租车司机收取的管理费用，按照“有形动产租赁服务”缴纳增值税。（　　）

10. 单位或者个人向其他单位或者个人无偿转让无形资产或者不动产，应视同销售缴纳增值税，但用于公益事业或者以社会公众为对象的除外。（　　）

11. 自2020年1月1日起，纳税人取得的财政补贴收入，与其销售货物、劳务、服务、无形资产、不动产的收入或者数量直接挂钩的，不征收增值税。（　　）

12. 商业企业一般纳税人零售的烟、酒、食品、服装、鞋帽（不含劳保用品）、化妆品等消费品可以开具增值税专用发票。（　　）

13. 以出口货物为例，零税率是指对出口货物在出口环节不征收增值税。（　　）

14. 存款利息，按照“贷款服务”缴纳增值税。（　　）

15. 中华人民共和国境内单位和个人向境外单位提供电信业服务，免征增值税。（　　）

16. 水路运输的光租业务、航空运输的干租业务，属于“交通运输服务”。（　　）

17. 纳税人兼营免税、减税项目的，应当分别核算免税、减税项目的销售额；未分别核算销售额的，由税务机关确定减税、免税销售额。（　　）

18. 纳税人提供租赁服务采取预收款方式的，其纳税义务发生时间为合同履行完毕的当天。（　　）

19. 个人将其在南京购买的2年以上（含2年）的非普通住房对外销售，免征增值税。（　　）

20. 融资性售后回租按照“现代服务——租赁服务”征收增值税。（　　）

21. 增值税一般纳税人资格实行“认定制”，登记事项由增值税纳税人向其主管税务机关办理。（　　）

22. 王某于本年7月出售自有房屋一套，售价为936万元，由于销售服务、无形资

产或不动产的年应税销售额超过了 600 万元，因此王某应当登记为一般纳税人。（　　）

23．增值税一般纳税人向消费者个人销售货物，不得开具增值税专用发票。（　　）

24．无运输工具承运业务，按照“有形动产租赁服务”缴纳增值税。（　　）

25．采取委托银行收款方式销售货物，增值税纳税义务发生时间为发出货物并办妥托收手续的当天。（　　）

26．自 2018 年 11 月 30 日至 2023 年 11 月 29 日，对经国务院批准对外开放的货物期货品种保税交割业务，暂免征收增值税。（　　）

27．自 2020 年 3 月 1 日起，增值税一般纳税人取得 2017 年 1 月 1 日及以后开具的增值税专用发票、海关进口增值税专用缴款书、机动车销售统一发票、收费公路通行费增值税电子普通发票，取消认证确认、稽核比对、申报抵扣的期限。（　　）

28．2019 年 10 月 1 日至 2021 年 12 月 31 日，允许生活性服务业纳税人按照当期可抵扣进项税额加计 10%，抵减应纳税额。（　　）

29．自 2021 年 10 月 1 日起，住房租赁企业中的增值税一般纳税人向个人出租住房取得的全部出租收入，可以选择适用简易计税方法，按照 5%的征收率减按 1.5%计算缴纳增值税，或适用一般计税方法计算缴纳增值税。（　　）

四、不定项选择题

1．A 公司为增值税一般纳税人，主要生产和销售洗衣机。本年 7 月有关经济业务如下：

（1）购进一批原材料，取得的增值税专用发票上注明的税额为 26 000 元；支付运输费，取得的增值税专用发票上注明的税额为 360 元。

（2）购进低值易耗品，取得的增值税普通发票上注明的税额为 5 200 元。

（3）销售 M 型洗衣机 1 000 台，含增值税销售单价为 4 520 元/台；另收取优质费 293 800 元、包装物租金 103 960 元。

（4）采取以旧换新方式销售 M 型洗衣机 50 台，旧洗衣机含增值税作价 180.8 元/台。

（5）向优秀职工发放 M 型洗衣机 10 台，M 型洗衣机的生产成本为 1 755 元/台。

已知增值税税率为 13%，上期留抵增值税税额为 42 000 元，A 公司取得的增值税专用发票本年 7 月符合抵扣规定。

要求：根据上述资料，分析回答下列问题。

（1）A 公司下列增值税进项税额中，准予抵扣的是（　　）。

A．上期留抵的增值税税额 42 000 元

B．购进低值易耗品的进项税额 5 200 元

C．购进原材料的进项税额 26 000 元

D．支付运输费的进项税额 360 元

（2）A 公司当月销售 M 型洗衣机增值税销项税额的下列计算中，正确的是（　　）。

A．[1 000×4 520+293 800÷(1+13%)]×13%=621 400(元)

B．(1 000×4 520+293 800+103 960)×13%=639 308.8(元)

C. （1 000×4 520＋293 800＋103 960）÷（1＋13％）×13％＝565 760（元）

D. 1 000×4 520×13％＝587 600（元）

（3）A公司当月通过以旧换新方式销售M型洗衣机增值税销项税额的下列计算中，正确的是（　　）。

A. 50×4520×13％＝29 380（元）

B. 50×（4 520－180.8）÷（1＋13％）×13％＝24 960（元）

C. 50×（4 520－180.8）×13％＝28 204.8（元）

D. 50×4 520÷（1＋13％）×13％＝26 000（元）

（4）A公司当月向优秀职工发放M型洗衣机增值税销项税额的下列计算中，正确的是（　　）。

A. 10×1 755÷（1＋13％）×13％＝2 019.03（元）

B. 10×4 520×13％＝5 876（元）

C. 10×4 520÷（1＋13％）×13％＝5 200（元）

D. 10×1 755×13％＝2 281.5（元）

2. A公司为增值税一般纳税人，主要从事货物运输服务，本年7月有关经济业务如下：

（1）购进办公用小轿车一辆，取得的增值税专用发票上注明的税额为26 000元；购进货车用柴油，取得的增值税专用发票上注明的税额为52 000元。

（2）购进食堂装修用材料，取得的增值税专用发票上注明的税额为10 400元。

（3）提供货物运输服务，取得含增值税价款1 417 000元，同时收取保价费2 616元。

（4）提供货物装卸搬运服务，取得含增值税价款25 440元；因损坏所搬运货物，向客户支付赔偿款5 088元。

（5）提供货物仓储服务，取得含增值税价款95 400元，另外收取货物逾期保管费15 900元。

已知交通运输服务增值税税率为9％，物流辅助服务增值税税率为6％，上期留抵增值税税额5 600元，A公司取得的增值税专用发票本年7月符合抵扣规定。

要求：根据上述资料，分别回答下列问题。

（1）A公司下列增值税进项税额中，准予抵扣的是（　　）。

A. 购进装修材料的进项税额10 400元

B. 购进柴油的进项税额52 000元

C. 上期留抵的增值税税额5 600元

D. 购进小轿车的进项税额26 000元

（2）A公司当月提供货物运输服务增值税销项税额的下列计算中，正确的是（　　）。

A. （1 417 000＋2 616）×9％＝127 765.44（元）

B. 1 417 000×9％＝127 530（元）

C. （1 417 000＋2 616）÷（1＋9％）×9％＝117 216（元）

D. 1 417 000×(1+9%)×9%=139 007.7(元)

(3) A 公司当月提供货物装卸搬运服务增值税销项税额的下列计算中，正确的是(　　)。

A. (25 440−5 088)×6%=1 221.12(元)

B. 25 440×6%=1 526.40(元)

C. (25 440−5 088)÷(1+6%)×6%=1 152(元)

D. 25 440÷(1+6%)×6%=1 440(元)

(4) A 公司当月提供货物仓储服务增值税销项税额的下列计算中，正确的是(　　)。

A. 95 400×(1+6%)×6%=6 067.44(元)

B. 95 400×6%=5 724(元)

C. (95 400+15 900)÷(1+6%)×6%=6 300(元)

D. (95 400+15 900)×6%=6 678(元)

3. 甲食品厂为增值税一般纳税人，主要从事食品的生产和销售业务，本年 7 月有关经济业务如下：

(1) 购进生产用原材料，取得增值税专用发票注明税额 13 000 元；购进办公设备，取得增值税专用发票注明税额 4 250 元；支付包装设计费，取得增值税专用发票注明税额 600 元；购进用于集体福利的食用油，取得增值税专用发票注明税额 1 100 元。

(2) 销售袋装食品取得含税价款 339 000 元，另收取合同违约金 28 250 元。

(3) 采取分期收款方式销售饮料，含税总价款 56 500 元，合同约定分 3 个月收取货款，本月应收取含税价款 22 600 元。

(4) 赠送给儿童福利院自产瓶装乳制品，该批乳制品生产成本为 1 130 元，同类乳制品含税价款为 1 695 元。

已知本题涉及的所有货物适用的增值税税率均为 13%，成本利润率为 10%，甲食品厂取得的增值税专用发票本年 7 月符合抵扣规定。

要求：根据上述资料，不考虑其他因素，分析回答下列问题。

(1) 甲食品厂当月发生的进项税额中，准予从销项税额中抵扣的是(　　)。

A. 购进用于集体福利的食用油的进项税额 1 100 元

B. 购进办公设备的进项税额 4 250 元

C. 支付包装设计费的进项税额 600 元

D. 购进生产用原材料的进项税额 13 000 元

(2) 甲食品厂当月销售袋装食品增值税销项税额的下列计算中，正确的是(　　)。

A. (339 000+28 250)×13%=47 742.5(元)

B. 339 000÷(1+13%)×13%=39 000(元)

C. 28 250÷(1+13%)×13%=3 250(元)

D. (339 000+28 250)÷(1+13%)×13%=42 250(元)

(3) 甲食品厂当月销售饮料增值税销项税额的下列计算中，正确的是(　　)。

A. 22 600÷(1+13%)×13%=2 600(元)

B. 22 600×13%=2 938(元)

C. 56 500×13%=7 345(元)

D. 56 500÷(1+13%)×13%=6 500(元)

（4）甲食品厂当月赠送自产瓶装乳制品增值税销项税额的下列计算中，正确的是（　）。

A. 1 695÷(1+13%)×13%=195(元)

B. 1 130÷(1+13%)×13%=130(元)

C. 1 695×13%=220.35(元)

D. 1 130×(1+10%)×13%=161.59(元)

4. 某农机生产企业为增值税一般纳税人，拥有自己的专业研发团队。2020年1月发生下列业务：

（1）外购A材料用于生产农机，取得的普通发票上注明金额3 000元；委托某运输企业（增值税一般纳税人）将A材料运回企业仓库，支付不含税运费1 300元，取得增值税专用发票。

（2）从小规模纳税人处购入B材料用于生产农机，取得的增值税专用发票上注明价款2 000元。

（3）从一般纳税人处购进农机零配件，取得的增值税专用发票上注明价款3 500元，本月领用其中的80%用于生产农机。

（4）当月销售一批农机给甲企业，取得不含税价款25 000元。

（5）为乙企业提供农机设计服务，取得价税合计金额1 500元，同时将自己研发的一项生产技术所有权转让给乙企业，取得转让金额2 000元。

已知农机的增值税税率为9%，农机零配件的增值税税率为13%，交通运输服务增值税税率为9%，小规模纳税人适用的征收率为3%，设计服务增值税税率为6%。假设该企业取得的上述增值税专用发票2020年1月均符合抵扣规定。

要求：根据上述资料，回答下列问题。

（1）该企业2020年1月外购A材料和B材料准予抵扣的进项税额为（　）元。

A. 567　　B. 60　　C. 117　　D. 177

（2）该企业2020年1月准予抵扣的进项税额为（　）元。

A. 455　　B. 632　　C. 572　　D. 515

（3）该企业对业务（5）增值税销项税额的计算中，正确的是（　）。

A. (1 500+2 000)÷(1+6%)×6%=198.11(元)

B. 1 500÷(1+6%)×6%=84.91(元)

C. (1 500+2 000)×6%=210(元)

D. 1 500×6%=90(元)

（4）该企业2020年1月应缴纳的增值税税额为（　）元。

A. 1 762.91　　　B. 1 702.91　　　C. 2 334.91　　　D. 1 879.91

五、计算题

1. 甲公司为增值税一般纳税人，2019 年 7 月对外转让一台其使用过的作为固定资产核算的机器设备，含增值税转让价格为 80 000 元。甲公司于 2006 年 11 月购进该机器设备。要求：计算甲公司上述业务的应纳增值税。

2. 甲公司为增值税一般纳税人，2019 年 7 月对外转让一台其使用过的作为固定资产核算的机器设备，含增值税转让价格为 80 000 元。甲公司于 2011 年 11 月购进该机器设备。要求：计算甲公司上述业务的增值税销项税额。

3. 甲超市为增值税一般纳税人，采取以旧换新方式销售电视机。本年 7 月甲超市销售新电视机 100 台，每台零售价为 6 000 元，旧电视机每台折价 600 元。要求：计算甲超市上述业务的增值税销项税额。

4. 甲金店为增值税一般纳税人，本月采取以旧换新方式向消费者销售金项链 100 条，新项链每条零售价为 6 000 元，每条旧项链折价 2 000 元。要求：计算甲金店上述业务的增值税销项税额。

5. 甲公司为增值税一般纳税人，本年 7 月销售啤酒取得不含增值税销售额 100 万元，收取啤酒的包装物押金 10 万元，没收逾期啤酒的包装物押金 8 万元。甲公司收取包装物押金单独记账，并约定包装物应当于提货之日起 6 个月内返还，逾期未归还者没收押金。啤酒适用的增值税税率为 13%。要求：计算甲公司上述业务的增值税销项税额。

6. 甲公司为增值税一般纳税人，本年 7 月销售白酒取得不含增值税销售额 100 万元，收取白酒的包装物押金 10 万元，没收逾期白酒的包装物押金 8 万元。甲公司收取包装物押金单独记账，并约定包装物应当于提货之日起 6 个月内返还，逾期未归还者没收押金。白酒适用的增值税税率为 13%。要求：计算甲公司上述业务的增值税销项税额。

7. 甲公司为增值税一般纳税人，本年 7 月外购一批瓷砖拟用于销售，取得的增值税专用发票上注明价款 200 万元、增值税税额 26 万元。甲公司取得的增值税专用发票本年 7 月符合抵扣规定。甲公司本年 8 月将该批瓷砖中的 20%用于本公司职工食堂装修。要求：计算甲公司本年 8 月应转出的进项税额。

8. 甲公司为增值税一般纳税人，本年 9 月因管理不善导致库存原材料毁损 70%，原材料总成本为 110 万元，其中含运费成本 10 万元，相关原材料和运费的进项税额均于购入当期（本年 7 月）抵扣。其中原材料的增值税税率为 13%，运费的增值税税率为 9%。要求：计算甲公司本年 9 月应转出的进项税额。

9. 甲公司为增值税一般纳税人，本年 7 月外购一批免税农产品拟用于销售，取得农产品收购发票，并按 9%的扣除率抵扣了进项税额。甲公司本年 9 月因管理不善，该批农产品被盗，账面成本为 150 万元。要求：计算甲公司本年 9 月应转出的进项税额。

10. 甲食品加工企业为增值税小规模纳税人，适用的增值税征收率为 3%。2020 年

1月取得销售收入400 000元（含增值税）；直接从农户购入农产品价值30 000元，向农户开具农产品收购发票，注明价款30 000元；从乙公司购买原材料56 500元（含增值税），取得增值税专用发票。甲食品加工企业选择按月申报缴纳增值税。要求：计算甲公司2020年1月的应纳增值税。

11. 甲公司本年7月进口五金建材一批，支付给国外的买价为200万元，支付运抵我国海关前的运费为20万元，装卸费为10万元；支付从海关地再运往该公司的运费为7万元，装卸费和保险费共计5万元。关税税率为20%。要求：(1) 计算甲公司进口货物的应纳关税；(2) 计算甲公司进口货物的应纳增值税。

12. 甲公司为增值税一般纳税人，主要从事货物销售，本年7月销售货物的同时提供运输服务，取得货物销售款100 000元（含增值税）、运费2 000元（含增值税）。要求：计算甲公司上述业务的增值税销项税额。

13. 甲商场为增值税一般纳税人，分设商品销售部和餐饮部。本年7月甲商场商品销售部取得不含增值税销售额100万元，其中适用增值税税率13%的商品的销售额为80万元，适用增值税税率9%的商品的销售额为20万元；餐饮部取得不含增值税销售额25万元，适用增值税税率均为6%。甲商场对上述业务均能分别核算。要求：计算甲商场上述业务的增值税销项税额。

14. 甲公司为增值税一般纳税人，本年5月购入车间生产用的锅炉，本年11月改变用途用于职工浴室。已知该锅炉的购入原值为100万元，进项税额13万元已作进项税额抵扣，累计折旧金额为10万元。要求：计算甲公司本年11月需转出的进项税额。

15. 甲公司为增值税一般纳税人，本年5月购入职工浴室用的锅炉，本年11月改变用途用于生产车间。已知该固定资产原值为113万元，累计折旧金额为10万元。要求：计算甲公司本年12月可以抵扣的进项税额。

16. 甲公司为增值税小规模纳税人，2020年1月向乙公司提供管理咨询服务，取得含增值税销售额20.6万元。甲公司选择按月申报缴纳增值税。要求：计算甲公司2020年1月应纳增值税。

17. 甲公司为增值税一般纳税人，本年7月外购原材料取得增值税专用发票，注明进项税额100万元。甲公司本年7月取得的增值税专用发票符合抵扣规定。当月内销货物取得不含税销售额200万元，外销货物取得收入100万美元（美元与人民币的比价为1∶6.8），甲公司适用的增值税税率为13%，出口退税率为9%。要求：计算甲公司本年7月应退的增值税。

2.4 实战演练

1. 甲企业为增值税一般纳税人，本年7月发生以下业务：

(1) 购进节日礼品，取得的增值税专用发票上注明增值税2 600元，将其全部用于集体福利。

（2）从某增值税小规模纳税人处购进原材料 18 000 元，取得普通发票；支付运输企业（增值税一般纳税人）不含税运输费 8 000 元，取得增值税专用发票。

（3）销售汽车装饰物品，取得不含税收入 10 000 元；提供汽车修理劳务，取得不含税收入 15 000 元；出租汽车，取得不含税租金收入 8 000 元。

（4）当月将本企业使用过的 2008 年购入的一台机器设备销售，该机器设备购入时不得抵扣且未抵扣进项税额，取得含税销售收入 10 300 元，甲企业未放弃减税。

（5）因管理不善丢失一批本年 5 月购入的原材料（已抵扣进项税额），账面成本为 5 000 元。

（6）将一幢 2015 年取得的厂房出售，取得含税收入总额 1 550 万元，该厂房购置原值为 500 万元，选择简易计税办法。

上述增值税专用发票本年 7 月均符合抵扣规定。

要求：

（1）计算甲企业当月准予抵扣的进项税额。

（2）计算甲企业当月增值税销项税额。

（3）计算甲企业当月应纳增值税。

2. 甲公司为增值税一般纳税人，专门从事认证服务，满足增值税加计抵减政策的条件。本年 7 月发生如下业务：

（1）取得某项认证服务收入 53 万元（含增值税）。

（2）购进一台经营用设备，取得的增值税专用发票上注明金额 10 万元、增值税税额 1.3 万元；支付运输费用，取得的增值税专用发票上注明金额 1 万元、增值税税额 0.09 万元。

（3）购进一批办公用品，取得的增值税普通发票上注明金额 1 万元、增值税税额 0.13 万元。

（4）支付广告服务费，取得的增值税专用发票上注明金额 3 万元、增值税税额 0.18 万元。

（5）销售 2006 年 12 月购进的一台设备，售价为 2.06 万元。

上述增值税专用发票本年 7 月均符合抵扣规定。

要求：计算甲公司本年 7 月应纳增值税。

3. 位于市区的甲金融机构为增值税一般纳税人，本年第三季度业务收支情况如下：

（1）取得贷款利息收入 2 000 万元，另外取得加息、罚息收入 120 万元。

（2）开展股票买卖业务，买入价为 950 万元，卖出价为 1 100 万元。

（3）取得结算手续费收入 190 万元、结算罚款收入 10 万元。

（4）将 2 亿元人民币投资于某商业企业，每年收取固定利润 1 500 万元。

（5）为电信部门代收电话费，当季度收入为 580 万元，支付给委托方价款 520 万元。

(6) 受某公司委托发放贷款，金额为3 000万元，贷款期限为3个月，年利率为5%，已经收到贷款企业的利息并转交给委托方，银行按贷款利息收入的10%收取手续费。

(7) 购进办公用品一批，取得增值税专用发票，价税合计金额为22.6万元。

(8) 购进办公楼一幢，取得增值税专用发票，价税合计金额为1 090万元。

上述收入均为含税收入，上述增值税专用发票本年第三季度均符合抵扣规定。

要求：计算甲金融机构本季度应纳增值税。

第3章

消费税法

3.1 能力目标

（1）能界定消费税纳税人，能判断哪些产品应当缴纳消费税，选择消费税适用税率，以及确定不同类别的应税消费品的消费税纳税环节。

（2）能根据相关业务资料计算直接对外销售应税消费品的应纳税额、自产自用应税消费品的应纳税额、委托加工应税消费品的应纳税额及进口应税消费品的应纳税额。

（3）能判断哪些应税消费品出口业务予以免税和出口业务予以退税，并能计算退税额，对发生退关或者国外退货的应税消费品进行处理。

（4）能确定消费税的纳税义务发生时间、纳税期限和纳税地点。

3.2 知识体系

消费税法	消费税的认知	（1）消费税纳税人和代收代缴义务人的确定（★★） （2）消费税征税范围的确定（★★） （3）消费税税率的判定（★★） （4）消费税纳税环节的归类（★★★）
	消费税的计算	（1）直接对外销售应税消费品应纳消费税的计算（★★★） （2）自产自用应税消费品应纳消费税的计算（★★★★） （3）委托加工应税消费品应纳消费税的计算（★★★★） （4）进口应税消费品应纳消费税的计算（★★★）
	消费税出口退（免）税的计算	（1）出口应税消费品的免税（★） （2）出口应税消费品的退税（★★） （3）消费税出口退（免）税的其他有关规定（★★）
	消费税的征收管理	（1）消费税的征收管理要求（★★） （2）消费税的纳税申报（★★）

3.3 技能训练

一、单项选择题

1. 纳税人委托加工应税消费品，其纳税义务发生时间为（　　）。

A. 委托行为发生的当天

B. 向加工企业支付加工费的当天

C. 纳税人提货的当天

D. 向加工企业发出主要原料的当天

2. 甲外贸进出口公司本月进口200辆小轿车，每辆车关税完税价格为人民币42.9万元，缴纳关税12万元。已知小轿车适用的消费税税率为8%。该批进口小轿车应缴纳的消费税为（　　）万元。

A. 746.09　　B. 878.40　　C. 954.78　　D. 686.40

3. 甲公司为增值税一般纳税人，本年7月从国外进口一批高档化妆品，海关核定的关税完税价格为60万元。已知进口关税税率为26%，消费税税率为15%，增值税税率为13%。该公司进口环节应纳增值税为（　　）万元。

A. 7.8　　B. 9.83　　C. 11.56　　D. 8.97

4. 甲公司为增值税一般纳税人，外购高档护肤类化妆品生产高档修饰类化妆品，本年7月生产销售高档修饰类化妆品取得不含税销售收入200万元。该公司7月初无高档护肤类化妆品库存，7月购进高档护肤类化妆品200万元，7月底库存高档护肤类化妆品20万元。已知高档化妆品适用的消费税税率为15%。该公司本年7月应纳消费税为（　　）。

A. 200×15%－(200－20)×15%＝3(万元)

B. 200×15%－20×15%＝27(万元)

C. 200×15%＝30(万元)

D. 200×15%－200×15%＝0

5. 我国消费税对不同应税消费品采用了不同的税率形式。下列应税消费品中，适用复合计税方法计征消费税的是（　　）。

A. 啤酒　　B. 白酒　　C. 烟丝　　D. 摩托车

6. 下列各项中，应征收消费税的是（　　）。

A. 农用拖拉机　　B. 电动汽车　　C. 游艇　　D. 调味料酒

7. 甲公司为增值税一般纳税人，外购香水精生产香水，本年7月生产销售香水取得不含税销售收入80万元。该公司7月初库存香水精7万元，7月购进香水精60万元，7月底库存香水精20万元。已知外购的香水精和自产的香水均为高档化妆品，高档化妆品适用的消费税税率为15%。该公司本年7月应纳消费税为（　　）。

A. 80×15%－60×15%＝3(万元)

B. 80×15%－(7＋60－20)×15%＝4.95(万元)

C. 80×15%－(20－7)×15%＝10.05(万元)

D. 80×15%＝12(万元)

8. 下列各项中，应当缴纳消费税的是（　　）。

A. 商场销售高档化妆品　　B. 商场销售金银首饰

C. 商场销售啤酒　　D. 商场销售卷烟

9. 下列各项中，委托加工收回的应税消费品的已纳税款可以扣除的是（　　）。

A. 以委托加工收回的已税高档化妆品为原料生产的高档化妆品

B. 以委托加工收回的已税高档手表为原料生产的高档手表

C. 以委托加工收回的已税白酒为原料生产的白酒

D. 以委托加工收回的已税珠宝、玉石为原料生产的金银首饰

10. 下列关于消费税纳税地点的表述中，正确的是（　　）。

A. 纳税人总机构与分支机构不在同一省的，由总机构汇总向总机构所在地的主管税务机关申报纳税

B. 纳税人销售的应税消费品，除另有规定外，应当向纳税人机构所在地或居住地的主管税务机关申报纳税

C. 委托加工的应税消费品，受托方为个人的，由受托方向居住地的主管税务机关申报纳税

D. 进口的应税消费品，由进口人或其代理人向机构所在地的主管税务机关申报纳税

11. 下列各项中，需要计算缴纳消费税的是（　　）。

A. 珠宝店进口钻石饰品　　B. 汽车专卖店销售小汽车

C. 酒厂委托加工白酒　　D. 超市零售卷烟

12. 下列消费品中，实行从价定率和从量定额相结合的复合计征办法征收消费税的是（　　）。

A. 白酒　　B. 高档化妆品　　C. 啤酒　　D. 葡萄酒

13. 甲化妆品厂为增值税一般纳税人，本年7月销售高档化妆品取得含税收入139.2万元，收取手续费4.5万元；另取得逾期包装物押金收入3万元。已知增值税税率为13%，消费税税率为15%。下列关于该化妆品厂本月应纳消费税的计算中，正确的是（　　）。

A. (139.2＋4.5＋3)÷(1＋13%)×15%＝19.47(万元)

B. (139.2＋4.5)÷(1＋13%)×15%＝19.08(万元)

C. 139.2÷(1＋13%)×15%＝18.48(万元)

D. 139.2×15%＝20.88(万元)

14. 甲公司为增值税一般纳税人，本年7月从国外进口一批高档化妆品，海关核定

的关税完税价格为60万元。已知进口关税税率为26%，消费税税率为15%，增值税税率为13%。该公司进口环节应纳增值税和消费税合计为（　　）万元。

A. 21.17　　B. 24.90　　C. 16.8　　D. 28.14

15. 下列各项中，应缴纳消费税的是（　　）。

A. 手表厂销售高档手表　　B. 汽车厂销售雪地车

C. 商场销售木制一次性筷子　　D. 珠宝店销售珍珠项链

16. 甲酒厂本年7月初库存外购已税A类白酒2吨，金额为10万元；当月又外购已税A类白酒5吨，金额为25万元（不含增值税）；月末库存A类白酒1吨，金额为5万元，其余被当月生产B类白酒领用。已知白酒适用的消费税比例税率为20%，定额税率为0.5元/500克（1吨=1 000千克）。甲酒厂当月准许扣除的外购白酒已纳消费税为（　　）万元。

A. 0　　B. 5.5　　C. 6.6　　D. 6

17. 甲酒厂为增值税一般纳税人，本年7月销售白酒5 000千克，取得销售收入27 120元（含增值税）。已知白酒消费税定额税率为0.5元/500克，比例税率为20%。甲酒厂本月应纳消费税为（　　）元。

A. 5 000　　B. 7 300　　C. 9 800　　D. 4 800

18. 甲筷子生产企业为增值税一般纳税人，本年11月取得不含税销售额如下：销售烫花木制筷子30万元，销售竹制筷子36万元，销售木制一次性筷子28万元；另外，没收逾期未退还的木制一次性筷子包装物押金0.46万元。已知木制一次性筷子适用的消费税税率为5%。甲筷子生产企业当月应纳消费税为（　　）万元。

A. 1.4　　B. 1.42　　C. 4.7　　D. 2.92

19. 下列各项中，属于消费税应税消费品的是（　　）。

A. 酒精　　B. 汽车轮胎　　C. 鞭炮药引线　　D. 电池

20. 下列各项中，进口时从量计征消费税的是（　　）。

A. 啤酒　　B. 药酒　　C. 摩托车　　D. 摄像机

21. 甲百货商场为增值税一般纳税人，本年12月以一批金银首饰抵偿6个月前购进的某批洗衣机的欠款，所欠款项价税合计452 000元。该批金银首饰的成本为280 000元，若按同类商品的平均价格计算，该批金银首饰的不含税价格为380 000元；若按同类商品的最高销售价格计算，该批金银首饰的不含税价格为460 000元。已知金银首饰的消费税税率为5%。甲百货商场当月应纳消费税为（　　）元。

A. 0　　B. 19 000　　C. 23 000　　D. 20 000

22. 下列各项中，属于消费税应税消费品的是（　　）。

A. 汽油　　B. 高档手机　　C. 高档照相机　　D. 高档西服

23. 甲酒厂本年7月研发生产一种新型粮食白酒1 600千克，成本为40万元，作为礼品赠送给客户品尝，没有同类白酒售价。已知粮食白酒的成本利润率为10%，粮食白酒消费税比例税率为20%，定额税率为0.5元/500克。甲酒厂该批白酒应纳消费税为（　　）万元。

A. 16.40　　B. 11.20　　C. 9.60　　D. 9.56

24. 甲啤酒厂本年 8 月销售乙类啤酒 750 吨，每吨出厂价格为 2 800 元（不含增值税）。甲啤酒厂当月应纳消费税为（　　）元（乙类啤酒定额税率为 220 元/吨）。

A. 133 500　　B. 270 600　　C. 135 000　　D. 165 000

二、多项选择题

1. 下列关于消费税纳税义务发生时间的表述中，正确的有（　　）。

A. 纳税人采取托收承付和委托银行收款方式的，为发出应税消费品并办妥托收手续的当天

B. 纳税人自产自用应税消费品的，为移送使用的当天

C. 纳税人委托加工应税消费品的，为纳税人提货的当天

D. 纳税人进口应税消费品的，为报关进口的当天

2. 下列关于消费税征收范围的表述中，正确的有（　　）。

A. 纳税人将自产自用的应税消费品用于馈赠、赞助的，缴纳消费税

B. 纳税人自产自用的应税消费品，用于连续生产应税消费品的，不缴纳消费税

C. 卷烟在生产和批发两个环节均缴纳消费税

D. 委托加工的应税消费品，受托方在交货时已代收代缴消费税，委托方收回后直接销售的，再缴纳一道消费税

3. 下列有关卷烟批发环节消费税的表述中，正确的有（　　）。

A. 卷烟批发环节消费税目前采用复合计税办法计征

B. 烟草批发企业将卷烟销售给其他烟草批发企业的，不缴纳消费税

C. 烟草批发企业兼营卷烟批发和零售业务，但未分别核算批发和零售环节的销售额、销售数量的，按全部销售额、销售数量计征批发环节消费税

D. 批发企业在计算应纳税额时可以扣除已含的生产环节的消费税税款

4. 下列行为涉及的货物，属于消费税征税范围的有（　　）。

A. 批发商批发销售的雪茄烟

B. 商场销售的金银首饰

C. 汽车制造厂销售的电动汽车

D. 电池生产厂家销售的电池

5. 纳税人自产的用于下列用途的应税消费品中，需要缴纳消费税的有（　　）。

A. 管理部门自用的消费品

B. 用于赞助的消费品

C. 用于连续生产应税消费品的消费品

D. 用于广告的消费品

6. 纳税人自产的应税消费品用于（　　）项目，应按照同类产品的最高销售价格计算缴纳消费税。

A. 换取生产资料

B. 投资入股

C. 将不同税率的应税消费品组成成套消费品销售

D. 抵偿债务

7. 下列产品中，不应征收消费税的有（　　）。

A. 电动汽车

B. 木制一次性筷子

C. 气缸容量在250毫升（不含）以下的摩托车

D. 网球及球具

8. 关于金银首饰的税务处理，下列说法正确的有（　　）。

A. 对既销售金银首饰，又销售非金银首饰的单位，应将两类商品划分清楚，分别核算销售额

B. 纳税人采用以旧换新方式销售的金银首饰，应按新首饰的销售价格计征消费税

C. 金银首饰与其他产品组成成套消费品销售的，应按销售额全额征收消费税

D. 金银首饰连同包装物销售的，无论包装物是否单独计价，也无论会计上如何核算，均应并入金银首饰的销售额计征消费税

9. 下列各项中，应按纳税人同类应税消费品的最高销售价格作为计税依据计征消费税的有（　　）。

A. 用于无偿捐赠的应税消费品

B. 用于抵债的应税消费品

C. 用于换取消费资料的应税消费品

D. 用于换取生产资料的应税消费品

10. 下列项目中，不属于消费税征税范围的有（　　）。

A. 施工状态下挥发性有机物含量低于420克/升的涂料

B. 气缸容量250毫升（不含）以下的小排量摩托车

C. 汽车轮胎

D. 酒精

11. 下列情形中，应缴纳消费税的有（　　）。

A. 将自产的鞭炮赠送他人　　B. 将自产的高档化妆品赠送他人

C. 将自产的钻石用于零售　　D. 将自产的啤酒用于样品

12. 下列各项中，属于委托加工收回的应税消费品已纳税款扣除范围的有（　　）。

A. 以委托加工收回的已税润滑油为原料生产的润滑油

B. 以委托加工收回的已税柴油为原料生产的柴油

C. 以委托加工收回的已税杆头、杆身和握把为原料生产的高尔夫球杆

D. 以委托加工收回的已税石脑油为原料生产的应税消费品

13. 下列各项中，不征收消费税的有（　　）。

A. 珠宝首饰零售商　　B. 卷烟生产企业
C. 葡萄酒进口商　　D. 鞭炮零售商

14. 下列经营行为中，应缴纳消费税的有（　　）。
A. 日化厂销售自产高档化妆品　　B. 外贸公司进口高档化妆品
C. 超市零售高档化妆品　　D. 商贸城批发高档化妆品

15. 纳税人外购和委托加工的应税消费品，用于连续生产应税消费品的，已缴纳的消费税税款准予从应纳消费税税额中抵扣。下列各项中，不得扣除已缴纳的消费税税款的有（　　）。
A. 委托加工收回的已税玉石用于生产金银镶嵌首饰
B. 委托加工收回的酒精用于生产白酒
C. 委托加工收回的已税烟丝生产的卷烟
D. 委托加工收回的高档香水生产的一般护肤护发产品

16. 计算白酒的消费税时，应并入白酒计税销售额的有（　　）。
A. 包装费　　B. 品牌使用费
C. 包装物押金　　D. 包装物租金

17. 下列各项中，应同时征收增值税和消费税的有（　　）。
A. 甲公司生产销售白酒　　B. 乙公司批发销售卷烟
C. 丙公司进口高档化妆品　　D. 丁商场零售金银首饰

18. 下列关于从量计征销售数量的确定，说法正确的有（　　）。
A. 销售应税消费品的，为应税消费品的销售数量
B. 自产自用应税消费品的，为应税消费品的移送使用数量
C. 委托加工应税消费品的，为纳税人收回的应税消费品数量
D. 进口应税消费品的，为海关核定的应税消费品进口征税数量

19. 下列关于消费税纳税义务发生时间的表述中，正确的有（　　）。
A. 采取赊销和分期收款结算方式的，为书面合同约定的收款日期的当天
B. 采取托收承付和委托银行收款方式的，为发出应税消费品并办妥托收手续的当天
C. 采取预收货款结算方式的，为收到预收货款的当天
D. 采取其他结算方式的，为收讫销售款项或者取得索取销售款项凭据的当天

20. 下列各项中，纳税人应缴纳消费税的有（　　）。
A. 销售药酒同时收取的包装物押金，合同约定3个月后到期
B. 将自产的网球及球拍作为福利发放给本企业职工
C. 将自产的实木地板用于本企业办公楼装修
D. 使用自产香水生产高档化妆品

三、判断题

1. 甲日化厂将自产的高档保湿精华移送生产普通的日用护肤品，移送时应当缴纳

消费税。（ ）

2. 委托加工的应税消费品，受托方为个人的，由委托方向其机构所在地或者居住地的税务机关申报缴纳消费税。（ ）

3. 我国的消费税在生产销售、委托加工和进口环节计征，并实行单一环节征税，批发、零售环节一律不征收消费税。（ ）

4. 甲酒厂为增值税一般纳税人，本年7月销售自产红酒，取得含增值税价款90.4万元，另收取包装物押金4.52万元、手续费2.26万元。红酒的增值税税率为13%，消费税税率为10%。则该笔业务应纳消费税=(90.4+4.52+2.26)÷(1+13%)×10%=8.6（万元）。（ ）

5. 甲卷烟厂通过自设独立核算门市部销售自产卷烟，应当按照门市部对外销售额或销售数量计算征收消费税。（ ）

6. 纳税人销售的应税消费品，如因质量等原因由购买者退回，经机构所在地或者居住地主管税务机关审核批准后，可退还已缴纳的消费税税款。（ ）

7. 甲企业本年7月受托加工一批烟丝，已收到由委托方提供的材料及加工费，该烟丝计划于本年8月10日加工完成并交付。甲企业应于本年8月15日前向税务机关缴纳代收代缴的委托加工环节消费税。（ ）

8. 纳税人用外购的已税珠宝、玉石原料生产的改在零售环节征收消费税的金银镶嵌首饰，在计税时一律不得扣除外购珠宝、玉石的已纳税款。（ ）

9. 根据现行消费税政策，采取比例税率和定额税率复合征收的税目只有卷烟和啤酒。（ ）

四、不定项选择题

1. A企业为增值税一般纳税人，主要从事小汽车的制造和销售业务。本年7月有关业务如下：

(1) 销售1辆定制小汽车取得含增值税价款339 000元，另收取手续费36 160元。

(2) 将20辆小汽车对外投资，小汽车生产成本为12万元/辆，A企业同类小汽车不含增值税最高销售价格为18万元/辆，平均销售价格为16万元/辆，最低销售价格为14万元/辆。

(3) 采取预收款方式销售给4S店一批小汽车，当月6日签订合同，当月12日收到预售款，当月18日发出小汽车，当月23日开具发票。

(4) 生产中轻型商用客车500辆，其中480辆用于销售，10辆用于广告，8辆用于企业管理部门，2辆用于赞助。

已知小汽车的增值税税率为13%，消费税税率为5%。

要求：根据上述资料，分析回答下列问题。

(1) 关于A企业销售定制小汽车应缴纳的消费税，下列计算正确的是（ ）。

A. 339 000×5%=16 950(元)

B. 339 000÷(1+13%)×5%=15 000(元)

C. (339 000+36 160)÷(1+13%)×5%=16 600(元)

D. (339 000+36 160)×5%=18 758(元)

(2) 关于A企业以小汽车投资应缴纳的消费税税额，下列计算正确的是（　　）。

A. 20×16×5%=16(万元)　　B. 20×18×5%=18(万元)

C. 20×12×5%=12(万元)　　D. 20×14×5%=14(万元)

(3) A企业采用预收款方式销售小汽车，消费税的纳税义务发生时间是（　　）。

A. 7月6日　　B. 7月12日　　C. 7月18日　　D. 7月23日

(4) A企业的下列行为中，应当缴纳消费税的是（　　）。

A. 将480辆自产中轻型商用客车用于销售

B. 将10辆自产中轻型商用客车用于广告

C. 将8辆自产中轻型商用客车用于企业管理部门

D. 将2辆自产中轻型商用客车用于赞助

2. A公司为增值税一般纳税人，主要从事化妆品生产和销售业务。本年7月有关经营情况如下：

(1) 进口一批香水精，海关审定的货价为200万元，运抵我国关境内输入地点起卸前的包装费为10万元，运输费为12万元，保险费为4万元。

(2) 接受B公司委托加工一批口红，不含增值税加工费为20万元，B公司提供的原材料的成本为80万元，该批口红无同类产品销售价格。

(3) 销售香水，取得不含增值税价款580万元，另收取包装费3.39万元。

已知以上化妆品均为高档化妆品，高档化妆品的消费税税率为15%，关税税率为10%，增值税税率为13%。

要求：根据上述资料，分析回答下列问题。

(1) A公司进口香水精的下列各项支出中，应计入进口货物关税完税价格的是（　　）。

A. 包装费10万元　　B. 保险费4万元

C. 运输费12万元　　D. 货价200万元

(2) A公司进口香水精应纳消费税的下列计算中，正确的是（　　）。

A. (200+12)×(1+10%)×15%=34.98(万元)

B. (200+10+4)×(1+10%)×15%=35.31(万元)

C. (200+10+12+4)×(1+10%)÷(1−15%)×15%=43.87(万元)

D. (10+12+4)×(1+10%)÷(1−15%)×15%=5.05(万元)

(3) A公司受托加工口红应代收代缴消费税的下列计算中，正确的是（　　）。

A. (80+20)×15%=15(万元)

B. (80+20)÷(1−15%)×15%=17.65(万元)

C. [80÷(1−15%)+20]×15%=17.12(万元)

D. [80+20÷(1−15%)]×15%=15.53(万元)

(4) A公司销售香水应缴纳消费税的下列计算中，正确的是（　　）。

A. 580÷(1+13%)×15%=76.99(万元)

B. (580+3.39)×15%=87.51(万元)

C. [580+3.39÷(1+13%)]×15%=87.45(万元)

D. 580×15%=87(万元)

3. A百货商场为增值税一般纳税人，本年7月发生下列业务：

(1) 以一批金银首饰抵偿欠付C企业货款价税合计22.6万元，并向C企业开具增值税专用发票。A百货商场该批金银首饰的成本为16万元；若按同类商品的平均价格计算，该批首饰的不含税价格为20万元；若按同类商品最高销售价格计算，该批首饰的不含税价格为22万元。有关A百货商场以金银首饰抵偿欠款的税务处理，下列计算正确的是（　　）。

A. A百货商场就该业务应计算的增值税销项税额=22×13%=2.86(万元)

B. A百货商场就该业务应计算的增值税销项税额=20×13%=2.6(万元)

C. A百货商场就该业务应缴纳的消费税=20×5%=1(万元)

D. A百货商场就该业务应缴纳的消费税=22×5%=1.1(万元)

(2) 零售金银首饰取得含增值税销售额20.34万元，其中包括以旧换新首饰的含增值税销售额11.3万元。在以旧换新业务中，旧首饰作价的含增值税金额为6.78万元，A百货商场实际收取的含增值税金额为4.52万元。有关A百货商场零售金银首饰的税务处理，下列计算正确的是（　　）。

A. A百货商场就该业务应计算的增值税销项税额=(20.34−11.3)÷(1+13%)×13%+4.52÷(1+13%)×13%=1.56(万元)

B. A百货商场就该业务应计算的增值税销项税额=20.34÷(1+13%)×13%=2.34(万元)

C. A百货商场就该业务应缴纳的消费税=20.34÷(1+13%)×5%=0.9(万元)

D. A百货商场就该业务应缴纳的消费税=(20.34−11.3)÷(1+13%)×5%+4.52÷(1+13%)×5%=0.6(万元)

(3) 销售食用植物油取得含增值税销售额22.6万元，销售家用电器取得含增值税销售额45.2万元。有关A百货商场销售食用植物油和家用电器的税务处理，下列计算正确的是（　　）。

A. A百货商场就该业务应计算的增值税销项税额=(22.6+45.2)÷(1+13%)×13%=7.8(万元)

B. A百货商场就该业务应计算的增值税销项税额=(22.6+45.2)÷(1+9%)×9%=5.6(万元)

C. A百货商场就该业务应计算的增值税销项税额=22.6÷(1+9%)×9%+45.2÷(1+13%)×13%=7.07(万元)

D. A百货商场就该业务应计算的增值税销项税额=22.6÷(1+13%)×13%+45.2÷(1+9%)×9%=6.33(万元)

(4) 从增值税一般纳税人B企业处购入电视机一批，不含增值税金额为60万元，采用托收承付方式结算；B企业已将货物发出并办妥托收手续，但尚未向A百货商场开具增值税专用发票。购进一辆小汽车供办公室人员公差使用，取得普通发票，支付的全部金额为33.9万元。采购一批羊绒衫，取得的增值税专用发票本年7月符合抵扣规定，注明增值税税额为20万元，但在采购途中，该批羊绒衫因管理不善被盗40%。有关A百货商场本年7月可以抵扣的进项税额，下列计算正确的是（　　）。

A. A百货商场本年7月可以抵扣的进项税额＝60×13%＋33.9÷(1＋13%)×13%＋20

B. A百货商场本年7月可以抵扣的进项税额＝33.9÷(1＋13%)×13%＋20

C. A百货商场本年7月可以抵扣的进项税额＝20×(1－40%)

D. A百货商场本年7月可以抵扣的进项税额＝33.9÷(1＋13%)×13%＋20×(1－40%)

4. A木业制造有限责任公司（以下简称A公司）为增值税一般纳税人，从事实木地板的生产、销售，同时从事木质工艺品、筷子等的生产经营。本年7月A公司发生下列业务：

(1) 购进油漆、修理用零配件一批，取得的增值税专用发票上注明的价款为30万元、税额为3.9万元；支付运费6万元（不含税），取得的增值税专用发票上注明的税额为0.54万元。购入原木用于生产实木地板，取得的增值税专用发票上注明的价款为120万元、税额为10.8万元。

(2) 销售一批自产N型实木地板，取得不含税销售额1 000万元，开具增值税专用发票；另外收取包装费7.91万元，开具普通发票。

(3) 将一批自产S型实木地板用于装修本公司食堂，该批地板的总成本为16万元，S型实木地板没有同类货物销售价格。

(4) 将1 000平方米的自产M型实木地板无偿赠送给B房地产公司，用于装修该房地产公司的样板间。该批地板的总成本为14万元，最近时期A公司M型实木地板的平均销售价格为每平方米0.03万元（不含增值税税额）。

已知增值税税率为13%，实木地板的消费税税率和成本利润率均为5%，A公司取得的增值税专用发票本年7月符合抵扣规定。

要求：根据上述资料，分别回答下列问题。

(1) 根据业务（1）所提示的内容，A公司在计算当期应纳增值税时，准予抵扣的进项税额是（　　）。

A. 3.9万元　　　　B. 4.44万元

C. 3.9＋12＝15.9(万元)　　　　D. 3.9＋0.54＋12＝16.44(万元)

(2) 根据业务（2）所提示的内容，A公司销售自产N型实木地板增值税销项税额和应纳消费税的下列计算中，正确的是（　　）。

A. 增值税销项税额＝1 000×13%＝130(万元)

B. 增值税销项税额=[1 000+7.91÷(1+13%)]×13%=130.91(万元)

C. 应纳消费税=1 000×5%=50(万元)

D. 应纳消费税=[1 000+7.91÷(1+13%)]×5%=50.35(万元)

(3) 根据业务 (3) 所提示的内容，A公司将自产S型实木地板用于装修本公司食堂，其增值税销项税额和应纳消费税的下列计算中，正确的是（　　）。

A. 增值税销项税额=16×13%=2.08(万元)

B. 增值税销项税额=16×(1+5%)÷(1−5%)×13%=2.30(万元)

C. 应纳消费税=16×5%=0.8(万元)

D. 应纳消费税=16×(1+5%)÷(1−5%)×5%=0.88(万元)

(4) 根据业务 (4) 所提示的内容，A公司将自产M型实木地板无偿赠送给B房地产公司，其增值税销项税额和应纳消费税的下列计算中，正确的是（　　）。

A. 增值税销项税额=0.03×1 000×13%=3.9(万元)

B. 增值税销项税额=14×(1+5%)÷(1−5%)×13%=2.01(万元)

C. 应纳消费税=0.03×1 000×5%=1.5(万元)

D. 应纳消费税=14×(1+5%)÷(1−5%)×5%=0.77(万元)

五、计算题

1. 甲酒厂为增值税一般纳税人，本年7月生产白酒200箱，每箱净重30千克，取得不含税销售收入50 000元，收取包装物押金1130元，押金单独记账，货款及押金均收到。要求：计算甲酒厂上述业务的应纳消费税。

2. 甲公司为增值税一般纳税人，主要从事小汽车的制造和销售业务。本年7月将自产的10辆小汽车偿还债务，小汽车生产成本为20万元/辆，甲公司同类小汽车不含增值税最高销售价格为32万元/辆，平均销售价格为30万元/辆，最低销售价格为27万元/辆。小汽车的增值税税率为13%，消费税税率为12%。要求：计算甲公司上述业务的应纳消费税。

3. 甲酒厂为增值税一般纳税人，本年7月提供成本为20万元、重量为200吨的粮食，委托乙酒厂加工成粮食白酒50吨，对方收取加工费10万元（不含增值税），受托方垫付辅助材料费2万元（不含增值税），均收到了增值税专用发票，受托方无同类产品售价。要求：计算乙酒厂上述业务应代收代缴的消费税。

4. 甲公司为增值税一般纳税人，本年7月将8吨自产白酒馈赠客户，已知该批白酒的成本为12万元，成本利润率为10%，该公司没有同类消费品的销售价格，该批白酒适用的消费税税率为20%加0.5元/500克。要求：计算甲公司上述业务的应纳消费税。

5. 甲进出口公司本年7月进口白酒2 500吨，关税完税价格为30 000万元，关税税率为30%。要求：计算甲公司本年7月进口白酒的应纳消费税。

6. 甲日化工厂本年7月委托A厂加工高档化妆品，收回时被代收代缴消费税400元；委托B厂加工高档化妆品，收回时被代收代缴消费税500元。甲日化工厂将上述两种高档化妆品收回后继续加工生产某高档化妆品出售，当月销售额为8 000元（不含增值税）。甲日化工厂期初库存的委托加工应税消费品已纳消费税270元，期末库存的委托加工应税消费品已纳消费税300元。要求：计算甲日化工厂本年7月的应纳消费税。

3.4 实战演练

1. 甲地板厂为增值税一般纳税人，本年11月发生如下业务：

（1）进口实木地板A一批，海关审定的关税完税价格为10万元，取得海关进口增值税专用缴款书。

（2）从乙实木地板厂购进未经涂饰的素板，取得的增值税专用发票上注明价款10万元、增值税1.3万元。当月领用进口实木地板A的20%和未经涂饰素板的70%用于继续生产实木地板B，生产完成后以直接收款方式将部分实木地板B对外出售，取得不含税销售收入35万元。采取赊销方式向某商场销售剩余的实木地板B，不含税销售额为180万元，合同约定当月15日付款，由于商场资金周转不开，实际于下月20日支付该笔货款。

（3）将自产的一批实木地板C作价200万元投资给某商店，该批实木地板的最低不含增值税销售价格为180万元，平均不含增值税销售价格为200万元，最高不含增值税销售价格为220万元。

（4）将新生产的豪华实木地板用于本厂办公室装修，该批实木地板成本为80万元，市场上无同类产品的销售价格。

实木地板的消费税税率为5%，成本利润率为5%，进口关税税率为30%；甲地板厂取得的增值税专用发票和海关进口增值税专用缴款书本年11月均符合抵扣规定。

要求：

（1）计算甲地板厂本年11月的应纳进口环节增值税和消费税。

（2）计算甲地板厂本年11月应向税务机关缴纳的消费税。

2. 甲酒厂为增值税一般纳税人，主要经营白酒的生产和销售，本年6月发生以下经济业务：

（1）进口一辆小汽车，海关审定的关税完税价格为40万元，关税税率为25%，缴纳进口环节税金取得完税凭证后将小汽车运回企业，将其作为固定资产供管理部门使用。

（2）向某商场销售自产白酒100吨，开具普通发票，取得含税收入282.5万元，另收取包装物押金56.5万元。

（3）采取分期收款方式向某单位销售自产白酒20吨，合同规定不含税销售额共计100万元，本月收取80%的货款，其余货款于下月10日收取。由于该单位资金紧张，甲酒厂本月实际取得价税合计金额33.9万元。

（4）将自产的10吨白酒与某企业换取原材料一批，取得的对方开具的增值税专用发票上注明价款25万元、增值税3.25万元。已知该批白酒的实际生产成本为1.2万元/吨，最低不含税销售价格为2.2万元/吨，平均不含税销售价格为2.5万元/吨，最高不含税销售价格为2.8万元/吨。

（5）生产一种新型白酒1吨，将其全部赠送给关联企业，已知该种白酒没有同类产品的销售价格，生产成本为2万元。

小汽车的消费税税率为9%；白酒的消费税税率为20%加0.5元/500克，成本利润率为10%。甲酒厂取得的上述扣税凭证本年6月均符合抵扣规定。

要求：

（1）计算甲酒厂本年6月向税务机关申报缴纳的消费税。

（2）计算甲酒厂本年6月向税务机关申报缴纳的增值税。

第4章

企业所得税法

4.1 能力目标

（1）能界定企业所得税纳税人，能判断哪些业务应当缴纳企业所得税，会选择企业所得税适用税率，能运用企业所得税优惠政策。

（2）能确定企业所得税的计税依据，能根据相关业务资料确定企业所得税的收入总额，确定不征税收入和免税收入，确定企业所得税准予扣除的项目，确定企业所得税不得扣除的项目，能根据相关业务资料进行亏损弥补。

（3）能根据相关业务资料对固定资产、生物资产、无形资产、长期待摊费用、存货和投资资产的涉税业务进行税务处理。

（4）能识别哪些经济业务属于企业重组，能把握企业重组的一般性税务处理和特殊性税务处理的条件，并能根据相关业务资料进行企业重组的一般性税务处理和特殊性税务处理。

（5）能根据相关业务资料计算居民企业和非居民企业的应纳税额，能根据相关业务资料计算境外所得的抵扣税额。

（6）能判断哪些业务可能被税务机关进行特别纳税调整，能明确税务机关进行特别纳税调整的方法和税务机关进行核定征收的方法，会计算因特别纳税调整而加收的利息，识记追溯时限。

（7）能确定企业所得税的纳税义务发生时间、纳税期限和纳税地点。

4.2 知识体系

企业所得税法	企业所得税的认知	（1）企业所得税纳税人和扣缴义务人的确定（★★★） （2）企业所得税征税对象的确定（★★） （3）企业所得税税率的判定（★★） （4）企业所得税优惠政策的运用（★★★）

企业所得税法	企业所得税应纳税所得额的计算	(1) 企业所得税计税依据确定的基本方法（★★） (2) 收入总额的确定（★★） (3) 不征税收入和免税收入的确定（★★★） (4) 准予扣除项目的确定（★★★★★） (5) 不得扣除项目的确定（★★★） (6) 亏损弥补（★★★）
	资产的税务处理	(1) 固定资产的税务处理（★★★） (2) 生物资产的税务处理（★★） (3) 无形资产的税务处理（★★） (4) 长期待摊费用的税务处理（★★） (5) 存货的税务处理（★★） (6) 投资资产的税务处理（★★）
	企业重组的所得税处理	(1) 企业重组的认知（★★） (2) 企业重组的一般性税务处理（★★★） (3) 企业重组的特殊性税务处理（★★★★）
	企业所得税的计算	(1) 居民企业以及在中国境内设立机构、场所且取得所得与该机构、场所有实际联系的非居民企业查账征收应纳税额的计算（★★★★★） (2) 境外所得抵免税额的计算（★★★★） (3) 居民企业核定征收应纳税额的计算（★★） (4) 在中国境内未设立机构、场所的，或者虽设立机构、场所但取得的所得与其所设机构、场所没有实际联系的非居民企业查账征收应纳税额的计算（★★★） (5) 非居民企业采用核定征收方式征收企业所得税应纳税额的计算（★★）
	特别纳税调整	(1) 调整范围（★） (2) 调整方法（★★） (3) 核定征收（★★） (4) 加收利息和追溯时限（★★）
	企业所得税的征收管理	(1) 企业所得税的征收管理（★★） (2) 企业所得税的纳税申报（★★）

4.3 技能训练

一、单项选择题

1. 我国境内某居民企业本年取得销售货物收入1 800万元，出租房屋租金收入150万元，对外投资股息收入80万元，当年发生的与生产经营活动有关的业务招待费为90万元。该企业在计算本年应纳税所得额时，准予扣除的业务招待费是（　　）万元。

A. 9.75　　B. 54　　C. 10.15　　D. 90

2. 下列项目中，属于免税收入的是（　　）。

A. 国债利息收入

B. 财政拨款

C. 企业债券利息收入

D. 依法收取并纳入财政管理的行政事业性收费、政府性基金

3. 甲企业为我国一家居民企业，属于制造业行业，本年利润总额为 800 万元，当年开发新产品研发费用实际支出为 80 万元，税法规定制造业企业的研发费用可实行 100%加计扣除政策。该企业本年计算应纳税所得额时，可以扣除的研发费用为（　　）万元。

A. 60　　B. 140　　C. 144　　D. 160

4. 在计算企业所得税应纳税所得额时，下列项目中不准予从收入总额中扣除的是（　　）。

A. 差旅费

B. 未经核定的准备金支出

C. 转让资产时该项资产的净值

D. 逾期归还银行贷款，银行按规定加收的罚息

5. 企业的下列所得中不符合免征、减征企业所得税条件的是（　　）。

A. 符合条件的技术转让所得

B. 从事符合条件的环境保护、节能节水项目的所得

C. 外国政府向中国政府提供贷款取得的利息所得

D. 企业内部自建自用的基础设施项目

6. 纳税人应当自年度终了后一定期限内向税务机关报送年度企业所得税纳税申报表，并汇算清缴，结清应缴应退税款。该期限是（　　）。

A. 自年度终了之日起 5 个月内　　B. 自年度终了之日起 4 个月内

C. 自年度终了之日起 45 日内　　D. 自年度终了之日起 15 日内

7. 运输货物的大卡车最低折旧年限是（　　）年。

A. 2　　B. 4　　C. 5　　D. 10

8. 下列关于特别纳税调整的表述中，说法正确的是（　　）。

A. 对补征的税款，自税款所属纳税年度的次年 5 月 1 日起至补缴税款之日止的期间，按日加收利息

B. 加收的利息率，应当按照税款所属纳税年度中国人民银行公布的与补税期间同期的人民币贷款基准利率加 3 个百分点计算

C. 企业与其关联方之间的业务往来，不符合独立交易原则，或者企业实施其他不具有合理商业目的的安排的，税务机关有权在该业务发生的纳税年度起 10 年内，进行纳税调整

D. 税务机关依照税法规定对企业做出特别纳税调整，按照国务院规定所加收的利息，可以在计算应纳税所得额时扣除

9. 非制造业企业为开发新技术、新产品、新工艺发生的研究开发费用，未形成无

形资产计入当期损益的，在按照规定据实扣除的基础上，依照研究开发费用的一定比例加计扣除。该比例为（　　）。

A. 200%　　B. 150%　　C. 75%　　D. 50%

10. 甲居民企业本年计入成本、费用的实发工资总额为400万元，拨缴职工工会经费8万元，支出职工福利费58万元、职工教育经费40万元。该企业本年计算应纳税所得额时，准予在税前扣除的工资和三项经费合计为（　　）万元。

A. 486　　B. 476　　C. 496　　D. 484

11. 企业缴纳的下列税金中，不得在计算企业所得税应纳税所得额时扣除的是（　　）。

A. 房产税　　B. 城市维护建设税

C. 消费税　　D. 增值税

12. 下列各项中，属于免税收入的是（　　）。

A. 国债利息收入

B. 依法收取并纳入财政管理的政府性基金

C. 特许权使用费收入

D. 提供劳务收入

13. 甲企业为我国一家居民企业，注册资本为2 400万元。本年按同期金融机构贷款利率从其关联方借款5 440万元，发生借款利息326.4万元。该企业在计算企业所得税应纳税所得额时，准予扣除的利息金额为（　　）万元。

A. 288　　B. 308　　C. 384　　D. 396.8

14. A企业是我国一家非居民企业，在我国境内设立了机构、场所。A企业取得的下列所得中，不需要在我国缴纳企业所得税的是（　　）。

A. A企业在日本取得的与在我国境内所设机构、场所有实际联系的所得

B. A企业在美国取得的与在我国境内所设机构、场所没有实际联系的所得

C. A企业在我国境内取得的与在我国境内所设机构、场所没有实际联系的所得

D. A企业在我国境内取得的与在我国境内所设机构、场所有实际联系的所得

15. 下列关于不同方式下销售商品收入金额确定的表述中，正确的是（　　）。

A. 采用现金折扣方式销售商品的，按照现金折扣前的金额确定销售商品收入金额

B. 采用商业折扣方式销售商品的，按照商业折扣前的金额确定销售商品收入金额

C. 采用以旧换新方式销售商品的，按照扣除回收商品公允价值后的余额确定销售商品收入金额

D. 采用售后回购方式销售商品的，按照扣除回购商品公允价值后的余额确定销售商品收入金额

16. 下列关于企业在生产经营活动中发生的利息支出的税务处理，表述不正确的是（　　）。

A. 金融企业的各项存款利息支出准予在企业所得税前据实扣除

B. 非金融企业向非金融企业借款的利息支出准予在企业所得税前据实扣除

C. 金融企业的同业拆借利息支出准予在企业所得税前据实扣除

D. 企业经批准发行债券的利息支出准予在企业所得税前据实扣除

17. 甲企业为我国一家居民企业，当年销售收入为 4 500 万元，全年发生业务招待费 37.5 万元，且能提供有效凭证。该企业在计算企业所得税应纳税所得额时，准予扣除的业务招待费为（　　）万元。

A. 37.5　　B. 30　　C. 22.5　　D. 15

18. A 居民企业适用的企业所得税税率为 25%，本年境内应纳税所得额为 300 万元，其设在 M 国的分公司应纳税所得额为 60 万元（折合人民币，下同），在 M 国已缴纳企业所得税 16.8 万元。该企业本年在我国实际应缴纳的企业所得税为（　　）万元。

A. 73.2　　B. 90　　C. 75　　D. 60

19. 下列关于固定资产计税基础的确定方法的表述中，不正确的是（　　）。

A. 盘盈的固定资产，以同类固定资产的重置完全价值为计税基础

B. 融资租入的固定资产，以租赁合同约定的付款总额和承租人在签订租赁合同过程中发生的相关费用为计税基础

C. 外购的固定资产，以购买价款和支付的相关税费以及直接归属于使该资产达到预定用途发生的其他支出为计税基础

D. 自行建造的固定资产，以达到预定可使用状态前发生的支出为计税基础

20. 下列关于确定来源于中国境内、境外所得的表述中，不正确的是（　　）。

A. 转让不动产所得，按照转让不动产的企业或者机构、场所所在地确定

B. 股息、红利等权益性投资所得，按照分配所得的企业所在地确定

C. 提供劳务所得，按照劳务发生地确定

D. 销售货物所得，按照交易活动发生地确定

21. 甲企业为我国一家居民企业，本年在生产经营过程中，经批准向内部职工借入生产用资金 150 万元，该企业与职工的借贷是真实、合法、有效的，且签订了借款合同，借款期限为 1 年，支付借款利息 9 万元（金融企业同期同类贷款年利率为 5%）。该企业在计算本年企业所得税应纳税所得额时，可以在税前扣除的利息支出为（　　）万元。

A. 5　　B. 5.5　　C. 7.5　　D. 9

22. 下列关于企业所得税税收优惠的说法中，不正确的是（　　）。

A. 制造业企业为开发新技术发生的研究开发费用，未形成无形资产计入当期损益的，在按规定据实扣除的基础上，按照研究开发费用的 100%加计扣除

B. 在一个纳税年度内，居民企业技术转让所得不超过 500 万元的部分，免征企业所得税，超过部分减半征收企业所得税

C. 企业购置并实际使用规定的环境保护、节能节水、安全生产等专用设备的，该专用设备的投资额的 10%可以从企业当年的应纳税所得额中抵免；当年不足抵免的，可以在以后 5 个纳税年度内结转抵免

D. 企业安置残疾人员的，在按照支付给残疾职工工资据实扣除的基础上，按照支付给残疾职工工资的100%加计扣除

23. 甲企业为我国一家居民企业，本年度权益性投资额为420万元，当年1月1日为生产经营向关联方（非金融企业）借入1年期经营性资金910万元，关联借款利息支出91万元，银行同期同类贷款利率为7%，则该企业在计算本年企业所得税应纳税所得额时，准予扣除的利息支出为（　　）万元。

A. 29.4　　B. 84　　C. 58.8　　D. 91

24. 有关企业筹建期间的费用扣除，下列表述中正确的是（　　）。

A. 企业在筹建期间，发生的与筹办活动有关的业务招待费支出，可按实际发生额计入企业筹办费，并按有关规定在企业所得税前扣除

B. 企业在筹建期间，发生的与筹办活动有关的业务招待费支出，不得在企业所得税前扣除

C. 企业在筹建期间，发生的广告费和业务宣传费，可按实际发生额计入企业筹办费，并按有关规定在企业所得税前扣除

D. 企业在筹建期间，发生的广告费和业务宣传费，不得在企业所得税前扣除

25. 下列关于企业所得税纳税人的表述中，正确的是（　　）。

A. 依照外国法律成立且实际管理机构不在中国境内的企业均属于非居民企业

B. 依照外国法律成立但实际管理机构在中国境内的企业均属于居民企业

C. 依照外国法律成立但在中国境内设立机构、场所的企业均属于非居民企业

D. 依法在我国境内成立但实际管理机构在境外的企业均属于非居民企业

26. 甲公司为我国一家居民企业，本年6月向乙公司临时拆借资金600万元，借款期限为4个月，甲公司支付利息16万元。已知金融机构同期同类贷款的月利率为0.3%，同期存款的月利率为0.1%。甲公司在计算本年度企业所得税应纳税所得额时，该项借款利息支出允许扣除的金额为（　　）万元。

A. 16　　B. 2.8　　C. 5.6　　D. 7.2

27. 下列资产中，在计算应纳税所得额时准予计提折旧或摊销费用在企业所得税前扣除的是（　　）。

A. 未投入使用的机器设备　　B. 单独估价作为固定资产入账的土地

C. 未投入使用的建筑物　　D. 自创商誉

28. 甲企业为创业投资企业，20×6年8月1日，该企业采取股权投资方式向境内未上市的某中小高新技术企业投资400万元。20×8年度该企业利润总额为1 800万元；已在营业外支出中核算的未经财税部门核准、提取的风险准备金支出为20万元。已知该企业适用的企业所得税税率为25%，假定不考虑其他纳税调整事项。20×8年该企业应纳企业所得税为（　　）万元。

A. 170　　B. 165　　C. 385　　D. 380

29. A公司为我国一家居民企业，本年度支出合理的工资、薪金总额为400万元，

按规定标准为职工缴纳基本社会保险费 50 万元、补充养老保险费 15 万元、补充医疗保险费 27.5 万元。A 公司为职工缴纳的各项保险费用在计算本年企业所得税应纳税所得额时，可以扣除的数额为（　　）万元。

A. 50　　B. 65　　C. 85　　D. 92.5

30. 下列各项中，在计算企业所得税应纳税所得额时准予扣除的是（　　）。

A. 公益性捐赠以外的直接捐赠支出

B. 违反合同的违约金

C. 向投资者支付的股息

D. 违法经营的行政罚款

31. 在中国设立机构、场所且取得的所得与其所设机构、场所有实际联系的非居民企业适用的企业所得税税率是（　　）。

A. 10%　　B. 15%　　C. 20%　　D. 25%

32. 甲生产企业为我国一家居民企业，当年计入成本、费用的合理的实发工资为 1 100 万元，当年发生工会经费 30 万元、职工福利费 160 万元、职工教育经费 22 万元，则税前可扣除的职工工会经费、职工福利费、职工教育经费合计为（　　）万元。

A. 217　　B. 192.8　　C. 198　　D. 212

33. 甲企业为我国一家居民企业，本年度利润总额为 360 万元，通过公益性社会团体向某灾区捐赠 12 万元，直接向某学校捐款 20 万元。该企业在计算企业所得税应纳税所得额时，可以扣除捐赠支出（　　）万元。

A. 38.4　　B. 28　　C. 20　　D. 12

34. 下列支出中，在计算企业所得税应纳税所得额时，允许按照税法规定扣除的是（　　）。

A. 公益性捐赠支出　　B. 向投资者支付的股息、红利

C. 税收滞纳金　　D. 企业为投资者支付的商业保险费

35. 下列各项中，属于免税收入的是（　　）。

A. 国债利息收入

B. 企业接受社会捐赠收入

C. 转让企业股票取得的收入

D. 已作坏账损失处理后又收回的应收账款

36. 以下符合《中华人民共和国企业所得税法》规定的确认收入实现时间的是（　　）。

A. 销售商品采用支付手续费方式委托代销的，在销售时确认

B. 销售商品采用托收承付方式的，在签订合同时确认

C. 销售商品需要安装的，在商品发出时确认

D. 销售商品采用预收款方式的，在发出商品时确认

二、多项选择题

1. 下列各项中，属于《中华人民共和国企业所得税法》规定的免税收入的有（　　）。

A. 符合条件的非营利组织的收入

B. 符合条件的居民企业之间的股息、红利等权益性投资收益

C. 国债利息收入

D. 财政拨款

2. 下列说法中正确的有（　　）。

A. 企业经营租入的固定资产，其支付的租金应在租入当期一次性扣除

B. 企业融资租入的固定资产，应计提折旧可在所得税前扣除

C. 企业发生的汇兑损失除已经计入有关资产成本以及与向所有者进行利润分配相关的部分外准予扣除

D. 企业按规定提取的环境保护专项资金在提取时准予扣除

3. 甲公司为我国一家居民企业，本年发生的合理工资、薪金总额为2 400万元，当年实际发生的职工教育经费为200万元。下列关于本年甲公司税务处理的说法中正确的有（　　）。

A. 甲公司发生的职工教育经费，除另有规定外，只能在企业所得税前扣除192万元

B. 甲公司发生的职工教育经费应当据实扣除

C. 甲公司未能在本年企业所得税前扣除的职工教育经费，准予在以后纳税年度结转扣除

D. 甲公司就发生的职工教育经费应调增企业所得税应纳税所得额90万元

4. 下列项目中，不得从应纳税所得额中扣除的有（　　）。

A. 企业之间支付的管理费

B. 企业支付的违约金

C. 企业内营业机构之间支付的租金

D. 非银行企业内营业机构之间支付的利息

5. 下列关于所得来源地的确定，正确的有（　　）。

A. 不动产转让所得，按照不动产所在地确定

B. 销售货物所得，按照交易活动发生地确定

C. 权益性投资资产转让所得，按照投资企业所在地确定

D. 股息、红利等权益性投资所得，按照分配所得的企业所在地确定

6. 下列各项中，应在计算应纳税所得额时计算限额扣除的有（　　）。

A. 列入工资制度，固定与工资一起发放的住房补贴

B. 防暑降温费

C. 通过国家机关向贫困地区的捐款

D. 为本企业总经理支付的不超过其工资、薪金总额5%的人身意外伤害保险

7. 企业从事下列项目的所得，自项目取得第1笔生产经营收入所属纳税年度起，第1～3年免征企业所得税，第4～6年减半征收企业所得税的有（　　）。

A. 企业承包经营、承包建设国家重点扶持的公共基础设施项目的所得
B. 企业从事国家重点扶持的公共基础设施项目的投资经营所得
C. 企业从事符合条件的环境保护、节能节水项目的所得
D. 符合条件的居民企业技术转让所得

8. 非居民企业来源于中国境内的下列所得，应以收入全额为应纳税所得额的有（　　）。

A. 租金所得　　B. 股息所得
C. 转让财产所得　　D. 特许权使用费所得

9. 下列各项中，在计算企业所得税应纳税所得额时不得扣除的有（　　）。

A. 向投资者支付的红利
B. 企业内部营业机构之间支付的租金
C. 企业内部营业机构之间支付的特许权使用费
D. 未经核定的风险准备等准备金支出

10. 企业从事下列项目取得的所得中，减半征收企业所得税的有（　　）。

A. 海水养殖　　B. 中药材的种植
C. 远洋捕捞　　D. 茶叶的种植

11. 下列关于企业所得税收入确认的表述中，正确的有（　　）。

A. 包含在商品售价内可区分的服务费，在提供服务的期间分期确认收入
B. 交易合同中规定租赁期限跨年度，且租金提前一次性支付的，出租人应在租赁期内分期确认收入
C. 企业为鼓励债务人在规定期限付款提供的现金折扣，应冲减企业的收入
D. 企业促销提供的商业折扣，应按照扣除商业折扣后的金额确定销售商品收入的金额

12. 下列各项准予在以后年度结转扣除的有（　　）。

A. 广告费　　B. 职工教育经费
C. 业务招待费　　D. 业务宣传费

13. 下列选项中，属于企业不征税收入的有（　　）。

A. 依法收取并纳入财政管理的行政事业性收费、政府性基金
B. 符合条件的非营利组织的收入
C. 财政拨款
D. 在中国境内设立机构、场所的非居民企业从居民企业取得的与该机构、场所有实际联系的股息、红利等权益性投资收益

14. 下列表述中不正确的有（　　）。

A. 企业应当自生产性生物资产投入使用的当月起计算折旧
B. 生产性生物资产按照直线法计算的折旧准予扣除
C. 停止使用的生产性生物资产，应当自停止使用的当月起停止计算折旧

D. 企业应当自生产性生物资产投入使用月份的次月起计算折旧
15. 下列关于非居民企业所得税扣缴义务人的表述中，正确的有（ ）。
A. 非居民企业在中国境内取得工程作业所得，未按照规定期限办理企业所得税申报或者预缴申报的，可由税务机关指定扣缴义务人
B. 非居民企业在中国境内设立机构、场所的，取得的与所设机构、场所有实际联系的境内所得，以支付人为扣缴义务人
C. 非居民企业在中国境内取得劳务所得，提供劳务限期不足一个纳税年度，且有证据表明不履行纳税义务的，可由税务机关指定扣缴义务人
D. 非居民企业在中国境内取得工程作业所得，没有办理税务登记且未委托中国境内的代理人履行纳税义务的，可由税务机关指定扣缴义务人
16. 下列资产中，可采用加速折旧方法的有（ ）。
A. 常年处于高腐蚀状态的固定资产
B. 常年处于强震动状态的固定资产
C. 由于技术进步原因产品更新换代较快的固定资产
D. 单独估价作为固定资产入账的土地
17. 下列关于企业所得税收入确认的表述中，正确的有（ ）。
A. 销售商品采用托收承付方式的，在办妥托收手续时确认收入
B. 销售商品采用预收款方式的，在发出商品时确认收入
C. 销售商品需要安装和检验的，在购买方接受商品以及安装和检验完毕时确认收入
D. 销售商品采用支付手续费方式委托代销的，在收到代销清单时确认收入
18. 下列项目中，属于不征税收入的有（ ）。
A. 国债利息收入
B. 财政拨款
C. 依法收取并纳入财政管理的政府性基金
D. 企业债权利息收入
19. 下列说法中正确的有（ ）。
A. 企业发生的与经营活动有关的业务招待费支出，按照发生额的60%扣除，且不能超过当年销售（营业）收入的5‰
B. 企业发生的捐赠支出，不超过年度利润总额12%的部分，准予在计算应纳税所得额时扣除；超过年度利润总额12%的部分，准予结转以后3年内在计算应纳税所得额时扣除
C. 企业发生的符合条件的广告费和业务宣传费支出，不超过当年销售（营业）收入15%的部分准予扣除
D. 纳税人逾期归还银行贷款，银行按规定加收的罚息，允许在税前扣除
20. 下列项目中，不得从应纳税所得额中扣除的有（ ）。

A. 非银行企业内营业机构之间支付的利息

B. 企业内营业机构之间支付的租金

C. 企业之间支付的管理费

D. 企业支付的违约金

21. 甲居民企业本年转让一项技术所有权取得收入 2 400 万元，与技术转让有关的成本费用为 600 万元，下列关于转让技术所有权的税务处理的说法中，正确的有（　　）。

A. 技术转让所得中不超过 500 万元的部分免征企业所得税

B. 技术转让所得全部免征企业所得税

C. 应计入应纳税所得额的金额为 650 万元

D. 应计入应纳税所得额的金额为 1 300 万元

22. 下列企业缴纳的保险费用中，准予在企业所得税前全额扣除的有（　　）。

A. 为企业购入的设备支付的财产保险费用

B. 为煤矿井下作业人员支付的人身安全商业保险费用

C. 为企业职工支付的补充养老保险费用

D. 为企业职工支付的基本养老保险费用

23. 在计算企业所得税应纳税所得额时，准予扣除的有（　　）。

A. 向税务机关支付的税收滞纳金　　B. 向客户支付的合同违约金

C. 向公安部门缴纳的交通违章罚款　　D. 向银行支付的逾期贷款利息

24. 下列支出应作为长期待摊费用的有（　　）。

A. 租入固定资产的改建支出

B. 自行开发无形资产，开发过程中的相关支出

C. 固定资产的大修理支出

D. 已足额提取折旧的固定资产的改建支出

25. 下列关于特别纳税调整补征税款和加收利息的说法中，正确的有（　　）。

A. 对补征的税款，自税款所属纳税年度的次年 6 月 1 日起至补缴税款之日止的期间，按日加收利息

B. 对补征的税款，自税款所属纳税年度的次年 5 月 1 日起至补缴税款之日止的期间，按日加收利息

C. 加收的利息率，应当按照税款所属纳税年度中国人民银行公布的与补税期间同期的人民币贷款基准利率加 5 个百分点计算

D. 加收的利息率，应当按照税款所属纳税年度中国人民银行公布的与补税期间同期的人民币贷款基准利率加 3 个百分点计算

26. 企业的下列资产或支出项目中，不得计算折旧或摊销费用在企业所得税前扣除的有（　　）。

A. 单独估价作为固定资产入账的土地

B. 已足额提取折旧的固定资产的改建支出

C. 以融资租赁方式租入的固定资产
D. 未投入使用的机器设备

27. 以下非居民企业收入要全额计入企业所得税应纳税所得额的有（　　）。
A. 利息收入　　　　　　　　　B. 财产转让收入
C. 特许权使用费收入　　　　　D. 不动产租赁收入

28. A专用设备制造企业本年购入的下列固定资产中，其价值可以在计算本年企业所得税应纳税所得额时一次性扣除的有（　　）。
A. 单位价值0.5万元的办公用设备　　B. 单位价值50万元的生产用设备
C. 单位价值50万元的研发专用设备　　D. 单位价值500万元的生产用设备

29. 下列各项中，属于固定资产的大修理支出，按照固定资产尚可使用年限分期摊销，需要同时符合的条件有（　　）。
A. 修理支出达到取得固定资产时的计税基础40%以上
B. 修理后固定资产的使用年限延长1年以上
C. 修理支出达到取得固定资产时的计税基础50%以上
D. 修理后固定资产的使用年限延长2年以上

30. 下列关于销售货物收入确认的表述中，正确的有（　　）。
A. 销售商品采用托收承付方式的，在发出货物时确认收入
B. 销售商品采取预收款方式的，在发出商品时确认收入
C. 销售商品涉及现金折扣的，应当按照扣除现金折扣后的金额确定销售商品收入金额
D. 销售商品涉及商业折扣的，应当按照扣除商业折扣后的金额确定销售商品收入金额

31. 下列各项中，属于企业所得税纳税人的有（　　）。
A. 投资者均为自然人的合伙企业　　B. 社会团体
C. 民办非企业单位　　　　　　　　D. 事业单位

32. 下列各项中，属于不得企业所得税前扣除项目的有（　　）。
A. 企业所得税税款　　　　B. 超过规定标准的公益性捐赠支出
C. 财产保险费　　　　　　D. 非广告性质的赞助支出

33. 下列关于确定来源于中国境内、境外所得的表述中，正确的有（　　）。
A. 转让权益性投资资产所得，按照被投资企业所在地确定
B. 股息、红利等权益性投资所得，按照分配所得的企业所在地确定
C. 利息所得，按照负担、支付所得的企业或者机构、场所所在地确定
D. 提供劳务所得，按照提供劳务的企业所在地确定

34. 下列各项中，属于企业取得收入的货币形式的有（　　）。
A. 应收账款　　B. 应收票据　　C. 银行存款　　D. 股权投资

35. 下列关于资产计提折旧或摊销年限的表述中，正确的有（　　）。

A. 与生产经营活动有关的家具，最低折旧年限为 5 年
B. 林木类生产性生物资产的最低折旧年限为 10 年
C. 无形资产的摊销年限不得低于 15 年
D. 已足额提取折旧的固定资产的改建支出，按照固定资产预计尚可使用年限分期摊销

三、判断题

1. 甲企业是我国一家非居民企业且未在我国境内设立机构、场所，其从中国境内取得的财产转让所得，以收入全额减除财产净值后的余额作为应纳税所得额。（　　）

2. 企业在年度中间终止经营活动的，应当自实际经营终止之日起 60 日内，向税务机关办理当期企业所得税汇算清缴。（　　）

3. 投资者兴办两个或两个以上企业的，可选择并固定在其中一地税务机关申报纳税。（　　）

4. 企业因存货盘亏、毁损、报废等原因不得从销项税额中抵扣的进项税额，不得与存货损失一起在企业所得税前扣除。（　　）

5. 甲企业为我国一家居民企业，按照国家规定享受免缴企业所得税的优惠待遇，甲企业在免税期间不需办理企业所得税的纳税申报。（　　）

6. 企业综合利用资源，生产符合国家产业政策规定的产品所取得的收入，免征企业所得税。（　　）

7. 企业以《资源综合利用企业所得税优惠目录》规定的资源作为主要原材料，生产国家非限制和禁止并符合国家和行业相关标准的产品取得的收入，免征企业所得税。（　　）

8. 母公司以管理费形式向子公司提取费用，子公司因此支付给母公司的管理费，不得在企业所得税前扣除。（　　）

9. 县级以上人民政府将国有资产无偿划入企业，如果该资产属于非货币性资产，企业应当按照该资产的公允价值确认接受捐赠收入，计入企业所得税应纳税所得额。（　　）

10. 非居民企业在中国境内未设立机构、场所的，境外所得需在境内缴纳企业所得税。（　　）

11. 如果交易合同或协议中规定租赁期限跨年度，且租金提前一次性支付的，出租人应将租金收入全额计入实际取得租金所属年度的收入总额中。（　　）

12. 居民企业应当仅就其来源于中国境内的所得缴纳企业所得税。（　　）

13. 企业发放的福利性补贴，一律计入企业的职工福利费，按规定计算限额在企业所得税前扣除。（　　）

14. 居民企业就其来源于中国境内、境外的全部所得缴纳企业所得税；非居民企业仅就来源于中国境内的所得缴纳企业所得税。（　　）

15. 企业以前年度发生的资产损失，属于实际资产损失的，准予追补至该项损失发生年度扣除，其追补确认期限一般不得超过 5 年。（　　）

16. 企业已作为损失处理的资产，在以后纳税年度又全部或部分收回时，应当计入当期收入。（　）

17. 在外国成立且实际管理机构不在中国境内的企业，不是企业所得税的纳税义务人。（　）

18. 企业所得税纳税人用于公益性捐赠支出的扣除比例，不得超过年度应纳税所得额的12%。（　）

19. 企业投资者在规定期限内未缴足其应缴资本额的，该企业对外借款所发生的利息，相当于投资者实缴资本额与在规定期限内应缴资本额的差额应计付的利息，其属于企业合理的支出，允许在计算企业应纳税所得额时据实扣除。（　）

20. 停止使用的生产性生物资产，应当自停止使用的当月起停止计算折旧。（　）

21. 企业为促进商品销售给予购买方的商业折扣，应按扣除商业折扣后的金额确定销售收入计算企业所得税应纳税所得额。（　）

22. 企业与其关联方之间的业务往来，不符合独立交易原则，或者企业实施其他不具有合理商业目的安排的，税务机关有权在该业务发生的纳税年度起5年内，进行纳税调整。（　）

23. 自2019年6月1日至2025年12月31日，社区提供养老、托育、家政等服务的机构，提供社区养老、托育、家政服务取得的收入，在计算应纳税所得额时，减按90%计入收入总额。（　）

24. 对企业投资者持有2019—2023年发行的铁路债券取得的利息收入，免征企业所得税。（　）

25. 2018年9月10日起，对全国社会保障基金取得的直接股权投资收益、股权投资基金收益，作为企业所得税免税收入。（　）

26. 在2021年及以后年度汇算清缴中，企业购买的文物、艺术品用于收藏、展示、保值增值的，作为投资资产进行税务处理。文物、艺术品资产在持有期间，计提的折旧、摊销费用，不得税前扣除。（　）

四、不定项选择题

1. A企业为我国一家居民企业，属于国家重点扶持的环保高新技术企业（非制造业），主要从事节能减排技术改造（20×7年A企业取得第一笔生产经营收入），20×8年有关财务数据如下：

（1）全年产品销售收入为2 000万元。

（2）全年实际发生合理的工资薪金支出200万元、职工福利费27万元、职工教育经费4万元、拨缴工会经费3万元、按照规定缴纳的基本社会保险费48万元。

（3）业务招待费支出为26万元。

（4）新技术研究开发费用为350万元（未形成无形资产计入当期损益）。

（5）当年闲置厂房计提折旧12万元，未投入使用的机器设备计提折旧8万元。

（6）直接向某养老院捐赠16万元。

(7) 发生非广告性质的赞助支出6万元。

(8) 购入运输车辆支付价款16万元。

要求：根据上述资料，回答下列问题。

(1) A企业在计算企业所得税应纳税所得额时，业务招待费税前扣除限额是（　　）万元。

A. 16　　B. 15.6　　C. 10　　D. 26

(2) A企业在计算企业所得税应纳税所得额时，下列各项中，准予全额在税前扣除的是（　　）。

A. 职工福利费27万元　　B. 职工教育经费4万元

C. 工会经费3万元　　D. 社会保险费48万元

(3) A企业在计算企业所得税应纳税所得额时，下列表述中正确的是（　　）。

A. 闲置厂房计提的12万元折旧可以在税前扣除

B. 未投入使用的机器设备计提的8万元折旧可以在税前扣除

C. 发生的非广告性质的赞助支出6万元不得在税前扣除

D. A企业直接向养老院捐赠的16万元不得在税前扣除

(4) A企业在计算企业所得税应纳税所得额时，下列表述中正确的是（　　）。

A. 新技术研发费用可以加计扣除350万元

B. A企业可以享受“三免三减半”优惠政策

C. A企业适用15%的企业所得税税率

D. 购入运输车辆16万元可以享受税额抵免优惠政策

2. A公司为我国一家居民企业，本年有关收支情况如下：

(1) 产品销售收入为2 000万元，营业外收入为50万元。

(2) 发生合理的工资薪金120万元、职工供暖费补贴20万元、防暑降温费10万元。

(3) 发生广告费200万元、税收滞纳金6万元、环保部门罚款3万元、非广告性赞助12万元，直接向某希望小学捐赠6万元。

(4) 缴纳增值税120万元、消费税60万元、城市维护建设税12.6万元和教育费附加5.4万元。

已知在计算企业所得税应纳税所得额时，职工福利费支出不超过工资、薪金总额的14%，广告费支出不超过当年销售（营业）收入的15%。

要求：根据上述资料，回答下列问题。

(1) A公司在计算本年度企业所得税应纳税所得额时，准予扣除的广告费是（　　）万元。

A. 325　　B. 200　　C. 300　　D. 307.5

(2) A公司下列支出中，在计算本年度企业所得税应纳税所得额时，不得扣除的是（　　）。

A. 环保部门罚款3万元　　B. 税收滞纳金6万元

C. 直接向某希望小学捐赠的6万元　　D. 非广告性赞助12万元

（3）A公司在计算本年度企业所得税应纳税所得额时，准予扣除的职工福利费是（　）万元。

A. 10　　B. 16.8　　C. 20　　D. 30

（4）A公司发生的下列税费中，在计算本年企业所得税应纳税所得额时，准予扣除的是（　）。

A. 消费税60万元　　B. 城市维护建设税12.6万元

C. 增值税120万元　　D. 教育费附加5.4万元

3. A企业为我国一家居民企业，属于增值税一般纳税人，本年度有关经济业务如下：

（1）产品销售收入为500万元，销售边角料收入为28万元，国债利息收入为3万元。

（2）以产品抵偿债务，该批产品不含增值税售价为54万元。

（3）实发合理工资、薪金总额70万元，发生职工教育经费5万元、职工福利费13万元、工会经费0.8万元。

（4）支付法院判决由企业承担的诉讼费1万元、税收滞纳金2.6万元、合同违约金4.2万元、银行罚款利息5万元。

（5）因管理不善，一批材料被盗，该批材料成本为7万元，对应的增值税进项税额为0.91万元（2019年4月1日起，增值税税率调整为13%），取得保险公司赔款2.79万元，材料损失已经过税务机关核准。

要求：根据上述资料，回答下列问题。

（1）A企业计算企业所得税应纳税所得额时，下列收益中应计入收入总额的是（　）。

A. 国债利息收入3万元　　B. 产品销售收入500万元

C. 销售边角料收入28万元　　D. 以产品抵偿债务54万元

（2）A企业下列支出中，计算企业所得税时予以全部扣除的是（　）。

A. 工资、薪金总额70万元　　B. 职工教育经费5万元

C. 工会经费0.8万元　　D. 职工福利费13万元

（3）A企业下列支出中，计算企业所得税时不准扣除的是（　）。

A. 银行罚款利息5万元　　B. 税收滞纳金2.6万元

C. 合同违约金4.2万元　　D. 法院判决由企业承担的诉讼费1万元

（4）A企业在计算本年企业所得税应纳税所得额时，准予扣除的原材料损失金额为（　）。

A. 7－0.91－3＝3.09(万元)　　B. 7－2.79＝4.21(万元)

C. 7＋0.91－2.79＝5.12(万元)　　D. 7＋0.91＝7.91(万元)

4. 甲企业为我国一家居民企业，属于制造业行业，本年度部分生产经营情况如下：

（1）销售收入为3 360万元，销售成本为1 400万元，增值税为490万元，税金及附加为56万元。

（2）销售费用为1 050万元，其中包括广告费560万元、业务宣传费14万元。

（3）管理费用为350万元，其中包括业务招待费35万元、新产品研究开发费用28万元。

（4）财务费用为56万元，其中包括向非金融机构借款1年的利息支出42万元，年利率为10%（银行同期同类贷款利率为6%）。

（5）营业外支出21万元，其中包括向供货商支付违约金3.5万元、接受工商局罚款0.7万元、通过政府部门向灾区捐赠14万元。

（6）12月中旬，甲企业经企业负责人批准，将上年开具的发票存根联和发票登记簿销毁。

已知甲企业本年会计利润为439.6万元，甲企业适用的企业所得税税率为25%，已预缴企业所得税109.9万元。

要求：根据上述资料，回答下列问题。

（1）下列说法中正确的是（　　）。

A. 企业销毁发票存根联和发票登记簿的做法不正确

B. 企业销毁发票存根联和发票登记簿的做法正确

C. 已开具的发票存根联和发票登记簿应当保存5年

D. 已开具的发票存根联和发票登记簿应当保存3年

（2）下列关于甲企业相关费用的税务处理中，不正确的是（　　）。

A. 甲企业发生的广告费和业务宣传费可以全额在当年的企业所得税前扣除

B. 甲企业发生的业务招待费可以据实在企业所得税前扣除

C. 甲企业新产品研究开发费用可以在企业所得税前加计扣除100%

D. 甲企业新产品研究开发费用可以在企业所得税前加计扣除75%

（3）下列说法中正确的是（　　）。

A. 非金融企业向金融企业借款的利息支出准予在企业所得税前扣除

B. 非银行企业内营业机构之间支付的利息不得在企业所得税前扣除

C. 甲企业向非金融机构借款的利息支出可以在企业所得税前扣除25.2万元

D. 甲企业向非金融机构借款的利息支出可以在企业所得税前扣除35万元

（4）甲企业下列项目可以在税前扣除的是（　　）。

A. 接受工商局罚款0.7万元　　B. 向供货商支付违约金3.5万元

C. 通过政府部门向灾区捐赠14万元　　D. 增值税490万元

5. A公司为我国一家居民企业，主要从事货物生产和销售，本年有关收支情况如下：

（1）取得销售货物收入4 600万元、理财产品收益40万元，从其直接投资的未上市居民企业分回股息收益300万元，出售闲置厂房收入420万元。

（2）提取折旧费用200万元，其中已投入使用的机器设备折旧费60万元、已投入使用的运输设备折旧费50万元、未投入使用的厂房折旧费70万元、未投入使用的机器设备折旧费20万元。

（3）发生业务招待费30万元、公益性捐赠支出60万元，全年实现会计利润700万元。

已知在计算企业所得税应纳税所得额时，业务招待费支出按其发生额的60%扣除，但最高不得超过当年销售（营业）收入的5‰。公益性捐赠支出不超过年度利润总额12%的部分，准予在计算应纳税所得额时扣除；超过年度利润总额12%的部分，准予结转以后3年内在计算应纳税所得额时扣除。

要求：根据上述资料，回答下列问题。

（1）A公司下列收入中，应计入企业所得税应纳税所得额的是（　　）。

A. 出售厂房收入420万元　　　　B. 理财产品收益40万元

C. 销售货物收入4600万元　　　D. 股息收益300万元

（2）A公司的下列折旧费用中，在计算本年度企业所得税应纳税所得额时，准予扣除的是（　　）。

A. 未投入使用的机器设备折旧费20万元

B. 已投入使用的运输设备折旧费50万元

C. 已投入使用的机器设备折旧费60万元

D. 未投入使用的厂房折旧费70万元

（3）A公司在计算本年度企业所得税应纳税所得额时，准予扣除的业务招待费是（　　）万元。

A. 18　　B. 23　　C. 25　　D. 28

（4）A公司在计算本年度企业所得税应纳税所得额时，准予扣除的公益性捐赠支出是（　　）万元。

A. 60　　B. 84　　C. 91　　D. 93

五、计算题

1. 甲公司为我国一家居民企业，主要从事货物生产和销售，本年取得销售货物收入3 000万元、理财产品收益30万元，从其直接投资的未上市居民企业分回股息收益120万元，出售闲置厂房收入200万元，发生业务招待费16万元。要求：计算甲公司本年度在企业所得税前可以扣除的业务招待费。

2. 甲公司为我国一家居民企业，本年按同期金融机构贷款利率从其关联方借款7 200万元，发生借款利息540万元。甲公司的注册资本为2 300万元。甲公司接受关联方债权性投资与其权益性投资比例为2∶1。要求：计算甲公司可以在企业所得税前扣除的利息金额。

3. 小型微利企业甲公司为我国一家居民企业，本年度会计利润为30万元，当年1月购入一件办公家具，价值10 000元，未计提折旧，并在计算会计利润时全额扣除；

当年 2 月取得国债利息收入 2 万元，并在计算会计利润时作为投资收益。假设除上述事项外该公司无纳税调整项目。要求：计算甲公司本年度应纳企业所得税。

4. 甲企业为我国一家居民企业，本年度发生财务费用 60 万元，其中支付银行借款利息 25 万元，支付因向某商场借款 500 万元而发生的全年利息 35 万元。同期银行贷款年利率为 6%。要求：计算甲公司本年度在企业所得税前可以扣除的利息费用。

5. 甲公司为我国一家居民企业，本年度实现销售收入 3 000 万元，当年发生广告费和业务宣传费共计 420 万元，上年度结转未扣除广告费和业务宣传费共计 50 万元。已知广告费和业务宣传费不超过当年销售收入 15%的部分，准予扣除。要求：计算甲公司本年度在企业所得税前可以扣除的广告费和业务宣传费。

6. 甲公司为我国一家居民企业，共有股权 10 000 万股，本年 1 月将其中 80%的股权转让给乙公司，从而成为乙公司的子公司。收购日甲公司每股资产的计税基础为 7 元，每股资产的公允价值为 10 元。在收购对价中乙公司通过股权形式支付 72 000 万元，通过银行存款支付 8 000 万元。该重组业务已办理特殊重组备案手续。

要求：

(1) 计算甲公司资产转让所得或损失；

(2) 计算乙公司得到的股权的计税基础；

(3) 计算甲公司上述业务的企业所得税纳税调整额。

4.4 实战演练

1. 甲企业为我国一家居民企业，属于制造业行业，为增值税一般纳税人。本年该企业发生的业务如下：

(1) 取得产品销售收入 1 620 万元、其他业务收入 120 万元，销售成本为 600 万元，其他业务成本为 30 万元。

(2) “管理费用”账户列支 60 万元，其中业务招待费 18 万元、新产品技术开发费 24 万元、支付给母公司的管理费 6 万元。

(3) “销售费用”账户列支 300 万元，其中广告费 180 万元、业务宣传费 96 万元。

(4) “财务费用”账户列支 24 万元，其中本年 6 月 1 日向非金融企业借入资金 120 万元用于生产经营，当年支付利息 7.2 万元（同期银行贷款年利率为 6%）。

(5) “营业外收入”账户反映受赠价值 60 万元的货物一批，取得的增值税专用发票上注明的增值税税额是 7.8 万元。

(6) “营业外支出”账户列支 30 万元，其中对外捐赠 18 万元（通过县级政府向贫困地区捐赠 12 万元，直接向某校捐赠 6 万元）；由于环境污染，被环保部门处以罚款 12 万元。

(7) “投资收益”账户贷方发生额 27 万元，其中从我国境内居民企业（小型微利企业）分回股息24万元，取得国债利息收入3万元。

（8）计入成本费用实际支付合理的工资180万元（其中残疾人员工资30万元），发生职工福利费27万元、职工工会经费3.6万元、职工教育经费4.2万元。

（9）本年12月购进安全生产专用设备，取得的增值税普通发票上注明价款600万元（含增值税）。

假设本题不考虑城市维护建设税和教育费附加。

要求：

（1）计算甲企业本年实现的会计利润总额。

（2）计算管理费用应调整的应纳税所得额（包括加计扣除部分）。

（3）计算销售费用应调整的应纳税所得额。

（4）计算财务费用应调整的应纳税所得额。

（5）计算营业外支出应调整的应纳税所得额。

（6）计算投资收益应调整的应纳税所得额。

（7）计算工资和"三项经费"（职工福利费、职工工会经费、职工教育经费）应调整的应纳税所得额（包括加计扣除部分）。

（8）计算甲企业本年应纳企业所得税。

2. 甲公司为我国一家居民企业，主营化工产品的生产和销售，本年全年主营业务收入为5 000万元，其他业务收入为2 600万元，营业外收入为480万元，主营业务成本为1 200万元，其他业务成本为920万元，营业外支出为420万元，税金及附加为480万元，销售费用为240万元，管理费用为260万元，财务费用为210万元；取得投资收益564万元，其中来自我国境内非上市居民企业分得的股息收入为200万元。本年发生的部分业务如下：

（1）签订一份委托贷款合同，约定两年后合同到期时一次收取利息。本年已将其中80万元利息收入计入其他业务收入。年初签订一项商标使用权合同，合同约定商标使用期限为4年，使用费总额为480万元，每两年收费一次，本年第一次收取使用费，实际收取240万元，已将120万元计入其他业务收入。

（2）将自发行者购进的一笔3年期国债售出，取得收入234万元。售出时持有该国债恰满两年，该笔国债的买入价为200万元，年利率为5%，利息到期一次性支付。该公司已将34万元计入投资收益。

（3）将100%持股的某子公司股权全部转让，取得股权对价477万元、现金对价53万元。该笔股权的历史成本为360万元，转让时的公允价值为530万元。该子公司的留存收益为100万元。此项重组业务已办理特殊重组备案手续。

（4）撤回对某公司的股权投资取得收入170万元，其中含原投资成本100万元，另含相当于被投资公司累计未分配利润和累计盈余公积按减少实收资本比例计算的部分30万元。

（5）当年发生广告费支出960万元，以前年度累计结转广告费扣除额130万元。当年发生业务招待费60万元，其中40万元未取得合法票据。当年实际发放职工工资600万元，其中含福利部门人员工资40万元；除福利部门人员工资外的职工福利费总额为89.4万元，拨缴工会经费10万元，职工教育经费支出48.8万元。

（6）当年自境内关联企业借款3 000万元，年利率为7%（金融企业同期同类贷款利率为5%），支付利息210万元。关联企业在该公司的权益性投资金额为1 000万元。该公司不能证明此笔交易符合独立交易原则，也不能证明实际税负不高于关联企业。

（7）当年转让一项账面价值为600万元的专利技术，转让收入为2 400万元，该项转让已经省科技部门认定登记。

（8）该公司是当地污水排放大户，为治理排放，当年购置1 000万元的污水处理设备（取得增值税普通发票）投入使用，同时为其他排污企业处理污水，当年取得收入60万元，相应的成本为26万元。该设备属于《环境保护专用设备企业所得税优惠目录》所列设备，为其他企业处理污水属于公共污水处理。

该公司注册资本为1 600万元。除非特别说明，各扣除项目均已取得有效凭证，相关优惠已办理必要手续。

要求：

（1）计算业务（1）应调整的应纳税所得额，并简要说明理由。

（2）计算业务（2）应调整的应纳税所得额。

（3）计算业务（3）应调整的应纳税所得额。

（4）计算业务（4）应调整的应纳税所得额。

（5）计算业务（5）应调整的应纳税所得额。

（6）计算业务（6）应调整的应纳税所得额。

（7）计算业务（7）应调整的应纳税所得额。

（8）计算业务（8）应调整的应纳税所得额和应纳企业所得税。

（9）计算甲公司本年应纳企业所得税。

3. 甲摩托车生产企业（简称“甲公司”）于本年5月成立，是我国一家居民企业，属于制造业行业，位于市区，为增值税一般纳税人，本年生产经营情况如下：

（1）当年销售摩托车，取得不含税销售收入12 000万元，对应的销售成本为4 800万元。

（2）将自产摩托车用于对外投资，该批摩托车不含税市场价为150万元，成本为60万元。

（3）当年购进原材料取得增值税专用发票，注明价款4 500万元、增值税585万元。

（4）6月购入符合规定的安全生产设备，取得的普通发票上注明金额750万元，当月投入使用。甲公司将该设备购置支出一次性在成本中列支。已知该设备生产的产品全部在当年销售，相关成本已结转。该设备净残值率规定为10%，设备折旧年限按照税法规定最低折旧年限计算。

（5）转让技术所有权取得收入1 200万元，与之相关的成本费用为150万元。

（6）当年发生管理费用750万元，其中含新产品研究开发费用180万元、业务招待费120万元。

（7）当年发生财务费用300万元，其中包括支付银行借款利息90万元、逾期罚息15万元，以及向非金融企业（非关联企业）借款2 700万元的全年借款利息195万元。已知金融企业同期同类贷款年利率为6%。

（8）当年发生销售费用1 950万元，其中广告费1 845万元。

（9）取得国债利息收入150万元、地方政府债券利息收入120万元、企业债券利息收入180万元（属于统借统还业务中，企业集团或企业集团中的核心企业以及集团所属财务公司按不高于支付给金融机构的借款利率水平或者支付的债券票面利率水平，向企业集团或者集团内下属单位收取的利息）。

（10）全年计入成本、费用的实发合理工资总额为1 200万元（含残疾职工工资75万元），实际发生职工福利费180万元、职工教育经费22.5万元，拨缴工会经费27万元。

（11）当年发生营业外支出共计180万元，其中税收滞纳金18万元、未经核定的准备金支出45万元、通过当地人民政府向贫困地区捐款117万元。

已知摩托车适用的消费税税率为10%，该摩托车最高价与平均价相等；甲公司取得的上述增值税专用发票均符合抵扣规定；上述技术转让发生的成本费用不包括在企业成本、费用中。

要求：

（1）计算本年甲企业共计应缴纳的增值税、消费税、城市维护建设税、教育费附加和地方教育附加合计数。

（2）计算本年甲公司该企业实现的会计利润。

（3）计算本年甲公司技术转让所得应纳税调整的金额。

（4）计算本年管理费用应纳税调整的金额。

（5）计算本年广告费应纳税调整的金额。

（6）计算本年工资、职工福利费、工会经费、职工教育经费应纳税调整的金额。

（7）计算本年甲公司企业所得税的应纳税所得额。

（8）计算甲公司本年应纳企业所得税。

第5章

个人所得税法

5.1 能力目标

（1）能界定个人所得税纳税人，能判断哪些业务应当缴纳个人所得税，会选择个人所得税适用税率，能运用个人所得税优惠政策。

（2）能根据相关业务资料计算工资、薪金所得，劳务报酬所得，稿酬所得，特许权使用费所得（统称为综合所得）的应纳税额，经营所得的应纳税额，财产租赁所得的应纳税额，财产转让所得的应纳税额，利息、股息、红利所得的应纳税额，偶然所得的应纳税额，以及个人所得税几种特殊情况的应纳税额。

（3）能确定个人所得税的纳税义务发生时间、纳税期限和纳税地点。

5.2 知识体系

个人所得税法	个人所得税的认知	（1）个人所得税纳税人和扣缴义务人的确定（★★★） （2）个人所得税征税对象的确定（★★） （3）个人所得税税率的判定（★★★） （4）个人所得税优惠政策的运用（★★）
	个人所得税的计算	（1）居民个人综合所得应纳税额的计算（★★★★） （2）非居民个人工资、薪金所得，劳务报酬所得，稿酬所得，特许权使用费所得应纳税额的计算（★★★） （3）经营所得应纳税额的计算（★★★★） （4）财产租赁所得应纳税额的计算（★★） （5）财产转让所得应纳税额的计算（★★） （6）利息、股息、红利所得和偶然所得应纳税额的计算（★★） （7）个人所得税几种特殊情况应纳税额的计算（★★★★） （8）个人所得税的纳税调整（★★） （9）个人所得税的信息管理规定（★★）
	个人所得税的征收管理	（1）个人所得税的代扣代缴（含预扣预缴）（★★） （2）个人所得税的自行申报（★★）

5.3 技能训练

一、单项选择题

1. 在中国境内有住所，或者无住所而一个纳税年度内在中国境内居住累计满（　　）天的个人，为居民个人。

A. 30　　B. 90　　C. 183　　D. 365

2. 下列各项中，不按照工资、薪金所得项目征收个人所得税的是（　　）。

A. 退休人员再任职取得的收入

B. 个人因任职、受雇从上市公司取得的股票增值权所得和限制性股票所得

C. 在商品营销活动中，企业和单位对营销成绩突出的非雇员以工作考察名义组织旅游活动，通过免收旅游费对个人实行的营销业绩奖励

D. 个人达到国家规定的退休年龄之后按月领取的年金

3. 于某为甲公司员工，本年 1 月取得税前工资、薪金收入 8 200 元，“三险一金”为 1 500.6 元，专项附加扣除和依法确定的其他扣除为 1 000 元。本年 1 月甲公司预扣预缴于某的工资、薪金所得个人所得税的应纳税所得额为（　　）元。

A. 699.4　　B. 1 699.4　　C. 2 200　　D. 3 200

4. 居民纳税人取得的下列所得中，应按工资、薪金所得项目计缴个人所得税的是（　　）。

A. 出租闲置住房取得的所得

B. 国债利息所得

C. 单位全勤奖

D. 参加商场有奖销售活动中奖取得的所得

5. 以下属于工资、薪金所得项目的是（　　）。

A. 托儿补助费　　B. 劳动分红

C. 投资分红　　D. 独生子女补贴

6. 个人参加笔会，现场作画取得的作画所得属于（　　）。

A. 工资、薪金所得　　B. 稿酬所得

C. 劳务报酬所得　　D. 经营所得

7. 综合所得个人所得税的计算适用（　　）。

A. 20%的比例税率　　B. 3%～45%的超额累进税率

C. 5%～45%的超率累进税率　　D. 5%～35%的超额累进税率

8. 张某自建房屋一栋，造价为 26 600 元。建成后转让房屋，取得收入 42 000 元，支付合理费用 1 750 元，则张某应缴纳的个人所得税为（　　）元。

A. 1 960　　B. 2 730　　C. 3 850　　D. 8 750

9. 以下不属于特许权使用费所得项目的是（　　）。

A. 转让商标权使用权取得的所得　　B. 转让非专利技术使用权取得的所得

C. 转让专利权使用权取得的所得　　D. 转让土地使用权取得的所得

10. 下列所得属于劳务报酬所得的是（　　）。

A. 个人仅担任董事职务取得的董事费收入

B. 个人提供专有技术获得的收入

C. 个人发表书画作品取得的收入

D. 个人出租财产取得的收入

11. 下列各项所得不属于稿酬所得征税范围的是（　　）。

A. 发表文学作品的所得　　B. 公开拍卖文学作品手稿原件的所得

C. 发表摄影作品的所得　　D. 发表书画作品的所得

12. 下列所得中，免征个人所得税的是（　　）。

A. 年终加薪　　B. 拍卖本人文字作品手稿原件的收入

C. 个人保险所获赔偿　　D. 从投资管理公司取得的派息分红

13. 自 2019 年 1 月 1 日起，居民个人的综合所得，以每一纳税年度的收入额减除费用（　　）元以及专项扣除、专项附加扣除和依法确定的其他扣除后的余额，为个人所得税应纳税所得额。

A. 40 000　　B. 50 000　　C. 60 000　　D. 70 000

14. 非居民个人的工资、薪金所得，以每月收入额减除费用（　　）元后的余额为个人所得税应纳税所得额。

A. 4 000　　B. 5 000　　C. 6 000　　D. 7 000

15. 我国居民个人李某本年每月取得税前工资、薪金收入 10 000 元，另外本年 5 月取得税前劳务报酬收入 40 000 元。李某本年专项扣除、专项附加扣除和依法确定的其他扣除共计 40 000 元。李某本年无其他收入，则李某本年应缴纳的个人所得税为（　　）元。

A. 2 100　　B. 2 680　　C. 3 100　　D. 3 680

16. 郑某本年 3 月购买福利彩票获得奖金 6 400 元，领奖时发生交通费 40 元、食宿费 16 元（均由郑某承担）。已知偶然所得适用的个人所得税税率为 20%。郑某中奖收入应缴纳的个人所得税为（　　）。

A. 0

B. $6\,400\times20\%=1\,280$(元)

C. $(6\,400-40)\times20\%=1\,272$(元)

D. $(6\,400-40-16)\times20\%=1\,268.8$(元)

17. 本年 3 月于某将自己的一套三居室出租，年租金为 54 000 元，当月发生修缮费用 1 800 元。已知个人出租住房适用的个人所得税税率为 10%，每次收入额不足 4 000 元的费用扣除标准为 800 元；超过 4 000 元的，费用扣除标准为 20%。假设不考虑房屋出租过程中的其他相关税金，则于某本年 3 月应缴纳的个人所得税为（　　）元。

A. 250　　B. 290　　C. 370　　D. 360

18. 我国个人所得税的征收方式主要是（　　）。

A. 代扣代缴　　B. 委托代征

C. 代扣代缴和自行纳税申报　　D. 自行纳税申报

19. 我国非居民个人汤姆本年1月取得税前工资、薪金收入10 000元，税前劳务报酬收入40 000元。汤姆本年1月应缴纳的个人所得税合计（　　）元。

A. 4 560　　B. 4 780　　C. 5 630　　D. 5 830

20. 我国居民个人张某本年3月取得税前稿酬收入30 000元，本年10月取得税前特许权使用费收入50 000元，本年12月取得税前劳务报酬收入80 000元。张某本年无其他收入，专项附加扣除额为40 000元，则张某本年应纳个人所得税为（　　）元。

A. 568　　B. 588　　C. 624　　D. 634

21. 扣缴义务人每月或者每次预扣、代扣的税款，应当在次月（　　）日内缴入国库，并向税务机关报送扣缴个人所得税申报表。

A. 7　　B. 10　　C. 15　　D. 30

22. 对扣缴义务人按照所扣缴的税款，税务机关应付给（　　）的手续费。

A. 2%　　B. 3%　　C. 4%　　D. 6%

23. 非居民个人在中国境内从两处以上取得工资、薪金所得的，应当在取得所得的（　　）申报纳税。

A. 次月10日内　　B. 次月15日内

C. 次年3月31日前　　D. 次年6月30日前

24. 于某准备移民海外，将其唯一的一套住房以60万元的价格出售，该住宅系6年前以20万元的价格购买，交易过程中支付相关税费及中介费等各项费用共计4万元（发票为证），则于某应缴纳的个人所得税为（　　）万元。

A. 0　　B. 4.3　　C. 6.5　　D. 10.5

25. 对退休职工刘某免缴个人所得税的是（　　）。

A. 稿酬1 200元　　B. 原任职单位老人节补贴400元

C. 商场有奖销售中奖300元　　D. 退休工资6 000元

26. 纳税人取得应税所得，扣缴义务人未扣缴税款的，纳税人应当在取得所得的（　　）缴纳税款；税务机关通知限期缴纳的，纳税人应当按照期限缴纳税款。

A. 次月10日内　　B. 次月15日内

C. 次年3月31日前　　D. 次年6月30日前

27. 中国公民杨某本年10月从公开发行和转让市场取得了上市公司股票，并向注册会计师王某咨询其所取得的股息、红利所得个人所得税的税务处理。下列说法中，不正确的是（　　）。

A. 杨某持股期限在1个月以内（含1个月）的，其股息、红利所得全额计入应纳税所得额计算纳税

B. 杨某持股期限在 1 个月以上至 1 年（含 1 年）的，其股息、红利所得暂减按 50%计入应纳税所得额计算纳税

C. 杨某持股期限超过 1 年的，其股息、红利所得暂减按 25%计入应纳税所得额计算纳税

D. 杨某持股期限超过 1 年的，其股息、红利所得暂免征收个人所得税

28. 下列不按照特许权使用费所得项目征收个人所得税的是（　　）。

A. 转让土地使用权

B. 个人取得特许权的经济赔偿收入

C. 编剧从电视剧的制作单位取得的剧本使用费

D. 作者将自己的文字作品手稿复印件公开竞价拍卖取得的所得

29. 在中国境内无住所的个人，在中国境内居住累计满 183 天的年度连续不满（　　）年的，经向主管税务机关备案，其来源于中国境外且由境外单位或者个人支付的所得，免予缴纳个人所得税。

A. 5　　B. 6　　C. 8　　D. 10

30. 下列关于继续教育个人所得税专项附加扣除的说法中，错误的是（　　）。

A. 纳税人在中国境内接受学历（学位）继续教育的支出，在学历（学位）教育期间按照每月 400 元定额扣除

B. 同一学历（学位）继续教育的扣除期限不能超过 48 个月

C. 纳税人接受技能人员职业资格继续教育、专业技术人员职业资格继续教育的支出，在取得相关证书的当年，按照 3 600 元定额扣除

D. 个人接受本科及以上学历（学位）继续教育，符合规定扣除条件的，可以选择由其父母扣除，也可以选择由本人扣除

31. 下列关于大病医疗个人所得税专项附加扣除的说法中，正确的是（　　）。

A. 在一个纳税年度内，纳税人发生的与基本医保相关的医药费用支出，扣除医保报销后个人负担（指医保目录范围内的自付部分）累计超过 15 000 元的部分，由纳税人在办理年度汇算清缴时在 80 000 元限额内据实扣除

B. 纳税人发生的医药费用支出可以选择由本人或其配偶扣除；子女发生的医药费用支出可以选择由其父母一方扣除

C. 在一个纳税年度内，纳税人发生的与基本医保相关的医药费用支出，扣除医保报销后个人负担（指医保目录范围内的自付部分）累计超过 10 000 元的部分，由纳税人在办理年度汇算清缴时在 60 000 元限额内据实扣除

D. 纳税人发生的医药费用支出只能由本人扣除

二、多项选择题

1. 下列各项中，适用超额累进税率计征个人所得税的有（　　）。

A. 经营所得　　B. 财产转让所得

C. 工资、薪金所得　　D. 财产租赁所得

2. 下列各项中，属于综合所得的有（　　）。

A. 经营所得　　B. 劳务报酬所得

C. 稿酬所得　　D. 特许权使用费所得

3. 下列各项中，应计入工资、薪金所得征收个人所得税的有（　　）。

A. 年终加薪　　B. 劳动分红　　C. 职务工资　　D. 饭费补贴

4. 下列属于劳务报酬所得的有（　　）。

A. 笔译翻译收入　　B. 审稿收入

C. 现场书画收入　　D. 雕刻收入

5. 下列不属于稿酬所得的有（　　）。

A. 摄影作品以图书形式出版取得的所得

B. 拍卖自己的文字作品手稿原件取得的所得

C. 为企业撰写发展史取得的所得

D. 为出版社审稿取得的所得

6. 可以免征或暂免征收个人所得税的有（　　）。

A. 国家发行的金融债券利息

B. 个人取得由单位和个人共同缴付的失业保险费

C. 举报偷税行为所获奖金

D. 电视台购物有奖竞猜活动所获奖金

7. 下列各项中，按财产转让所得项目计征个人所得税的有（　　）。

A. 个人转让土地使用权取得的收入

B. 个人出售股权取得的收入

C. 个人通过网络收购玩家的虚拟货币，加价后向他人出售取得的收入

D. 个人转让商标使用权取得的收入

8. 以下属于财产转让所得的有（　　）。

A. 转让股权取得的所得　　B. 转让土地使用权取得的所得

C. 转让专利权取得的所得　　D. 转让有价证券取得的所得

9. 根据现行税法规定，下列各项中可以免征或暂免征收个人所得税的有（　　）。

A. 张某取得退休工资3 000元

B. 李某取得境内上市公司股票转让所得50 000元

C. 王某取得救济金20 000元

D. 赵某举报税务违法行为获得奖金10 000元

10. 下列所得中，免予缴纳个人所得税的有（　　）。

A. 原某购买发票中奖1 000元

B. 著名作家莫言获得的诺贝尔文学奖奖金

C. 于某取得的军人转业费

D. 杨某退休后按月领取的基本养老金

11. 以下应当按特许权使用费所得缴纳个人所得税的有（　　）。
A. 编剧从电视剧制作单位取得的剧本使用费
B. 作者将书画作品原件拍卖取得的所得
C. 作者将自己的文字作品手稿原件拍卖取得的所得
D. 作者去世后，财产继承人取得的遗作稿酬
12. 居民个人下列所得项目实际适用 20%比例税率的有（　　）。
A. 稿酬所得　　B. 偶然所得
C. 财产转让所得　　D. 股息、红利所得
13. 计算个人转让住房应缴纳的个人所得税时允许扣除的合理费用有（　　）。
A. 住房装修费用　　B. 住房贷款利息
C. 手续费　　D. 公证费
14. 计算居民个人的综合所得的应纳税所得额中的专项附加扣除，包括（　　）。
A. 子女教育支出　　B. 住房租金支出
C. 继续教育支出　　D. 赡养老人支出
15. 下列收入中，属于工资、薪金所得的有（　　）。
A. 季度奖金　　B. 劳动分红　　C. 年终加薪　　D. 加班补贴
16. 下列各项中，应按照劳务报酬所得项目征收个人所得税的有（　　）。
A. 律师以个人名义再聘请其他人员为其工作而支付的报酬
B. 证券经纪人从证券公司取得的佣金收入
C. 在商品营销活动中，企业和单位对营销成绩突出的雇员以工作考察名义组织旅游活动，通过免收旅游费对个人实行的营销业绩奖励
D. 个人兼职取得的收入
17. 下列与偶然所得个人所得税计算相关的公式中，正确的有（　　）。
A. 应纳税所得额＝每次收入
B. 应纳税所得额＝每次收入－800
C. 应纳税额＝应纳税所得额×(1－20%)
D. 应纳税额＝应纳税所得额×20%
18. 下列说法中正确的有（　　）。
A. 劳务报酬所得以收入减除 20%的费用后的余额为收入额
B. 利息、股息、红利所得和偶然所得的应纳税所得额为每次收入额
C. 财产租赁所得以收入减除 20%的费用后的余额为收入额
D. 稿酬所得以收入减除 20%的费用后的余额为收入额，稿酬所得的收入额减按 60%计算
19. 以下各选项按照特许权使用费所得缴纳个人所得税的有（　　）。
A. 个人提供专利权使用权所得　　B. 个人提供非专利技术使用权所得
C. 个人提供商标权使用权所得　　D. 个人出版图书的所得

20. 自2019年1月1日起，居民个人的综合所得，以每一纳税年度的收入额减除费用60 000元以及专项扣除、专项附加扣除和依法确定的其他扣除后的余额，为应纳税所得额。专项扣除包括（　　）。

A. 居民个人按照国家规定的范围和标准缴纳的基本养老保险

B. 居民个人按照国家规定的范围和标准缴纳的基本医疗保险

C. 居民个人按照国家规定的范围和标准缴纳的失业保险

D. 居民个人所在单位为其按照国家规定的范围和标准缴纳的住房公积金

21. 个人发生的下列公益性捐赠支出中，准予税前全额扣除的有（　　）。

A. 通过国家机关向贫困地区的捐赠

B. 通过非营利社会团体向公益性青少年活动场所的捐赠

C. 通过国家机关向红十字事业的捐赠

D. 通过非营利社会团体向农村义务教育的捐赠

22. 下列个人所得中，应按劳务报酬所得项目征收个人所得税的有（　　）。

A. 某编剧从电视剧制作单位取得的剧本使用费

B. 某公司高管从大学取得的讲课费

C. 某大学教授从企业取得的咨询费

D. 某作家拍卖手稿取得的收入

23. 下列说法中正确的有（　　）。

A. 居民个人取得综合所得，按年计算个人所得税；有扣缴义务人的，由扣缴义务人按月或者按次预扣预缴税款

B. 居民个人取得综合所得，需要办理汇算清缴的，应当在取得所得的次年3月1日至6月30日内办理汇算清缴

C. 非居民个人取得工资、薪金所得，由扣缴义务人按月或者按次代扣代缴税款，需要办理汇算清缴的，应当在取得所得的次年3月1日至6月30日内办理汇算清缴

D. 非居民个人取得劳务报酬所得、稿酬所得和特许权使用费所得，有扣缴义务人的，由扣缴义务人按月或者按次代扣代缴税款，不办理汇算清缴

24. 纳税人应当依法办理纳税申报的情形有（　　）。

A. 因移居境外注销中国户籍

B. 非居民个人在中国境内从两处以上取得工资、薪金所得

C. 取得境外所得

D. 取得应税所得，扣缴义务人未扣缴税款

25. 下列说法中正确的有（　　）。

A. 居民个人取得综合所得，需要办理汇算清缴的，应当在取得所得的次年3月1日至6月30日内办理汇算清缴

B. 纳税人取得经营所得，在取得所得的次年3月31日前办理汇算清缴

C. 纳税人取得应税所得没有扣缴义务人的，应当在取得所得的次月 15 日内向税务机关报送纳税申报表，并缴纳税款

D. 纳税人取得应税所得，扣缴义务人未扣缴税款的，纳税人应当在取得所得的次年 3 月 31 日前，缴纳税款；税务机关通知限期缴纳的，纳税人应当按照期限缴纳税款

26. 除国务院财政、税务主管部门另有规定外，不论支付地点是否在中国境内，以下均为个人来源于中国境内的所得的有（　　）。

A. 因任职、受雇、履约等在中国境内提供劳务取得的所得

B. 将财产出租给承租人在中国境内使用而取得的所得

C. 许可各种特许权在中国境内使用而取得的所得

D. 转让中国境内的不动产等财产或者在中国境内转让其他财产取得的所得

27.《中华人民共和国个人所得税法实施条例》规定，取得综合所得需要办理汇算清缴的情形包括（　　）。

A. 从两处以上取得综合所得，且综合所得年收入额减除专项扣除的余额超过 6 万元

B. 取得劳务报酬所得、稿酬所得、特许权使用费所得中一项或者多项所得，且综合所得年收入额减除专项扣除的余额超过 6 万元

C. 纳税年度内预缴税额低于应纳税额

D. 纳税人申请退税

28. 下列关于住房贷款利息个人所得税专项附加扣除的说法中，正确的有（　　）。

A. 纳税人本人或者配偶单独或者共同使用商业银行或者住房公积金个人住房贷款为本人或其配偶购买中国境内住房，发生的首套住房贷款利息支出，在实际发生贷款利息的年度，按照每月 1 000 元的标准定额扣除，扣除期限最长不超过 240 个月

B. 纳税人可以多次享受首套住房贷款的利息扣除

C. 首套住房贷款是指购买住房享受首套住房贷款利率的住房贷款

D. 经夫妻双方约定，可以选择由其中一方扣除，也可以由夫妻双方分别按扣除标准的 50%扣除，具体扣除方式在一个纳税年度内不能变更

29. 对于赡养老人个人所得税专项附加扣除，纳税人赡养一位及以上被赡养人的赡养支出，统一按照以下（　　）标准定额扣除。

A. 纳税人为独生子女的，按照每月 2 000 元的标准定额扣除

B. 纳税人为非独生子女的，由其与兄弟姐妹分摊每月 2 000 元的扣除额度，每人分摊的额度不能超过每月 1 000 元。可以由赡养人均摊或者约定分摊，也可以由被赡养人指定分摊

C. 约定或者指定分摊的须签订书面分摊协议，指定分摊优先于约定分摊

D. 被赡养人是指年满 60 岁的父母、岳父母，以及子女均已去世的年满 60 岁的祖

父母、外祖父母

30. 扣缴义务人向居民个人支付劳务报酬所得、稿酬所得、特许权使用费所得，按次或者按月预扣预缴个人所得税，对于具体预扣预缴方法，以下说法正确的有（　　）。

A. 劳务报酬所得、稿酬所得、特许权使用费所得以收入减除费用后的余额为收入额。其中，稿酬所得的收入额减按70%计算

B. 劳务报酬所得、稿酬所得、特许权使用费所得每次收入不超过4 000元的，减除费用按800元计算；每次收入4 000元以上的，减除费用按20%计算

C. 劳务报酬所得、稿酬所得、特许权使用费所得，以每次收入额为预扣预缴应纳税所得额，劳务报酬所得适用20%～40%的超额累进预扣率；稿酬所得、特许权使用费所得适用20%的比例预扣率

D. 劳务报酬所得应预扣预缴税额＝预扣预缴应纳税所得额×预扣率－速算扣除数；稿酬所得、特许权使用费所得应预扣预缴税额＝预扣预缴应纳税所得额×20%

31. 下列关于纳税人享受符合规定的专项附加扣除的计算时间，说法正确的有（　　）。

A. 对于子女教育，学前教育阶段为子女年满3周岁当月至小学入学前一个月；学历教育为子女接受全日制学历教育入学的当月至全日制学历教育结束的当月

B. 对于大病医疗，为医疗保障信息系统记录的医药费用实际支出的当年

C. 对于住房贷款利息，为贷款合同约定开始还款的当月至贷款全部归还或贷款合同终止的当月，扣除期限最长不得超过240个月

D. 对于赡养老人，为被赡养人年满60周岁的当月至赡养义务终止的当月

32. 自2019年1月1日起，对于公益慈善事业捐赠有关个人所得税政策，下列说法正确的有（　　）。

A. 居民个人发生的公益捐赠支出可以在财产租赁所得，财产转让所得，利息、股息、红利所得，偶然所得（统称分类所得），综合所得或者经营所得中扣除

B. 居民个人发生的公益捐赠支出，在综合所得、经营所得中扣除的，扣除限额分别为当年综合所得、当年经营所得应纳税所得额的30%

C. 居民个人取得劳务报酬所得、稿酬所得、特许权使用费所得的，预扣预缴时不扣除公益捐赠支出，统一在汇算清缴时扣除

D. 居民个人自行申报纳税的，可以在公益捐赠之日起60日内向主管税务机关办理更正申报追补扣除

三、判断题

1. 在中国境内无住所又不居住，或者无住所而一个纳税年度内在中国境内居住累计不满90天的个人，为非居民个人。（　　）

2. 在商品营销活动中，企业和单位对营销成绩突出的雇员以培训班、研讨会、工作考察等名义组织旅游活动，通过免收差旅费、旅游费对个人实行的营销业绩奖励，应根据所发生的费用作为劳务收入，按照劳务报酬所得项目征收个人所得税。（　　）

3. 公开拍卖文字作品手稿原件所得应按特许权使用费所得缴纳个人所得税。（　　）

4. 个人从公开发行和转让市场取得的上市公司股票，持股期限在1个月以内（含1个月）的，其股息、红利所得暂免征收个人所得税。（　）

5. 个人通过非营利性社会团体和国家机关向红十字事业的捐赠，在计算缴纳个人所得税时，准予按应纳税所得额的30%在税前扣除。（　）

6. 个人担任公司董事，且不在公司任职、受雇的，其担任董事职务所取得的董事费收入，按照劳务报酬所得项目缴纳个人所得税。（　）

7. 个人通过网络收购玩家的虚拟货币，加价后向他人出售取得的收入，暂免征收个人所得税。（　）

8. 个人取得的财产转租收入不征个人所得税。（　）

9. 对个人购买福利彩票、赈灾彩票、体育彩票，一次性中奖收入在1万元以下（含1万元）的，暂免征收个人所得税；超过1万元的，按超出部分计算征收个人所得税。（　）

10. 经营所得，以每一纳税年度的收入总额减除成本、费用以及损失后的余额，为应纳税所得额。（　）

11. 个人退职后6个月内又再次任职的，对个人已经缴纳个人所得税的退职费收入，不再与再次任职取得的工资、薪金所得合并计算补缴个人所得税。（　）

12. 居民个人向支付工资、薪金所得的扣缴义务人提供专项附加扣除信息的，扣缴义务人按月预扣预缴税款时应当按照规定予以扣除，不得拒绝。（　）

13. 个人取得的财产转租收入，应按偶然所得项目缴纳个人所得税。（　）

14. 居民个人从中国境内和境外取得的所得，依照个人所得税法的规定缴纳个人所得税。（　）

15. 个人出版画作取得的所得，应按劳务报酬所得项目计缴个人所得税。（　）

16. 居民个人从中国境外取得的所得，可以从其应纳税额中抵免已在境外缴纳的个人所得税税额，但抵免额不得超过该纳税人境外所得依照我国个人所得税法的规定计算的应纳税额。（　）

17. 扣缴义务人对纳税人的应扣未扣税款应由扣缴义务人予以补缴。（　）

18. 扣缴义务人每月或者每次预扣代扣的税款，应当在次月15日内缴入国库，并向税务机关报送扣缴个人所得税申报表。（　）

19. 纳税人取得经营所得，按年计算个人所得税，由纳税人在月度或者季度终了后15日内向税务机关报送纳税申报表，并预缴税款；在取得所得的次年6月30日前办理汇算清缴。（　）

20. 居民个人从中国境外取得所得的，应当在取得所得的次年3月1日至6月30日内申报纳税。（　）

21. 对扣缴义务人按照所扣缴的税款付给1%的手续费。（　）

22. 个人将其所得对教育、扶贫、济困等公益慈善事业进行捐赠，捐赠额未超过纳税人申报的应纳税所得额30%的部分，可以从其应纳税所得额中扣除。（　）

23. 专项扣除、专项附加扣除和依法确定的其他扣除，以居民个人一个纳税年度的应纳税所得额为限额；一个纳税年度扣除不完的，可以结转以后年度扣除，但最长不超过5年。（ ）

24. 取得经营所得的个人，计算其每一纳税年度的应纳税所得额时，应当减除费用6万元、专项扣除、专项附加扣除以及依法确定的其他扣除。（ ）

25. 扣缴义务人未将扣缴的税款解缴入库的，纳税人不可以申请退税。（ ）

26. 支付工资、薪金所得的扣缴义务人应当于年度终了后3个月内，向纳税人提供其个人所得和已扣缴税款等信息。纳税人年度中间需要提供上述信息的，扣缴义务人可以不予提供。（ ）

27. 个人在上海、深圳证券交易所转让从上市公司公开发行和转让市场取得的股票，转让所得暂不征收个人所得税。（ ）

28. 自2019年1月1日至2023年12月31日，一个纳税年度内在船航行时间累计满183天的远洋船员，其取得的工资薪金收入减按50%计入应纳税所得额，依法缴纳个人所得税。（ ）

四、不定项选择题

1. 居民个人程某就职于我国境内A公司，本年有关收入情况如下：

（1）每月取得税前工资、薪金收入10 000元。

（2）2月，为我国境内B公司提供技术服务，取得税前收入23 600元。另外，程某自己承担交通费200元、餐费180元、资料费80元、通信费40元。

（3）6月，在我国境内C杂志社的某刊物发表论文取得税前稿酬收入2 500元。

（4）9月，取得税前体育彩票中奖收入8 000元。

（5）取得县级人民政府颁发的技术方面的奖金。

（6）取得国家发行的金融债券利息1 000元。

（7）在二级市场买卖股票取得转让所得60 000元。

另外，程某本年专项扣除、专项附加扣除和依法确定的其他扣除共计40 000元。A公司、B公司、C杂志社已经为程某代扣代缴个人所得税1 000元。

要求：根据上述资料，回答下列问题。

（1）程某本年综合所得应缴纳个人所得税（ ）元。

A. 1 468　B. 1 508　C. 868　D. 908

（2）程某本年综合所得汇算清缴个人所得税时，应（ ）。

A. 补缴468元　B. 补缴508元　C. 退税132元　D. 退税92元

（3）程某本年综合所得汇算清缴的时限是（ ）。

A. 次年3月1日至5月31日内　B. 次年3月1日至6月30日内

C. 次年3月31日前　D. 次年6月30日前

（4）程某的下列行为中，免征个人所得税的是（ ）。

A. 体育彩票中奖收入8 000元

B. 县级人民政府颁发的技术方面的奖金

C. 取得的国家发行的金融债券利息 1 000 元

D. 在二级市场买卖股票取得的转让所得 60 000 元

2. 中国公民钱某在国内 A 公司担任工程师，本年 12 月的收入和支出情况如下：

(1) 基本工资为 6 600 元，全勤奖为 1 800 元，岗位津贴为 600 元，差旅费津贴为 700 元。

(2) 获得省级人民政府颁发的科技进步奖 7 600 元。

(3) 取得企业债券利息 4 200 元、1 年期储蓄存款利息 600 元。

(4) 拍卖自己的文字作品手稿原件，取得收入 40 000 元。

(5) 拍卖祖传名家名画一幅，取得收入 100 000 元。

(6) 举报某企业违法排污，获得环保部门奖励 3 800 元。

(7) 被本地电视台聘为兼职顾问，取得顾问费 48 000 元。

要求：根据上述资料，回答下列问题。

(1) 钱某下列收入中，免予或者暂免征收个人所得税的是（　　）。

A. 企业债券利息 4 200 元　　B. 科技进步奖 7 600 元

C. 储蓄存款利息 600 元　　D. 举报违法奖励 3 800 元

(2) 钱某下列工资、薪金所得项目中，应计算缴纳个人所得税的是（　　）。

A. 基本工资 6 600 元　　B. 全勤奖 1 800 元

C. 差旅费津贴 700 元　　D. 岗位津贴 600 元

(3) 有关钱某通过拍卖取得的收入，下列说法正确的是（　　）。

A. 钱某拍卖自己的文字作品手稿原件取得的收入，应按特许权使用费所得项目计征个人所得税

B. 钱某拍卖自己的文字作品手稿原件取得的收入，应按财产转让所得项目计征个人所得税

C. 钱某拍卖祖传名家名画取得的收入，应按财产转让所得项目计征个人所得税

D. 钱某拍卖祖传名家名画取得的收入，应按特许权使用费所得项目计征个人所得税

(4) 钱某取得的顾问费应按（　　）项目计算缴纳个人所得税。

A. 偶然所得　　B. 劳务报酬所得

C. 稿酬所得　　D. 工资、薪金所得

3. 何某本年 10 月取得如下收入：

(1) 出租住房，取得当月租金收入 3 100 元，发生相关税费 158 元、修缮费 1 800 元。

(2) 取得福利彩票中奖所得 20 000 元。

(3) 转让境内 A 股股票，取得转让收入 80 000 元；取得 A 股股息收入 800 元（持股已经 3 年）。

(4) 何某的汽车被盗，获得保险赔款 150 000 元。

（5）取得国家发行的金融债券利息收入800元。

已知个人出租住房个人所得税税率为10%。

要求：根据上述资料，回答下列问题。

（1）关于何某取得的保险赔款和国家发行的金融债券利息收入，下列说法正确的是（　　）。

A. 保险赔款是免税收入

B. 保险赔款属于不征税收入

C. 国家发行的金融债券利息收入是不征税收入

D. 国家发行的金融债券利息收入是免税收入

（2）关于何某出租住房取得的10月份租金收入应缴纳的个人所得税，下列计算正确的是（　　）。

A. 3 100×10%＝310(元)

B. (3 100－158－800)×10%＝214.2(元)

C. (3 100－158－800－1 800)×10%＝34.2(元)

D. (3 100－158－800－800)×10%＝134.2(元)

（3）关于何某福利彩票中奖所得应缴纳的个人所得税，下列计算正确的是（　　）。

A. 20 000×20%＝4 000(元)

B. (20 000－800)×20%＝3 840(元)

C. 20 000×(1－20%)×20%＝3 200(元)

D. 20 000×70%×(1－20%)×20%＝2 240(元)

（4）下列说法中正确的有（　　）。

A. 转让A股收入不征收个人所得税

B. 转让A股收入征收个人所得税

C. A股股息收入不缴纳个人所得税

D. A股股息收入缴纳个人所得税

五、计算题

1. 我国居民个人李某为甲外商投资企业的高级管理人员，本年度其收入情况如下：

（1）每月从雇佣单位甲外商投资企业取得税前工资、薪金收入18 000元；向乙公司转让自己的专利权的使用权，取得税前收入20 000元；受托为丙公司做工程设计，获得税前工程设计收入48 000元。

（2）取得股权转让收益20 000元。

（3）购物中奖获得税前奖金收入25 000元。

李某本年专项扣除、专项附加扣除和依法确定的其他扣除共计50 000元。

要求：计算李某全年应缴纳的个人所得税。

2. 非居民个人杰克在北京办公，本年7月受邀去深圳为甲公司的2名高管讲课，为期7天。杰克可从甲公司获取税前劳务报酬100 000元，但有关交通费、食宿费等由杰克自理，杰克共支出20 000元。要求：计算杰克应缴纳的个人所得税。

3. 赵某转让一处原值为350万元的商铺，取得转让收入600万元（不含增值税），支付可以在个人所得税前扣除的各项合理税费合计 10 万元（均取得合法票据）。要求：计算赵某出售该商铺应纳的个人所得税。

4. 张某为甲公司员工，本年每月应发工资均为 30 000 元，每月减除费用为 5 000 元，专项扣除为 4 000 元，享受子女教育、赡养老人两项专项附加扣除共计 2 000 元，没有其他扣除，也没有减免收入及减免税额等情况。要求：分别计算张某本年 1 月、2 月、3 月工资、薪金所得应由甲公司预扣预缴的个人所得税。

5.4　实战演练

1. 中国居民个人张某为自由职业者，本年取得如下收入：

（1）2 月，出版专著取得税前稿费收入 32 000 元。

（2）5 月，到甲公司提供培训一次，取得甲公司支付的一次性税前培训收入 80 000 元。

（3）8 月，取得乙公司支付的一次性税前翻译资料收入 31 000 元、交通费 200 元、餐费 300 元、资料费 80 元、通信费 50 元。

（4）10 月，取得到期国债利息收入 1 500 元。

（5）12 月，取得保险赔款 1 200 元。

另外，张某本年专项扣除、专项附加扣除和依法确定的其他扣除共计 40 000 元。

要求：计算张某本年应纳个人所得税合计数。

2. 中国居民个人王某为境内甲上市公司的职员，本年取得下列收入：

（1）每月取得甲上市公司支付的税前工资、薪金收入 15 000 元。甲上市公司为王某全年代扣代缴（预扣预缴）个人所得税共计 3 786 元，甲上市公司每月为王某代扣代缴（预扣预缴）个人所得税时已经税前扣除专项扣除额 2 745 元（15 000×(0.08＋0.02＋0.003＋0.08)）、专项附加扣除额 2 000 元。王某没有其他专项附加扣除和依法确定的其他扣除。

（2）2 月，为中国境内乙公司提供咨询取得税前劳务报酬收入 2 000 元。乙公司已经为王某代扣代缴（预扣预缴）个人所得税共计 240 元。

（3）4 月，出版小说一部，取得中国境内丙出版社支付的税前稿酬收入 3 000 元。丙出版社已经为王某代扣代缴（预扣预缴）个人所得税共计 308 元。

（4）8 月，取得中国境内丁公司支付的税前特许权使用费收入 1 000 元。丁公司已经为王某代扣代缴（预扣预缴）个人所得税共计 40 元。

（5）11 月，购入甲种债券 30 000 份，每份买入价为 6 元，支付相关税费 780 元；12 月，卖出该债券 20 000 份，每份卖出价为 8 元，支付相关税费 600 元。

（6）通过拍卖行将一副珍藏多年的祖传字画拍卖，取得拍卖收入 300 000 元，主管税务机关核定王某收藏该字画发生的费用为 80 000 元，拍卖时支付相关税费 30 000 元。

要求：

（1）计算王某本年综合所得应纳税所得额。

（2）计算王某本年综合所得应纳个人所得税。

（3）计算王某本年综合所得汇算清缴时应补缴或者申请退回的个人所得税。

（4）计算王某取得转让债券所得应纳个人所得税。

（5）计算王某取得拍卖字画所得应纳个人所得税。

第6章

其他税种税法（上）[①]

6.1 能力目标

（1）能判定哪些业务应缴纳关税，能根据相关业务资料计算关税，能确定关税的纳税义务发生时间、纳税期限和纳税地点。

（2）能判定哪些业务应缴纳船舶吨税，能根据相关业务资料计算船舶吨税，能确定船舶吨税的纳税义务发生时间、纳税期限和纳税地点。

（3）能判定哪些业务应缴纳城市维护建设税、教育费附加和地方教育附加，能根据相关业务资料计算城市维护建设税、教育费附加和地方教育附加，能确定城市维护建设税、教育费附加和地方教育附加的纳税义务发生时间、纳税期限和纳税地点。

（4）能判定哪些业务应缴纳资源税，能根据相关业务资料计算资源税，能确定资源税的纳税义务发生时间、纳税期限和纳税地点。

（5）能判定哪些业务应缴纳土地增值税，能根据相关业务资料计算土地增值税，能确定土地增值税的纳税义务发生时间、纳税期限和纳税地点。

（6）能判定哪些业务应缴纳城镇土地使用税，能根据相关业务资料计算城镇土地使用税，能确定城镇土地使用税的纳税义务发生时间、纳税期限和纳税地点。

（7）能判定哪些业务应缴纳耕地占用税，能根据相关业务资料计算耕地占用税，能确定耕地占用税的纳税义务发生时间、纳税期限和纳税地点。

---

① 本章中的城市维护建设税内容主要根据2021年9月1日起施行的《中华人民共和国城市维护建设税法》编写。

6.2 知识体系

其他税种税法（上）	关税法	（1）关税的认知（★★） （2）关税的计算（★★★★） （3）关税的征收管理（★★）
	船舶吨税法	（1）船舶吨税的认知（★★） （2）船舶吨税的计算（★★★★） （3）船舶吨税的征收管理（★★）
	城市维护建设税法	（1）城市维护建设税的认知（★★） （2）城市维护建设税的计算（★★★） （3）城市维护建设税的征收管理（★★）
	资源税法	（1）资源税的认知（★★★） （2）资源税的计算（★★★★） （3）资源税的征收管理（★★）
	土地增值税法	（1）土地增值税的认知（★★★） （2）土地增值税的计算（★★★★） （3）土地增值税的征收管理（★★）
	城镇土地使用税法	（1）城镇土地使用税的认知（★★） （2）城镇土地使用税的计算（★★★） （3）城镇土地使用税的征收管理（★★）
	耕地占用税法	（1）耕地占用税的认知（★） （2）耕地占用税的计算（★★） （3）耕地占用税的征收管理（★）

6.3 技能训练

一、单项选择题

1. 甲外贸公司进口一批货物，货价为400万元，货物运抵我国关境内输入地点起卸前的包装费和运费分别为10万元和14万元。已知关税税率为10%。该公司应纳进口关税为（　　）。

A. (400+10+14)×10%=42.4(万元)

B. (400+10)×10%=41(万元)

C. (400+14)×10%=41.4(万元)

D. 400×10%=40(万元)

2. 下列关于出口货物关税完税价格的计算公式中，正确的是（　　）。

A. 关税完税价格=离岸价格÷(1+出口关税税率)

B. 关税完税价格＝离岸价格÷(1－出口关税税率)

C. 关税完税价格＝离岸价格×(1＋出口关税税率)

D. 关税完税价格＝离岸价格×(1－出口关税税率)

3. 关税税率随进口货物的价格由高到低而由低到高设置，这种计征关税的方法称为（　　）。

A. 从量税　　B. 从价税　　C. 滑准税　　D. 复合税

4. 下列各项中，属于土地增值税征税范围的是（　　）。

A. 承租商铺

B. 出让国有土地使用权

C. 房地产开发企业改制重组涉及国有土地、房屋权属转移、变更

D. 房屋所有人通过境内非营利性社会团体将房屋产权捐赠给某学校

5. 纳税人建造普通标准住宅出售，增值额未超过扣除项目金额（　　）的，免征土地增值税。

A. 30%　　B. 20%　　C. 10%　　D. 5%

6. 北京市甲企业本年 7 月转让一块未经开发的土地的使用权，取得收入 6 000 万元，支付相关税费 220 万元。甲企业本年 3 月取得该土地使用权时支付地价款 2 000 万元，取得土地使用权时发生相关税费 120 万元。甲企业计算缴纳土地增值税时的土地增值额为（　　）。

A. 6 000－2 000＝4 000(万元)

B. 6 000－220－2 000＝3 780(万元)

C. 6 000－220－2 000－120＝3 660(万元)

D. 6 000－2 000－120＝3 880(万元)

7. 下列关于城镇土地使用税的说法中，不正确的是（　　）。

A. 凡由省级人民政府确定的单位组织测定土地面积的，以测定的土地面积为准

B. 尚未组织测定，但纳税人持有政府有关部门核发的土地使用证书的，以证书确定的土地面积为准

C. 对于纳税单位无偿使用免税单位的土地，应免征城镇土地使用税

D. 尚未核发土地使用证书的，应由纳税人据实申报土地面积，并据以纳税，待核发土地使用证书后再作调整

8. 下列用地中，免予缴纳城镇土地使用税的是（　　）。

A. 纳税单位无偿使用免税单位的土地

B. 机场道路中的场内道路

C. 名胜古迹中附设的照相馆经营用地

D. 由国家财政部门拨付事业经费的单位自用的土地

9. 甲企业本年初实际占地面积为 3 600 平方米。本年 4 月甲企业为扩大生产，根据有关部门的批准，新征用非耕地 5 400 平方米。甲企业所处地段的城镇土地使用税适用

年税额5元/平方米。甲企业本年应纳城镇土地使用税（　　）万元。

A. 0.9　　B. 2.16　　C. 2.7　　D. 3.6

10. 我国自2020年（　　）起开始施行《中华人民共和国资源税法》。

A. 1月1日　　B. 4月1日　　C. 7月1日　　D. 9月1日

11. 下列关于资源税优惠政策的说法中，正确的是（　　）。

A. 煤炭开采企业因安全生产需要抽采的煤成（层）气，减征30%资源税

B. 稠油、高凝油减征30%资源税

C. 从深水油气田开采的原油、天然气，减征30%资源税

D. 从衰竭期矿山开采的矿产品，减征40%资源税

12. 下列表述中不正确的是（　　）。

A. 纳税人因违反增值税、消费税的有关规定而加收的滞纳金和罚款，不作为城市维护建设税的计税依据

B. 纳税人在被查补增值税、消费税和被处以罚款时，应同时对其偷（逃）漏的城市维护建设税进行补税、征收滞纳金和罚款

C. 出口货物、劳务和跨境销售服务、无形资产以及因优惠政策退还增值税、消费税的，同时退还已缴纳的城市维护建设税

D. 对进口货物或者境外单位和个人向境内销售劳务、服务、无形资产缴纳的增值税、消费税税额，不征收城市维护建设税

13. 下列表述中不正确的是（　　）。

A. 城市维护建设税按月或者按季计征，不能按固定期限计征的，可以按次计征

B. 城市维护建设税的纳税义务发生时间与增值税、消费税的纳税义务发生时间一致，分别与增值税、消费税同时缴纳

C. 实行按月或者按季计征的，纳税人应当于月度或者季度终了之日起15日内申报并缴纳税款

D. 代扣代缴增值税、消费税的单位和个人，以经营地为城市维护建设税的纳税地点

14. 甲企业位于市区，本年6月被查补缴增值税20 000元、消费税10 000元、企业所得税40 000元，被加收的滞纳金为800元。甲企业应补缴的城市维护建设税和教育费附加为（　　）元。

A. 3 080　　B. 5 000　　C. 3 000　　D. 7 000

15. 下列各项中，海关可以减免关税的是（　　）。

A. 无商业价值的广告品及货样

B. 进出境运输工具装载的途中必需的燃料、物料和饮食用品

C. 在海关放行后损失的货物，可免征关税

D. 国际组织无偿赠送的物资

16. 甲企业本年10月进口一辆小汽车自用，支付买价34万元，货物运抵我国关境

内输入地点起卸前的运费和保险费共计6万元，货物运抵我国关境内输入地点起卸后的运费和保险费共计4万元，另支付买方佣金2万元。已知关税税率为20%，消费税税率为25%，城市维护建设税税率为7%，教育费附加征收率为3%。假设无其他纳税事项，则下列关于甲企业相关税金的计算，正确的是（　　）。

A. 应纳进口环节消费税16万元

B. 应纳进口关税8.4万元

C. 应纳城市维护建设税和教育费附加2.62万元

D. 应纳进口环节增值税6.24万元

17. 2021年5月，甲国有企业转让2013年5月在市区购置的一栋办公楼，取得收入5 000万元，签订产权转移书据，相关税费为57.5万元。2013年购买时支付价款4 000万元，办公楼经税务机关认定的重置成本价为6 000万元，成新率为70%。甲国有企业在缴纳土地增值税时计算的增值额为（　　）万元。

A. 100　　B. 692.5　　C. 742.5　　D. 745

18. 下列各项中，应缴纳城镇土地使用税的是（　　）。

A. 公园绿化广场用地　　B. 人民法院办公楼用地

C. 盐场生产厂房用地　　D. 农业生产用地

19. A企业20×7年7月1日免税进口一台机器设备，到岸价格为280万元，海关规定的监管年限为2年。A企业于20×8年3月31日将该设备出售，则A企业应补缴关税的完税价格的下列计算中，正确的是（　　）。

A. 280×(1－9÷12)＝70(万元)

B. 280×[1－9÷(2×12)]＝175(万元)

C. 280×[1－15÷(2×12)]＝105(万元)

D. 280×9÷12＝210(万元)

20. 根据耕地占用税的相关规定，下列各项中不属于耕地的是（　　）。

A. 茶园　　B. 果园　　C. 菜地　　D. 草地

21. 下列各项中，可以按照当地适用税额减半征收耕地占用税的是（　　）。

A. 供电部门占用耕地新建变电站

B. 农村居民在规定用地标准以内占用耕地新建自用住宅

C. 市政部门占用耕地新建自来水厂

D. 国家机关占用耕地新建办公楼

22. 农村某村民在规定用地标准以内新建自用住宅，经批准占用耕地200平方米。该地区耕地占用税适用税额为7元/平方米，则该村民应缴纳耕地占用税（　　）元。

A. 280　　B. 2 800　　C. 700　　D. 1 400

23. 下列不属于船舶吨税缴纳期限的是（　　）。

A. 1年期缴纳　　B. 180天期缴纳　　C. 90天期缴纳　　D. 30天期缴纳

24. 应税船舶负责人应当自海关填发船舶吨税缴款凭证之日起（　　）日内缴清

税款。

A. 7　　B. 10　　C. 14　　D. 15

25. 自2020年9月1日起，资源税纳税人按月或者按季申报缴纳的，应当自月度或者季度终了之日起（　　）日内，向税务机关办理纳税申报并缴纳税款。

A. 7　　B. 10　　C. 15　　D. 30

26. 下列各项中，属于土地增值税征税范围的是（　　）。

A. 房地产的出租

B. 出让国有土地使用权

C. 房地产的重新评估

D. 一方出地，一方出资金，双方合作建房，建成后转让

二、多项选择题

1. 下列税种中由海关负责征收的有（　　）。

A. 进口环节的增值税　　B. 关税

C. 车船税　　D. 船舶吨税

2. 下列各项中，关于关税的减免表述正确的有（　　）。

A. 进出境运输工具装载的途中必需的燃料、物料和饮食用品免征关税

B. 外国政府无偿赠送的物资免征关税

C. 因故退还的境外进口货物，可以免征出口关税，已征收的进口关税可申请退还

D. 无商业价值的广告品及货样免征关税

3. 下列各项中，免征关税的有（　　）。

A. 无商业价值的广告品及货样

B. 关税税额在人民币100元以下的一票货物

C. 国际组织、外国政府无偿赠送的物资

D. 进出境运输工具装载途中必需的燃料、物料和饮食用品

4. 下列各项中，在计算土地增值税时应计入“取得土地使用权所支付的金额”的有（　　）。

A. 以协议出让方式取得土地使用权所支付的土地出让金

B. 取得土地使用权过程中按规定缴纳的有关登记、过户手续费

C. 对土地进行“三通一平”的费用

D. 取得土地使用权所缴纳的契税

5. 下列情形中，纳税人应当进行土地增值税清算的有（　　）。

A. 取得房地产销售（预售）许可证满2年尚未销售完毕的

B. 房地产开发项目全部竣工并完成销售的

C. 整体转让未竣工决算房地产开发项目的

D. 直接转让土地使用权的

6. 下列各项中，不征或免征土地增值税的有（　　）。

A. 单位（非房地产开发企业）在改制重组时以房屋进行投资，房屋权属转移至被投资企业

B. 企业与企业之间的房地产互换

C. 居民个人之间互换自用居住用房地产

D. 房地产开发企业将开发产品用于对外投资，房屋权属转移至被投资企业

7. 甲、乙两家企业共有一项土地使用权，土地面积为 3 200 平方米，甲、乙企业的实际占用比例为 3∶2。已知该土地适用的城镇土地使用税税额为 5 元/平方米。关于甲、乙企业共用该土地应缴纳的城镇土地使用税，下列各项中正确的有（　　）。

A. 甲企业应纳城镇土地使用税＝3 200×5＝16 000(元)

B. 甲企业应纳城镇土地使用税＝3 200×3÷5×5＝9 600(元)

C. 乙企业应纳城镇土地使用税＝3 200×5＝16 000(元)

D. 乙企业应纳城镇土地使用税＝3 200×2÷5×5＝6 400(元)

8. 下列城市土地中，应缴纳城镇土地使用税的是（　　）。

A. 国家机关自用的土地

B. 企业范围内的荒山、林地、湖泊等占用的土地

C. 名胜古迹内的索道公司经营用地

D. 市政街道公共用地

9. 纳税人销售应税矿产品向购买方收取的下列款项中，应当计入销售额缴纳资源税的有（　　）。

A. 向购买方收取的不含增值税价款　　B. 向购买方收取的手续费

C. 向购买方收取的包装费　　D. 向购买方收取的增值税销项税额

10. 下列单位和个人的生产经营行为应缴纳资源税的有（　　）。

A. 中外合作开采天然气　　B. 炼油企业进口原油

C. 国有企业开采有色金属原矿　　D. 个体工商户开采原煤

11. 下列各项中，属于城市维护建设税纳税人的有（　　）。

A. 实际缴纳增值税的私营企业　　B. 实际缴纳增值税的合资企业

C. 实际缴纳消费税的国有企业　　D. 实际缴纳消费税的个体工商户

12. 下列对于城市维护建设税的减免税规定，表述正确的有（　　）。

A. 对出口货物、劳务和跨境销售服务、无形资产以及因优惠政策退还增值税、消费税的，一并退还已缴纳的城市维护建设税

B. 城市维护建设税属于增值税、消费税的一种附加税，原则上不单独规定税收减免条款

C. 对进口货物或者境外单位和个人向境内销售劳务、服务、无形资产缴纳的增值税、消费税税额，不征收城市维护建设税

D. 对增值税、消费税实行先征后返、先征后退、即征即退办法的，除另有规定外，对随增值税、消费税附征的城市维护建设税，一律不予退（返）还

13. 下列各项中，属于关税纳税人的有（　　）。

A. 进口货物的收货人

B. 接受纳税人委托办理货物报关等有关手续的代理人

C. 出口货物的发货人

D. 进出境物品的所有人

14. 下列各项中，应征收耕地占用税的有（　　）。

A. 铁路线路占用耕地　　B. 学校占用耕地

C. 公路线路占用耕地　　D. 军事设施占用耕地

15. 以下关于耕地占用税的表述中，正确的有（　　）。

A. 耕地占用税以纳税人实际占用耕地面积为计税依据，按照规定税额一次性征收

B. 耕地占用税实行地区差别幅度比例税率

C. 占用果园、桑园用以建房的应照章征收耕地占用税

D. 个人占用耕地建房也应缴纳耕地占用税

16. 下列各项中，可免征或减征耕地占用税的有（　　）。

A. 建设农田水利设施占用的耕地　　B. 机场建设跑道占用的耕地

C. 农民新建住宅占用的耕地　　D. 企业新建办公楼占用的鱼塘

17. 根据船舶吨税法律制度的规定，下列船舶中，免征船舶吨税的是（　　）。

A. 应纳税额在人民币50元以下的船舶　B. 非机动驳船

C. 警用船舶　　D. 捕捞渔船

18. 下列关于城市维护建设税计税依据的说法中，正确的有（　　）。

A. 城市维护建设税以纳税人依法实际缴纳的增值税、消费税税额为计税依据

B. 依法实际缴纳的增值税、消费税税额，是指纳税人依照增值税、消费税相关法律法规和税收政策规定计算的应当缴纳的增值税、消费税税额（不含因进口货物或境外单位和个人向境内销售劳务、服务、无形资产缴纳的增值税、消费税税额），加上增值税免抵税额，扣除直接减免的增值税、消费税税额和期末留抵退税退还的增值税税额后的金额

C. 直接减免的增值税、消费税税额，是指依照增值税、消费税相关法律法规和税收政策规定，直接减征或免征的增值税、消费税税额，包括实行先征后返、先征后退、即征即退办法退还的增值税、消费税税额

D. 纳税人自收到留抵退税额之日起，应当在下一个纳税申报期从城市维护建设税计税依据中扣除

三、判断题

1. 我国对进口商品基本上都实行从价税，对部分产品实行从量税、复合税、选择税和滑准税。（　　）

2. 船舶吨税纳税义务发生时间为应税船舶进入境内港口的次日。（　　）

3. 进出口货物放行后，海关发现少征或者漏征税款的，应当自缴纳税款或者货物

放行之日起1年内，向纳税义务人补征税款。但因纳税义务人违反规定造成少征或者漏征税款的，海关可以自缴纳税款或者货物放行之日起5年内追征税款，并从缴纳税款或者货物放行之日起按日加收少征或者漏征税款万分之五的滞纳金。（　）

4. 纳税人建造普通标准住宅出售，增值额未超过扣除项目金额20%的，予以免税；超过20%的，应按超过部分增值额缴纳土地增值税。（　）

5. 纳税人隐瞒、虚报房地产成交价格的，按照房产的购置原价计算征收土地增值税。（　）

6. A公司购入一栋大楼作为办公用房，已办理完所有权转移手续，但尚未取得房产证和土地使用证，则A公司可暂不缴纳城镇土地使用税，待核发土地使用权证书后再进行补缴。（　）

7. 飞机场跑道、停机坪、水利工程占用耕地，减按每平方米3元的税额征收耕地占用税。（　）

8. 资源税对生产者或开采者征收，并且于其销售或自用时一次性征收，批发、零售等环节不征收资源税。（　）

9. 对出口货物、劳务和跨境销售服务、无形资产以及因优惠政策退还增值税、消费税的，不退还已缴纳的城市维护建设税。（　）

10. 对进口货物或者境外单位和个人向境内销售劳务、服务、无形资产缴纳的增值税、消费税税额，应当征收城市维护建设税。（　）

11. 对增值税免抵税额征收的城市维护建设税，纳税人应在税务机关核准免抵税额的下一个纳税申报期内向主管税务机关申报缴纳。（　）

12. 教育费附加、地方教育附加计征依据与城市维护建设税计税依据一致。（　）

四、不定项选择题

位于某市区的一家房地产开发公司本年度开发建设办公楼一栋，开发该办公楼支付地价款160万元，另支付相关税费10万元；支付拆迁补偿费40万元、基础设施费50万元、建筑安装工程费240万元；实际发生借款利息60万元，但该公司不能提供金融机构贷款证明；开发完成后将其全部销售给位于同市的某工业企业，签订了销售合同，销售金额共计900万元，应纳增值税为45万元。

已知当地省政府规定，房地产开发费用的扣除比例为9%；城市维护建设税税率为7%，教育费附加征收率为3%；土地增值税四级超率累进税率表如表6-1所示。

表6-1　土地增值税税率表

级数	增值额与扣除项目金额的比率	税率（%）	速算扣除系数（%）
1	不超过50%的部分	30	0
2	超过50%至100%的部分	40	5
3	超过100%至200%的部分	50	15
4	超过200%的部分	60	35

要求：根据上述资料，回答以下问题。

（1）该房地产开发公司销售办公楼在计算土地增值额时，可扣除的开发成本为（　）万元。

A. 40　　B. 290　　C. 330　　D. 390

（2）该房地产开发公司销售办公楼在计算土地增值额时，可以扣除的开发费用为（　）万元。

A. 0　　B. 44.1　　C. 45　　D. 48.6

（3）该房地产开发公司销售办公楼在计算土地增值额时，可扣除的相关税金为（　）万元。

A. 43　　B. 4.5　　C. 54　　D. 84

（4）该房地产开发公司销售办公楼计算的土地增值额为（　）万元。

A. 250.5　　B. 215.95　　C. 361.95　　D. 649.05

（5）该房地产开发公司销售办公楼应缴纳的土地增值税为（　）万元。

A. 51.49　　B. 75.15　　C. 82.38　　D. 205.95

五、计算题

1. 本年7月1日，甲公司进口一批高档化妆品，成交价格为50万元，关税税率为30%，消费税税率为15%，从起运地至输入地起卸前的运费为6万元，进口货物的保险费无法确定，保险费率为0.3%，从海关监管区至公司仓库的运费为3万元。要求：计算甲公司应纳进口环节税金合计金额。

2. 位于市区的甲进出口企业为增值税一般纳税人，本年1月实际缴纳了增值税50万元，出口货物免抵税额8万元。另外，进口货物缴纳增值税16万元、消费税15万元。要求：计算甲进出口企业本年1月应缴纳的城市维护建设税、教育费附加和地方教育附加。

3. 甲房地产开发公司转让一幢写字楼取得收入1 000万元（不含增值税）。已知该公司为取得土地使用权所支付的金额为50万元，房地产开发成本为200万元，经税务机关批准扣除的房地产开发费用为40万元，与转让房地产有关的税金为60万元。已知增值率超过50%至100%的部分，土地增值税税率为40%，速算扣除系数为5%；增值率超过100%至200%的部分，土地增值税税率为50%，速算扣除系数为15%。要求：计算甲房地产开发公司应缴纳的土地增值税。

4. 甲百货大楼实行统一核算，土地使用证上载明，该百货大楼实际占用土地情况为：中心店占地面积为8 000平方米，一分店占地面积为3 000平方米，二分店占地面积为6 000平方米，仓库占地面积为6 500平方米。经税务机关确认，该百货大楼所占用土地分别适用市政府确定的以下税额：中心店位于一等地段，城填土地使用税年税额为每平方米7元；一分店位于二等地段，城填土地使用税年税额为每平方米5元；二分店位于三等地段，城镇土地使用税年税额为每平方米4元；仓库位于五等地段，城填土地使用税年税额为每平方米1元。要求：计算甲百货大楼每年应缴纳的城镇土地使用税。

5. 本年年初农村居民张某经批准占用耕地1 800平方米，其中1 500平方米改成果园，300平方米用于新建住宅自用（在规定用地标准以内）。本年6月，经批准张某临时占用耕地1 000平方米用于农田水利设施建设。当地耕地占用税税额为20元/平方米。要求：计算张某当年应缴纳的耕地占用税。

6.4　实战演练

甲煤矿企业为增值税一般纳税人，本年7月发生下列业务：

（1）开采原煤30 000吨。

（2）采取托收承付方式销售原煤240吨，每吨不含税售价为100元，货款已经收讫。

（3）销售未税原煤加工的选煤50吨，每吨不含税售价为200元（含每吨收取20元装卸费，能够取得相应的凭证）；当月还将生产的3吨选煤用于职工宿舍取暖，该煤矿原煤与选煤的折算率为60%；当月将20吨选煤赠送给某关联单位。

该煤矿原煤资源税税率为5%。

要求：

（1）计算业务甲煤矿企业业务（1）的应纳资源税；

（2）计算业务甲煤矿企业业务（2）的应纳资源税；

（3）计算业务甲煤矿企业业务（3）的应纳资源税；

（4）计算甲煤矿企业本年7月应纳资源税合计数。

第 7 章

其他税种税法（下）[①]

7.1 能力目标

（1）能判定哪些业务应缴纳房产税，能根据相关业务资料计算房产税，能确定房产税的纳税义务发生时间、纳税期限和纳税地点。

（2）能判定哪些业务应缴纳车船税，能根据相关业务资料计算车船税，能确定车船税的纳税义务发生时间、纳税期限和纳税地点。

（3）能判定哪些业务应缴纳车辆购置税，能根据相关业务资料计算车辆购置税，能确定车辆购置税的纳税义务发生时间、纳税期限和纳税地点。

（4）能判定哪些业务应缴纳印花税，能根据相关业务资料计算印花税，能确定印花税的纳税义务发生时间、纳税期限和纳税地点。

（5）能判定哪些业务应缴纳契税，能根据相关业务资料计算契税，能确定契税的纳税义务发生时间、纳税期限和纳税地点。

（6）能判定哪些业务应缴纳烟叶税，能根据相关业务资料计算烟叶税，能确定烟叶税的纳税义务发生时间、纳税期限和纳税地点。

（7）能判定哪些业务应缴纳环境保护税，能根据相关业务资料计算环境保护税，能确定环境保护税的纳税义务发生时间、纳税期限和纳税地点。

7.2 知识体系

其他税种税法（下）	房产税法	（1）房产税的认知（★★★） （2）房产税的计算（★★★★） （3）房产税的征收管理（★★）

① 本教材中契税的内容，主要根据 2021 年 9 月 1 日起施行的《中华人民共和国契税法》编写。

其他税种税法（下）	车船税法	（1）车船税的认知（★★） （2）车船税的计算（★★★） （3）车船税的征收管理（★★）
	车辆购置税法	（1）车辆购置税的认知（★） （2）车辆购置税的计算（★★） （3）车辆购置税的征收管理（★）
	印花税法①	（1）印花税的认知（★★★） （2）印花税的计算（★★★★） （3）印花税的征收管理（★★）
	契税法	（1）契税的认知（★★） （2）契税的计算（★★★） （3）契税的征收管理（★★）
	烟叶税法	（1）烟叶税的认知（★） （2）烟叶税的计算（★★） （3）烟叶税的征收管理（★）
	环境保护税法	（1）环境保护税的认知（★） （2）环境保护税的计算（★★★） （3）环境保护税的征收管理（★）

7.3　技能训练

一、单项选择题

1. 下列关于房产税计税依据的表述中，正确的是（　　）。

A. 经营租赁的房产，以租金收入为计税依据，由承租方缴纳房产税

B. 经营租赁的房产，以房产余值为计税依据，由出租方缴纳房产税

C. 融资租赁的房产，以房产余值为计税依据，由承租方缴纳房产税

D. 融资租赁的房产，以租金收入为计税依据，由出租方缴纳房产税

2. 甲企业本年年初拥有一栋房产，房产原值为4 000万元，本年3月31日将其对外出租，租期为1年，每月收取不含增值税租金2万元。已知从价计征房产税税率为1.2%，从租计征房产税税率为12%，当地省政府规定计算房产余值的扣除比例为30%，则本年甲企业上述房产应纳房产税（　　）万元。

A. 2.16　　B. 10.56　　C. 11.52　　D. 16.8

3. 下列各项中，符合房产税纳税义务人规定的是（　　）。

A. 房屋产权属于国家所有的，不征收房产税

B. 房屋产权出典的，由出典人缴纳房产税

① 本教材中印花税的内容，主要根据2022年7月1日起施行的《中华人民共和国印花税法》编写。2022年6月30日之前，纳税人仍然应当按照《中华人民共和国印花税暂行条例》计算缴纳印花税。

C. 纳税单位无租使用免税单位房产的，由使用人代为缴纳房产税

D. 房屋产权未确定的，暂不征收房产税

4. 关于房产税纳税人的下列表述中，不符合法律制度规定的是（　　）。

A. 纳税单位和个人无租使用房产管理部门、免税单位及纳税单位的房产，由使用人代为缴纳房产税

B. 产权所有人、承典人均不在房产所在地的，房产税的纳税人为房产代管人或者使用人

C. 产权未确定以及租典纠纷未解决的，房产代管人或者使用人为纳税人

D. 产权出典的，出典人为纳税人

5. A，B 两单位互换经营性用房，A 换入的房屋价格为 500 万元，B 换入的房屋价格为 700 万元，当地契税税率为 3%。以上价格均不含增值税。下列说法中，正确的是（　　）。

A. A 应缴纳契税 15 万元　　B. A 应缴纳契税 6 万元

C. B 应缴纳契税 6 万元　　D. B 应缴纳契税 21 万元

6. 下列情形中，不予免征契税的是（　　）。

A. 农民承受荒沟土地用于林业生产

B. 非营利性的医院承受划拨土地用于修建门诊楼

C. 非营利性的学校承受划拨土地用于建造教学楼

D. 企业接受捐赠房屋用于办公

7. 下列各项中，属于契税纳税人的是（　　）。

A. 转让土地使用权的企业　　B. 获得住房奖励的自然人

C. 房产租赁的承租方　　D. 出售房屋的个体工商户

8. 甲公司本年 10 月以 9 000 万元（不含增值税）的价格购得一栋写字楼作为办公用房使用，该写字楼原值 12 000 万元，累计折旧 6 000 万元。适用的契税税率为 3%，甲公司应缴纳的契税为（　　）万元。

A. 240　　B. 210　　C. 360　　D. 270

9. 下列各项中，属于机动船舶的车船税计税单位的是（　　）。

A. 辆数　　B. 艇身长度

C. 净吨位数　　D. 整备质量吨位数

10. 下列车船，不免征车船税的是（　　）。

A. 捕捞、养殖渔船

B. 军队专用车船

C. 经批准临时入境的外国车船

D. 依法不需要在车船登记管理部门登记、在加工厂内行驶的车船

11. 甲企业本年初拥有小轿车 2 辆。本年 4 月 10 日，1 辆小轿车被盗，已按照规定办理退税。通过公安机关的侦查，本年 9 月 20 日被盗车辆失而复得，并取得公安机关

的相关证明。已知当地小轿车车船税年税额为1 200元/辆。甲企业本年实际应缴纳的车船税为（　　）元。

A. 1 200　　B. 1 583.34　　C. 1 666.66　　D. 1 900

12. 甲公司本年4月12日购买了1艘净吨位为100吨的拖船，已知机动船舶净吨位每吨的年基准车船税税额为6元，则甲公司本年应纳车船税（　　）元。

A. 190　　B. 200　　C. 225　　D. 325

13. 根据《印花税法》，下列关于印花税的表述中，不正确的是（　　）。

A. 证券登记结算机构为证券交易印花税的扣缴义务人

B. 应税合同的计税依据，为合同所列的金额，不包括列明的增值税税款

C. 证券交易印花税对证券交易的受让方征收，不对出让方征收

D. 证券交易的计税依据，为成交金额

14. 每一排放口或者没有排放口的应税大气污染物，按照污染当量数从大到小排序，对前（　　）项污染物征收环境保护税。

A. 二　　B. 三　　C. 四　　D. 五

15. 根据《印花税法》，下列关于印花税计税依据的说法中，不正确的是（　　）。

A. 买卖合同中记载的价款

B. 租赁合同中的租赁金额

C. 借款合同中的借款本利合计金额

D. 运输合同中的运输费用

16. 甲电厂本年7月与某运输公司签订了两份运输保管合同：第一份合同载明的金额合计300万元（运费和保管费并未分别记载）；第二份合同中注明运费150万元、保管费50万元。以上金额均不含增值税。已知运输合同印花税税率为0.3‰，保管合同印花税税率为1‰，则甲电厂签订两份合同应缴纳的印花税为（　　）元。

A. 2 000　　B. 3 000　　C. 5 000　　D. 3 950

17. 下列税种中，实行从量计征的是（　　）。

A. 车辆购置税　　B. 契税

C. 城镇土地使用税　　D. 房产税

18. 郑某本年10月从增值税一般纳税人处购买轿车一辆供自己使用，支付含增值税价款90 400元，另支付购置工具件和零配件价款678元、车辆装饰费3 390元。已知车辆购置税适用10%的税率，增值税税率为13%。对于郑某应当缴纳的车辆购置税，下列计算中正确的是（　　）。

A. (90 400+678+3 390)÷(1+13%)×10%

B. (90 400+678+3 390)×10%

C. [90 400÷(1+13%)+(678+3 390)]×10%

D. [90 400+(678+3 390)÷(1+13%)]×10%

19. 甲汽车专卖店购入小汽车12辆，根据车辆购置税法律制度的规定，下列行为

中，应当由甲汽车专卖店作为纳税人缴纳车辆购置税的是（　　）。

A. 将其中2辆作为董事长、总经理的专用轿车

B. 将其中5辆销售给客户

C. 库存4辆尚未售出

D. 将其中1辆赠送给乙企业

20. 于某本年年初拥有一栋自有住房，房产原值为160万元，3月31日将其对外出租，租期为1年，每月按照市场价格收取租金8 000元（不含增值税）。已知当地省政府规定计算房产余值的扣除比例为30%。本年于某上述房产应缴纳房产税（　　）元。

A. 2 720　　B. 2 880　　C. 3 840　　D. 5 120

21. 何某将其一套价值40万元的住房与于某的一套价值50万元的住房互换，何某以现金方式补偿给于某差价；另将一套价值60万元的门面房与蔡某同等价值的门面房等价互换。已知当地契税适用税率为3%，上述金额均不含增值税。下列关于上述房产应纳契税的计算中，正确的是（　　）。

A. 何某应纳契税＝(50－40)×3%＝0.3(万元)

B. 何某应纳契税＝(50－40)×3%＋60×3%＝2.1(万元)

C. 于某应纳契税＝(50－40)×3%＝0.3(万元)

D. 蔡某应纳契税＝60×3%＝1.8(万元)

22. 李某拥有两套住房：一套住房原值为480 000元，供自己居住；另一套住房原值为300 000元，本年1月1日出租给公民张某用于居住，当年取得租金收入6 000元(不含增值税)。已知当地规定的房产余值的扣除比例为20%。李某本年应缴纳房产税（　　）元。

A. 240　　B. 720　　C. 1 320　　D. 2 640

23. 下列各项中，属于契税纳税人的是（　　）。

A. 出让土地使用权的某市政府　　B. 出租房屋的李某

C. 购买房屋的王某　　D. 转让土地使用权的某个体工商户

24. 下列关于车船税纳税申报的表述中，不正确的是（　　）。

A. 车船税按年申报，分月计算，一次性缴纳

B. 没有扣缴义务人的，纳税人应当向主管税务机关自行申报缴纳车船税

C. 已缴纳车船税的车船在同一纳税年度内办理转让过户的，需要另外缴纳车船税

D. 扣缴义务人已代收代缴车船税的，纳税人不再向车辆登记地的主管税务机关申报缴纳车船税

25. 根据《印花税法》，下列各项中，应当缴纳印花税的是（　　）。

A. 建筑工程合同　　B. 个人书立的动产买卖合同

C. 再保险合同　　D. 应税凭证的副本

26. A公司本年10月接受捐赠小汽车一辆并自用。已知捐赠方购置该应税车辆时的相关凭证载明的含增值税价格为100 000元。A公司就上述业务应缴纳车辆购置税的

计算正确的是（　　）。

A. 100 000÷(1+13%)×10%　　B. 100 000×10%

C. 100 000×(1+13%)×10%　　D. 100 000÷(1−13%)×10%

27. 下列关于契税计税依据的说法中，错误的是（　　）。

A. 土地使用权互换、房屋互换，互换价格相等的，互换双方计税依据为零

B. 土地使用权互换、房屋互换，互换价格不相等的，以其差额为计税依据，由收取差额的一方缴纳契税

C. 契税的计税依据不包括增值税

D. 承受已装修房屋的，应将包括装修费用在内的费用计入承受方应交付的总价款

28. 下列各项中，不予免征房产税的是（　　）。

A. 公园自用的办公用房　　B. 名胜古迹中附设的经营性茶社

C. 国家机关的职工食堂　　D. 个人所有的唯一普通居住用房

29. 烟叶税实行比例税率，税率为（　　）。

A. 10%　　B. 15%　　C. 20%　　D. 30%

30. 甲公司本年 3 月收购烟叶 100 000 千克，烟叶收购价格为 10 元/千克，收购价款为 1 000 000 元，另向烟农支付了价外补贴 80 000 元。甲公司当月应缴纳的烟叶税为（　　）元。

A. 220 000　　B. 108 000　　C. 110 000　　D. 216 000

31. 烟叶税的计算公式为（　　）。

A. 应纳税额＝烟叶收购价款×税率

B. 应纳税额＝纳税人收购烟叶实际支付的价款总额（烟叶收购价款总额）×税率

C. 应纳税额＝烟叶收购价款×征收率

D. 应纳税额＝纳税人收购烟叶实际支付的价款总额（烟叶收购价款总额）×征收率

32. 环境保护税按月计算，按季申报缴纳。纳税人按季申报缴纳的，应当自季度终了之日起（　　）日内，向税务机关办理纳税申报并缴纳税款。

A. 30　　B. 15　　C. 10　　D. 7

33. 下列关于环境保护税征收管理的说法中，错误的是（　　）。

A. 环境保护税的纳税义务发生时间为纳税人排放应税污染物的当日

B. 环境保护税按月计算，按年申报缴纳

C. 不能按固定期限计算缴纳的，可以按次申报缴纳环境保护税

D. 纳税人应当向应税污染物排放地的税务机关申报缴纳环境保护税

34. 下列排放的污染物中，不属于环境保护税征税范围的是（　　）。

A. 粉煤灰　　B. 水污染物　　C. 汽车尾气　　D. 煤矸石

二、多项选择题

1. 下列房屋的附属设施中，应计入房产原值计缴房产税的有（　　）。

A. 中央空调　　B. 水塔　　C. 电梯　　D. 围墙

2. 下列各项中，免于征收房产税的有（　　）。

A. 个人所有非营业用的房产

B. 企业内行政管理部门办公用房产

C. 施工期间施工企业在基建工地为基建工地服务而搭建的临时办公用房屋

D. 个人拥有的营业用房或者出租的房产

3. 王某在市区拥有一栋七层楼房，其中一、二层自用，经营饭店；三、四层出租给某企业办公，年含增值税租金为252万元；五、六层用于投资联营，不承担联营风险，每年固定共收取210万元（含增值税）利润；第七层给朋友张某作为住宅无偿使用。已知该楼房房产原值为14 000万元，假设每层分摊的房产原值均为2 000万元；当地政府规定的扣除比例为30%。租赁服务的增值税征收率为5%。下列说法中正确的有（　　）。

A. 王某出租的两层应从租计征房产税，年应纳税额为28.8万元

B. 王某自用的两层应从价计征房产税，年应纳税额为33.6万元

C. 因第七层王某无偿赠送给朋友张某使用，因此王某无须缴纳房产税

D. 王某用于投资联营的两层应从租计征房产税，年应纳税额为24万元

4. 下列各项中，免征或不征契税的有（　　）。

A. 承受他人出让的土地使用权　　B. 法定继承人继承土地、房屋权属

C. 受赠人接受他人赠与的房屋　　D. 承受荒山土地使用权用于牧业生产

5. 下列行为中，应缴纳契税的有（　　）。

A. 土地承包经营权的转移　　B. 接受房屋的赠与

C. 以土地使用权典当　　D. 以土地使用权作价投资

6. 于某原有两套相同的住房，本年8月将其中一套无偿赠送给战友原某；将另一套以市场价格20万元与陈某的住房进行了等价置换；又以60万元价格购置了一套新住房。以上价格均为不含增值税价格。已知契税税率为3%。下列说法正确的有（　　）。

A. 于某应缴纳契税1.8万元　　B. 原某应缴纳契税0.6万元

C. 于某应缴纳契税2.4万元　　D. 原某无须缴纳契税

7. 下列使用的车船中，应缴纳车船税的有（　　）。

A. 个人拥有的汽车　　B. 外商投资企业拥有的汽车

C. 国有运输企业拥有的货船　　D. 旅游公司拥有的客船

8. 以下属于车船税征税范围的有（　　）。

A. 用于接送员工的班车　　B. 用于耕地的拖拉机

C. 用于休闲娱乐的游艇　　D. 非机动驳船

9. 下列各项中，属于车船税计税依据的有（　　）。

A. 购置价格　　B. 净吨位每吨

C. 整备质量　　D. 每辆

10. 根据《印花税法》，应税营业账簿的计税依据，为账簿记载的（　　）合计金额。

A. 实收资本（股本）　　B. 资本公积

C. 盈余公积　　D. 未分配利润

11. 根据《印花税法》，下列各项中，属于印花税征税范围的有（　　）。

A. 土地使用权转让合同

B. 土地使用权出让合同

C. 承揽合同

D. 房屋等建筑物和构筑物所有权转让书据

12. 根据《印花税法》，下列各项中，免征印花税的有（　　）。

A. 应税凭证的副本或者抄本

B. 中国人民解放军、中国人民武装警察部队书立的应税凭证

C. 电子商务经营者与用户订立的电子订单

D. 营利性医疗卫生机构采购药品或者卫生材料书立的买卖合同

13. 下列各项中，属于车辆购置税纳税人的有（　　）。

A. 进口高档小汽车自用的外贸企业

B. 购进农用运输车自用的农民

C. 购买汽车自用的外商投资企业

D. 获奖取得小汽车自用的运动员

14. 下列费用中，属于车辆购置税的价外费用的有（　　）。

A. 销售方向购买方收取的集资费

B. 销售方向购买方收取的违约金

C. 销售方向购买方收取的代购买方缴纳的车辆牌照费

D. 销售方向购买方收取的保管费

15. 应当缴纳环境保护税的应税污染物，是指《环境保护税法》所附《环境保护税税目税额表》《应税污染物和当量值表》规定的（　　）。

A. 大气污染物　　B. 水污染物

C. 固体废物　　D. 噪声

16. 下列各项中，不符合房产税纳税义务发生时间规定的有（　　）。

A. 纳税人自行新建房屋用于生产经营，从建成之次月起，缴纳房产税

B. 纳税人将原有房产用于生产经营，从生产经营之次月起，缴纳房产税

C. 纳税人购置新建商品房，自房屋交付使用之次月起，缴纳房产税

D. 纳税人委托施工企业建设的房屋，从办理验收手续之当月起，缴纳房产税

17. 关于契税计税依据的下列表述中，符合法律制度规定的有（　　）。

A. 受让土地使用权的，以成交价格为计税依据

B. 受赠房屋的，由征收机关参照房屋买卖的市场价格规定计税依据

C. 土地使用权及所附建筑物、构筑物等（包括在建的房屋、其他建筑物、构筑物和其他附着物）转让的，计税依据为承受方应交付的总价款

D. 购入土地使用权的，以评估价格为计税依据

18. 根据《印花税法》，下列说法中，正确的有（　　）。

A. 实行按次计征的，纳税人应当自纳税义务发生之日 15 日内申报缴纳税款

B. 印花税按季或者按次计征

C. 证券交易印花税扣缴义务发生时间为证券交易完成的当日

D. 纳税人为单位的，应当向其机构所在地的主管税务机关申报缴纳印花税

19. 下列行为中，不需计算缴纳车辆购置税的有（　　）。

A. 汽车经销商购进小汽车待售

B. 购进设有固定装置的非运输专用作业车辆自用

C. 个体工商户受赠小汽车自用

D. 运动员获奖取得自行车自用

20. 下列关于车船税纳税地点的表述中，正确的有（　　）。

A. 依法需要办理登记、纳税人自行申报纳税的车船，纳税地点为车船登记地的主管税务机关的所在地

B. 依法不需要办理登记的车船，纳税地点为车船的所有人或者管理人所在地

C. 扣缴义务人代收代缴税款的车船，纳税地点为扣缴义务人所在地

D. 需要办理登记的车船，纳税地点为车船所在地

21. 下列合同中，属于契税征税范围的有（　　）。

A. 土地使用权出让　　B. 土地使用权抵押

C. 土地使用权出租　　D. 土地使用权转让

22. 用于计算烟叶税的“纳税人收购烟叶实际支付的价款总额”包括（　　）。

A. 纳税人支付给烟叶销售单位和个人的增值税

B. 纳税人支付给烟叶销售单位和个人的烟叶金额

C. 纳税人支付给烟叶销售单位和个人的烟叶收购价款

D. 纳税人支付给烟叶销售单位和个人的价外补贴

23. 下列污染物按照污染物排放量折合的污染当量数确定环境保护税计税依据的有（　　）。

A. 大气污染物　　B. 固体废物

C. 水污染物　　D. 噪声

24. 下列选项中，属于环境保护税暂予免征项目的是（　　）。

A. 民用航空器排放污染物

B. 农业生产中的大规模养殖活动排放污染物

C. 纳税人综合利用固体废物，符合国家和地方环保标准

D. 非道路移动机械排放污染物

三、判断题

1. 企业事业单位和其他生产经营者在符合国家和地方环境保护标准的设施、场所贮存或者处置固体废物的，需要缴纳环境保护税。（　）

2. 房地产开发企业建造的商品房在出售前已经使用或者出租、出借的，不缴纳房产税。（　）

3. 以房产投资收取固定收入、不承担经营风险的，应以出租方取得的租金收入为计税依据计缴房产税。（　）

4. 契税由土地、房屋所在地的税务机关依照《中华人民共和国契税法》和《中华人民共和国税收征收管理法》的规定征收管理。（　）

5. 纳税人应当在依法办理土地、房屋权属登记手续前申报缴纳契税。（　）

6. 法定继承人通过继承承受土地、房屋权属，免征契税；婚姻关系存续期间夫妻之间变更土地、房屋权属，应当照章征收契税。（　）

7. 车船税按年申报，分月计算，分月缴纳。（　）

8. 烟叶税的纳税义务发生时间为纳税人收购烟叶的当日。（　）

9. 工业噪声声源一个月内超标不足10天的，减半计算环境保护税应纳税额。（　）

10. 自2019年1月1日至2023年12月31日，对农产品批发市场、农贸市场（包括自有和承租）专门用于经营农产品的房产、土地，暂免征收房产税。（　）

11. 自2021年10月1日起，对企事业单位、社会团体以及其他组织向个人、专业化规模化住房租赁企业出租住房的，减按3%的税率征收房产税。（　）

四、不定项选择题

1. 某市A企业20×6年初占地面积为20 000平方米；生产用房原值共计1 000万元，账面已计提折旧80万元；拥有小汽车5辆。20×6年有关资料如下：

(1) 原值为160万元的厂房自本年年初因房屋大修连续停用5个月，6月恢复使用。

(2) 6月15日经批准新征用一块耕地，面积为500平方米，6月20日开始开发该耕地建造新办公楼。

(3) 6月25日经批准新征用一块非耕地，面积为600平方米，7月5日开始将该土地用于开发建造新厂房。

(4) 7月15日从汽车销售公司购买2辆载货汽车和3辆挂车，每辆载货汽车整备质量为5吨，每辆挂车整备质量为4吨，取得汽车销售公司开具的机动车销售统一发票，并于当月取得车辆所有权。

已知房产税税率为1.2%，当地政府规定计算房产余值的扣除比例为20%；每辆小汽车车船税的年税额为480元，载货汽车的车船税年税额为60元/吨；城镇土地使用税每平方米年税额为2元；当地耕地占用税税额为10元/平方米。

要求：根据上述资料，回答下列问题。

（1）下列说法中正确的是（　　）。

A. 因房屋大修连续停用 5 个月的厂房，应照章征收房产税

B. 因房屋大修连续停用 5 个月的厂房，免征房产税

C. A 企业 20×6 年共应缴纳房产税 11.14 万元

D. A 企业 20×6 年共应缴纳房产税 9.6 万元

（2）根据城镇土地使用税法律制度的规定，下列说法中正确的是（　　）。

A. A 企业新征用的耕地，自 20×6 年 6 月起计算缴纳城镇土地使用税

B. A 企业新征用的耕地，自 20×7 年 6 月起计算缴纳城镇土地使用税

C. A 企业新征用的非耕地，自 20×7 年 6 月起计算缴纳城镇土地使用税

D. A 企业新征用的非耕地，自 20×6 年 7 月起计算缴纳城镇土地使用税

（3）下列关于 A 企业 20×6 年应缴纳城镇土地使用税和耕地占用税的说法中，不正确的是（　　）。

A. 应纳耕地占用税＝500×10＝5 000(元)

B. 应纳城镇土地使用税＝20 000×2＋600×2×6÷12＝40 600(元)

C. 对于新征用的耕地不可以在同一纳税年度内同时征收城镇土地使用税和耕地占用税

D. 对于新征用的耕地可以在同一纳税年度内同时征收城镇土地使用税和耕地占用税

（4）A 企业 20×6 年应缴纳车船税（　　）元。

A. 2 950　　B. 2 800　　C. 3 360　　D. 2 880

2. A 公司为增值税一般纳税人，本年 10 月发生以下经营业务：

（1）经批准从境外进口小汽车 20 辆，成交价格折合人民币（下同）总计 200 万元（其中包括向境外采购代理人支付的买方佣金 20 万元），在成交价格之外另支付给卖方代理人的佣金为 25 万元。此外，该批小汽车运抵我国关境内输入地点起卸前发生运输费用 35 万元、保险费用 10 万元。A 公司向海关缴纳了相关税款，并取得海关进口增值税专用缴款书。

（2）A 公司委托乙运输公司将进口的 20 辆小汽车从海关运回本单位，取得乙公司开具的增值税专用发票，注明运费 5 万元、增值税 0.45 万元。

（3）当月 A 公司售出进口的小汽车 18 辆，取得不含税销售额 800 万元。剩余 2 辆作为固定资产自用。

已知该批小汽车适用的关税税率为 60%，增值税税率为 13%，消费税税率为 25%，车辆购置税税率为 10%，A 公司取得的扣税凭证本年 10 月符合抵扣规定。

要求：根据上述资料，回答下列问题。

（1）该批小汽车的关税完税价格是（　　）万元。

A. 210　　B. 245　　C. 250　　D. 270

（2）该批小汽车在进口环节应缴纳相关税额的下列表述中，正确的是（　　）。

A. 应缴纳关税 150 万元

B. 应缴纳进口消费税 133.33 万元

C. 应缴纳进口增值税 69.33 万元

D. 无须缴纳城市维护建设税和教育费附加

(3) A 公司应缴纳车辆购置税（　　）万元。

A. 5.33　　B. 6.43　　C. 9.18　　D. 13.28

(4) 本年 10 月，A 公司应向税务机关缴纳增值税（　　）万元。

A. 0　　B. 34.22　　C. 103.55　　D. 104

五、计算题

1. 张某原有两套住房，本年 7 月向李某出售其中一套，成交价格为 100 万元；本年 8 月将另一套以市场价格 120 万元与谢某的住房进行了等价置换；本年 9 月又以 150 万元价格从王某购置了一套新住房。当地契税的税率为 3%，上述金额均不含增值税。要求：计算张某上述交易的应纳契税。

2. 甲公司本年 7 月从增值税一般纳税人处购买轿车（非新能源或节约能源车辆）一辆供本公司使用，支付含增值税的价款 113 000 元，另支付购置工具件和零配件价款 600 元，车辆装饰费 1 500 元，取得税控机动车销售统一发票。要求：计算甲公司本年 7 月的应纳车辆购置税。

3. 甲烟草公司本年 1 月 8 日支付烟叶收购价款 88 万元，另向烟农支付了价外补贴 10 万元。要求：计算该烟草公司本年 1 月收购烟叶应缴纳的烟叶税。

4. 甲餐饮公司通过安装水流量计测得本年 1 月排放污水量为 50 吨，污染当量值为 0.5 吨。假设当地水污染物适用环境保护税税额为每污染当量 2.8 元。要求：计算本年 1 月甲餐饮公司应缴纳的环境保护税。

7.4　实战演练

甲企业本年年初房产原值为 2 400 万元，其中厂房原值为 2 080 万元，厂办幼儿园房产原值为 240 万元，仓库原值为 80 万元；拥有整备质量 10 吨货车 8 辆，7.8 吨挂车 4 辆。甲企业本年发生如下业务：

(1) 7 月 20 日购置 2.5 吨客货两用车 3 辆，合同载明金额共计 8 万元，当月领取行驶证书。

(2) 7 月 31 日将原值为 240 万元的厂房出租，合同载明每年租金 20 万元，租赁期为 3 年。

(3) 10 月份接受乙企业委托加工一批产品，签订的合同中注明原材料由乙企业提供，金额为 80 万元，收取加工劳务费 24 万元；完工产品由乙企业负责运输，乙企业与运输公司签订的合同中注明运费 1.6 万元、保管费 0.1 万元、装卸费 0.06 万元。

当地省政府规定计算房产余值的扣除比例为20%，货车车船税年税额为20元/吨。以上价格均不含增值税。买卖合同的印花税税率为0.3‰，租赁合同的印花税税率为1‰，承揽合同的印花税税率为0.3‰，运输合同的印花税税率为0.3‰。

要求：

（1）计算甲企业本年应纳车船税。

（2）计算甲企业本年应纳房产税。

（3）计算甲企业本年应纳印花税。

第8章

税务行政法制

8.1 能力目标

（1）能明确税务行政处罚的原则、税务行政处罚的主体与管辖、税务行政处罚的执行，能对税务行政处罚进行设定和种类划分，能区分税务行政处罚的简易程序和一般程序。

（2）能明确税务行政复议机构和人员、税务行政复议的受案范围、税务行政复议的管辖、税务行政复议的申请人和被申请人、税务行政复议的受理、税务行政复议的审查和决定、税务行政复议的和解与调解，会进行税务行政复议的申请，能收集税务行政复议的证据。

（3）能明确税务行政诉讼的原则、税务行政诉讼的管辖、税务行政诉讼的受案范围、税务行政诉讼的受理、税务行政诉讼的审理和判决，会进行税务行政诉讼的起诉。

8.2 知识体系

税务行政法制	税务行政处罚	（1）税务行政处罚的认知（★） （2）税务行政处罚的原则（★） （3）税务行政处罚的设定和种类（★★） （4）税务行政处罚的主体与管辖（★★） （5）税务行政处罚的简易程序（★） （6）税务行政处罚的一般程序（★★★） （7）税务行政处罚的执行（★★）

税务行政法制	税务行政复议	(1) 税务行政复议的认知（★） (2) 税务行政复议机构和人员的相关规定（★★） (3) 税务行政复议的受案范围（★★★） (4) 税务行政复议的管辖（★★★） (5) 税务行政复议的申请人和被申请人（★★★） (6) 税务行政复议的申请（★★★） (7) 税务行政复议的受理（★★★） (8) 税务行政复议的证据（★） (9) 税务行政复议的审查和决定（★★） (10) 税务行政复议的和解与调解（★）
	税务行政诉讼	(1) 税务行政诉讼的认知（★） (2) 税务行政诉讼的原则（★） (3) 税务行政诉讼的管辖（★★） (4) 税务行政诉讼的受案范围（★★★） (5) 税务行政诉讼的起诉和受理（★★） (6) 税务行政诉讼的审理和判决（★）

8.3 技能训练

一、单项选择题

1. 下列情况中，适用税务行政处罚简易程序的是（　　）。

A. 对公民处以50元以下的罚款　　B. 对公民处以100元以下的罚款

C. 对法人处以1 500元以下的罚款　　D. 对法人处以5 000元以下的罚款

2. 行政复议机关应当自受理申请之日起（　　）日内作出行政复议决定。

A. 5　　B. 30　　C. 60　　D. 90

3. 根据税务行政复议的有关规定，下列说法正确的是（　　）。

A. 对计划单列市税务局的具体行政行为不服的，向国家税务总局或者本级人民政府申请行政复议

B. 对于税务所的具体行政行为不服的，向其所属税务局的上一级税务局申请行政复议

C. 对于被撤销的税务机关在撤销以前作出的具体行政行为不服的，向继续行使其职权的税务机关的上一级税务机关申请行政复议

D. 对于国家税务总局的具体行政行为不服的，向国务院申请行政复议

4. 人民法院在接到起诉状时对符合规定的起诉条件的，应当登记立案。对当场不能判定是否符合规定的起诉条件的，应当接收起诉状，出具注明收到日期的书面凭证，并在（　　）日内决定是否立案。

A. 5　　B. 7　　C. 15　　D. 20

5. 根据税务行政法制的有关规定，各级税务机关的内设机构、派出机构不具有处

罚主体资格，不能以自己的名义实施税务行政处罚。但是税务所可以实施罚款额在（　　）元以下范围内的税务行政处罚。

A. 1 000　　B. 2 000　　C. 5 000　　D. 10 000

6. 税务机关对当事人作出罚款行政处罚决定的，当事人应当在收到税务行政处罚决定书之日起（　　）日内缴纳罚款，到期不缴纳的，税务机关可以对当事人每日按罚款数额的3%加处罚款。

A. 10　　B. 15　　C. 3　　D. 60

7. 下列关于税务行政处罚的设定中，正确的是（　　）。

A. 国务院可以通过法律的形式设定各种税务行政处罚

B. 省税务机关可以制定税务行政处罚的规范性文件

C. 地方人大可以通过法律的形式设定各种税务行政处罚

D. 国家税务总局可以通过部门规章的形式设定警告和罚款

8. 下列税务行政处罚情形中，当事人可以在税务机关作出税务行政处罚决定之前要求听证的是（　　）。

A. 某有限责任公司被处以5 000元罚款

B. 某中国公民被处以1 000元罚款

C. 某合伙企业被处以1 500元罚款

D. 某非营利组织被处以12 000元罚款

二、多项选择题

1. 根据税务行政法制的有关规定，税务行政复议申请人对下列行为不服的，应当先向行政复议机关申请行政复议；对复议决定不服的，可以向人民法院提起行政诉讼的有（　　）。

A. 加收滞纳金　　B. 停止出口退税权

C. 税收保全措施　　D. 征税对象的确定

2. 对当事人的起诉，人民法院一般从（　　）方面进行审查并作出是否受理的决定。

A. 审查是否属于法定的诉讼受案范围　　B. 审查是否具备法定的起诉条件

C. 审查是否已经受理或者正在受理　　D. 审查是否经过必经复议程序

3. 下列原则中，属于税务行政诉讼原则的有（　　）。

A. 合法性审查原则　　B. 不适用调解原则

C. 纳税人负举证责任原则　　D. 由税务机关负责赔偿原则

4. 下列关于税务行政复议申请人和被申请人的规定，说法正确的有（　　）。

A. 第三人不参加行政复议，不影响行政复议案件的审理

B. 申请人、第三人可以委托1～2名代理人参加行政复议

C. 被申请人不得委托本机关以外人员参加行政复议

D. 税务机关与法律、法规授权的组织以共同的名义作出具体行政行为的，只以税

务机关为被申请人

5. 下列选项中，属于税务行政处罚简易程序适用条件的有（　　）。

A. 案情简单

B. 事实清楚

C. 违法后果比较轻微且有法定依据应当给予处罚的违法行为

D. 给予的处罚较轻

6. 下列申请行政复议的表述中，符合税务行政复议管辖规定的有（　　）。

A. 对国家税务总局的具体行政行为不服的，向国务院申请行政复议

B. 对各级税务局的具体行政行为不服的，向其上一级税务局申请行政复议

C. 对税务所（分局）、各级税务局的稽查局的具体行政行为不服的，向其所属税务局申请行政复议

D. 对两个以上税务机关以共同的名义作出的具体行政行为不服的，向共同上一级税务机关申请行政复议

7. 国家税务总局可以通过部门规章的形式设定警告和罚款，下列关于设定罚款金额的表述中，正确的有（　　）。

A. 部门规章对非经营活动中的违法行为，设定罚款不得超过1 000元

B. 部门规章对非经营活动中的违法行为，设定罚款不得超过3 000元

C. 部门规章对经营活动中没有违法所得的违法行为，设定罚款不得超过10 000元

D. 部门规章对经营活动中有违法所得的违法行为，设定罚款不得超过违法所得的3倍且最高不得超过30 000元

8. 税务机关实施的下列具体行政行为中，属于行政复议受案范围的有（　　）。

A. 代开发票　　B. 税收保全措施

C. 纳税信用等级评定　　D. 发票管理行为

三、判断题

1. 行政复议期间，行政复议机关认为申请人以外的公民、法人或者其他组织与被审查的具体行政行为有利害关系的，可以通知其作为第三人参加行政复议。（　　）

2. 被申请人可以委托本机关以外的人员参加行政复议。（　　）

3. 申请人对复议范围中征税行为不服的，应当先向行政复议机关申请行政复议；对行政复议决定不服的，可以向人民法院提起行政诉讼。（　　）

4. 行政复议和行政诉讼不能同时进行。（　　）

5. 税务机关对当事人作出罚款行政处罚决定的，当事人应当在收到税务行政处罚决定书之日起15日内缴纳罚款，到期不缴纳的，税务机关可以对当事人每日按罚款数额的3%加处罚款。（　　）

6. 税务机关中初次从事行政复议的人员，应当通过国家统一法律职业资格考试取得法律职业资格。（　　）

7. 对各级税务局的具体行政行为不服的，应当向其上一级税务局或者本级人民政

府申请行政复议。（　）

8. 税务机关设立的派出机构、内设机构或者其他组织，未经法律、法规授权，以自己的名义对外作出具体行政行为的，税务机关为被申请人。（　）

8.4　实战演练

本年 5 月 15 日，A 县税务局制作对甲公司补缴税款和滞纳金的税务处理决定书以及处以少缴纳税款 1 倍的行政处罚决定书，上述文书于本年 5 月 18 日送达甲公司并由甲公司完成签收。甲公司对 A 县税务局的处理决定和处罚决定存有异议，准备提起税务行政复议。

要求：根据上述资料，回答下列问题。

（1）申请人按照相关规定申请行政复议的，必须依照税务机关根据法律、法规确定的税额、期限，先行缴纳或者解缴税款和滞纳金，或者提供相应的担保，才可以在缴清税款和滞纳金以后或者所提供的担保得到作出具体行政行为的税务机关确认之日起 60 日内提出行政复议申请。如果甲公司准备提供纳税担保后对应补缴的税款和滞纳金提出行政复议申请，则提出行政复议申请的 60 日时限应当从哪一天开始计算？

（2）如果复议申请被税务机关受理，复议机关应在多少日作出复议决定？什么情况下可以延期？最长可以延多少天？

模拟试题

模拟试题(一)

一、单项选择题

1. 一部新法实施之后，对新法实施之前人们的行为不得适用新法，而只能沿用旧法，这体现了税法适用原则中的（　　）。

A. 法律不溯及既往原则　　B. 新法优于旧法原则

C. 实体从旧、程序从新原则　　D. 程序法优于实体法原则

2. 下列职权中，不属于税务机关职权的是（　　）。

A. 税收检查权　　B. 税收行政立法权

C. 税收法律立法权　　D. 代位权和撤销权

3. 一般纳税人收取的下列款项中，应作为价外费用并入销售额计算增值税销项税额的是（　　）。

A. 受托加工应征消费税的消费品所代收代缴的消费税

B. 销售货物的同时代办保险而向购买方收取的保险费

C. 向购买方收取的代购买方缴纳的车辆牌照费

D. 销售货物时收取的包装费

4. 甲企业为增值税一般纳税人，本年7月销售自产电视机10台，开具的增值税专用发票注明不含税价款20 000元，另外取得延期付款利息1 130元，则甲企业本年7月应纳增值税（　　）元。

A. 2 730　　B. 2 600　　C. 2 430.88　　D. 2 746.90

5. 纳税人采取托收承付和委托银行收款方式销售货物的，其增值税纳税义务发生时间为（　　）。

A. 发出货物并办妥托收手续的当天　　B. 合同约定的收款日期的当天

C. 收到销货款的当天　　D. 货物发出的当天

6. 下列行为中，不缴纳消费税的是（　　）。

A. 烟草批发企业将卷烟销售给其他烟草批发企业

B. 首饰店零售金银首饰

C. 小汽车生产企业将自产小汽车奖励给优秀员工

D. 外贸公司进口高档化妆品

7. 甲化妆品厂为增值税一般纳税人，下设一非独立核算的门市部。本年 10 月甲化妆品厂将自产的一批成本价为 40 万元的高档化妆品移送至门市部，当月门市部对外销售了其中的 80%，取得含增值税收入 176 万元。已知高档化妆品的消费税税率为 15%，成本利润率为 5%，则甲化妆品厂本年 10 月应缴纳消费税（　　）万元。

A. 26.4　　B. 29.20　　C. 6　　D. 23.36

8. 下列关于消费税纳税地点的表述中，不正确的是（　　）。

A. 委托加工的应税消费品，由受托方向机构所在地或者居住地的主管税务机关解缴消费税税款

B. 进口的应税消费品，由进口人或者其代理人向报关地海关申报纳税

C. 纳税人到外县销售自产应税消费品的，于应税消费品销售后，向机构所在地或者居住地主管税务机关申报纳税

D. 纳税人的总机构与分支机构不在同一县（市）的，应当分别向各自机构所在地的主管税务机关申报纳税

9. 甲企业为我国一家居民企业，本年取得销售收入 5 800 万元，广告费和业务宣传费支出 800 万元，上年结转广告费和业务宣传费 120 万元。甲企业本年准予扣除的广告费和业务宣传费是（　　）万元。

A. 870　　B. 680　　C. 920　　D. 1 020

10. 自 2021 年 1 月 1 日至 2030 年 12 月 31 日，我国对设在西部地区，以《西部地区鼓励类产业目录》中新增鼓励类项目为主营业务，且其当年度主营业务收入占收入总额 60%以上的企业给予企业所得税税率优惠，其适用的税率是（　　）。

A. 8%　　B. 10%　　C. 15%　　D. 25%

11. 甲企业为我国一家居民企业，20×7 年度，其财务资料显示，会计利润为 740 万元，另有经税务机关核定的 20×6 年亏损为 340 万元，20×5 年及以前年度无亏损。企业所得税税率为 25%，假设无其他纳税调整事项，则 20×7 年甲企业应纳企业所得税为（　　）万元。

A. 100　　B. 105　　C. 110　　D. 115

12. 下列关于企业所得税确认收入实现时间的表述中，正确的是（　　）。

A. 销售商品采用支付手续费方式委托代销的，在销售时确认

B. 销售商品采用托收承付方式的，在签订合同时确认

C. 销售商品需要安装，在商品发出时确认

D. 销售商品采用预收款方式的，在发出商品时确认

13. 在中国境内有住所，或者无住所而一个纳税年度内在中国境内居住累计满

（　　）天的个人，为居民个人。

A. 30　　B. 90　　C. 183　　D. 365

14. 居民个人的综合所得，以每一纳税年度的收入额减除费用（　　）万元以及专项扣除、专项附加扣除和依法确定的其他扣除后的余额，为个人所得税应纳税所得额。

A. 5　　B. 6　　C. 8　　D. 9

15. 居民个人李某本年获取税前工资、薪金收入共计150 000元，业余兼职取得税前劳务报酬收入30 000元，业余出版专业书籍取得税前稿酬收入20 000元，转让专利使用权取得特许权使用费收入10 000元。李某本年专项扣除、专项附加扣除和依法确定的其他扣除共计50 000元。假设不考虑增值税等因素。李某本年综合所得应纳个人所得税为（　　）元。

A. 3 280　　B. 5 800　　C. 6 280　　D. 7 800

16. 甲企业20×7年7月1日免税进口一套机器设备，到岸价格为400万元，海关对该免税进口的货物监督管理年限为2年。甲企业于20×8年3月31日将该设备出售，则甲企业应补缴关税的完税价格为（　　）。

A. 400×9÷12＝300(万元)

B. 400×(1－9÷12)＝100(万元)

C. 400×[1－15÷(2×12)]＝150(万元)

D. 400×[1－9÷(2×12)]＝250(万元)

17. 甲企业有原值为1 250万元的房产，本年1月1日将其中的30%用于对外投资联营，投资期限为10年，每年收取固定利润分红30万元（不含增值税），不承担投资风险。已知当地政府规定的房产原值扣除比例为20%。甲企业本年度应纳房产税（　　）万元。

A. 12　　B. 17.5　　C. 11.4　　D. 8.4

18. 下列各项中，应当征收契税的是（　　）。

A. 房屋分拆　　B. 企业房产互换

C. 土地承包经营权的转移　　D. 土地使用权典当

19. 下列关于土地增值税税收优惠的表述中，不正确的是（　　）。

A. 企事业单位、社会团体以及其他组织转让旧房作为廉租住房、经济适用住房房源的，免征土地增值税

B. 自2008年11月1日起，对居民个人转让住房一律免征土地增值税

C. 因国家建设需要依法征用、收回的房地产，免征土地增值税

D. 纳税人建造普通标准住宅出售，增值额未超过扣除项目金额20%的，予以免税；超过20%的，应按全部增值额缴纳土地增值税

20. 在税务行政复议期间发生的下列情形中，应当终止行政复议的是（　　）。

A. 申请人要求撤回行政复议申请，行政复议机构准予撤回的

B. 作为申请人的公民下落不明的

C. 案件涉及法律适用问题，需要有权机关作出解释或者确认的

D. 作为申请人的公民死亡，其近亲属尚未确定是否参加行政复议的

二、多项选择题

1. 下列关于减免税的说法中，正确的有（　　）。

A. 起征点属于税额式减免

B. 零税率属于税率式减免

C. 以前年度亏损在本年扣除，属于税额式减免

D. 跨期结转属于税基式减免

2. 下列行为中，外购货物进项税额准予从销项税额中抵扣的有（　　）。

A. 将外购货物无偿赠送给客户

B. 将外购货物作为投资提供给联营单位

C. 将外购货物分配给股东

D. 将外购货物用于本单位集体福利

3. 下列属于营改增项目免征增值税的有（　　）。

A. 婚姻介绍服务

B. 个人销售商品住房

C. 托儿所、幼儿园提供的保育和教育服务

D. 教堂举办文化、宗教活动的门票收入

4. 下列各项中，属于应征消费税的应税消费品的有（　　）。

A. 电池　　B. 酒精　　C. 汽车轮胎　　D. 涂料

5. 企业缴纳的下列税金中，在计算企业所得税应纳税所得额时准予扣除的有（　　）。

A. 房产税　　B. 消费税　　C. 资源税　　D. 企业所得税

6. 下列支出应作为长期待摊费用的有（　　）。

A. 租入固定资产的改建支出

B. 固定资产的大修理支出

C. 已足额提取折旧的固定资产的改建支出

D. 自行开发无形资产，开发过程中的相关支出

7.《个人所得税法》中规定的综合所得包括（　　）。

A. 工资、薪金所得　　B. 劳务报酬所得

C. 稿酬所得　　D. 特许权使用费所得

8. 根据耕地占用税法律制度的有关规定，下列各项土地中属于耕地的有（　　）。

A. 果园　　B. 花圃　　C. 茶园　　D. 菜园

9. 根据《印花税法》，下列各项中，不缴纳印花税的有（　　）。

A. 再保险合同

B. 甲公司与乙公司签订的货物运输合同

C. 个人书立的动产买卖合同

D. 管道运输合同

10. 属于纳税人和其他税务当事人对侵犯合法权益的特定税务行政诉讼的受案范围的有（　　）。

A. 税务机关通知银行冻结其存款的行为

B. 税务机关制定的规范性文件损害了纳税人合法权益的行为

C. 税务机关对其所缴的税款没有上缴国库的行为

D. 税务机关逾期未对其复议申请作出答复的行为

三、判断题

1. 纳税人享受减税、免税待遇的，在减税、免税期间应当按照规定办理纳税申报。（　　）

2. 个人发生应税行为的销售额未达到增值税起征点的，免征增值税；达到起征点的，只就超过的部分计算缴纳增值税。（　　）

3. 自2013年8月1日起，纳税人自用的应征消费税的摩托车、汽车、游艇，其进项税额准予从销项税额中抵扣。（　　）

4. A市甲企业委托B市乙企业加工一批应税消费品，该批消费品应缴纳的消费税税款应由乙企业向B市税务机关解缴。（　　）

5. 企业在一个纳税年度中间开业，或者终止经营活动，使该纳税年度的实际经营期不足12个月的，应当以实际经营期为一个纳税年度。（　　）

6. 烟叶税的纳税义务发生时间为纳税人收购烟叶的当日。（　　）

7. 规模化养猪排放应税污染物的，暂免征收环境保护税。（　　）

8. 根据《印花税法》，证券交易印花税按月解缴。（　　）

9. 车辆购置税的征税范围包括汽车、有轨电车、汽车挂车、排气量超过200毫升的摩托车。（　　）

10. 对税务机关的行政行为提起诉讼，必须先经过复议；对复议决定不服的，可以在接到复议决定书之日起15日内向人民法院起诉。（　　）

四、不定项选择题

1. 甲摩托车厂为我国一家居民企业，为增值税一般纳税人，于本年4月成立，本年度实现会计利润480万元，部分财务资料如下：

（1）本年销售摩托车取得不含增值税销售收入4 760万元，同时收取优质费45.2万元，与销售收入对应的销售成本为2 800万元；取得到期国债利息收入20万元、企业债券利息收入17.6万元。

（2）本年发生财务费用100万元，其中：支付银行借款利息43.2万元，支付因向某商场（非关联企业）借款800万元而发生的全年利息56.8万元。

（3）本年发生销售费用1 120万元，其中：广告费用600万元，业务宣传费148.8万元。

(4) 本年发生管理费用256万元，其中：业务招待费44万元。

(5) 本年发生营业外支出72.8万元，其中：通过当地市政府捐赠68万元，用于该市所属某边远山区饮用水工程建设；当年因拖欠应缴税款，被税务机关加收滞纳金4.8万元。

已知增值税税率为13%，企业所得税税率为25%，同期同类银行贷款年利率为6.1%。

要求：根据上述资料，不考虑其他因素，回答下列问题。

(1) 有关该摩托车厂本年销售摩托车应确认的增值税销项税额，下列计算列式中，正确的是（　　）。

A. (4 760+45.2)×13%=624.68(万元)

B. 4 760×13%=618.8(万元)

C. [4 760+45.2÷(1+13%)]×13%=624(万元)

D. (4 760+45.2)÷(1+13%)×13%=552.81(万元)

(2) 有关该摩托车厂的利息收入和利息支出，下列说法正确的是（　　）。

A. 企业债券利息收入，应调减企业所得税应纳税所得额17.6万元

B. 国债利息收入，应调减企业所得税应纳税所得额20万元

C. 向某商场借款800万元而发生的全年利息56.8万元，无须进行纳税调整

D. 支付银行借款利息43.2万元，无须进行纳税调整

(3) 有关该摩托车厂当年发生的广告费和业务宣传费、业务招待费的企业所得税处理，下列说法正确的是（　　）。

A. 广告费和业务宣传费应调增企业所得税应纳税所得额28.8万元

B. 广告费和业务宣传费应调增企业所得税应纳税所得额27.78万元

C. 业务招待费应调增企业所得税应纳税所得额20万元

D. 业务招待费应调增企业所得税应纳税所得额17.6万元

(4) 有关该摩托车厂当年的营业外支出，下列说法不正确的是（　　）。

A. 捐赠支出，应调增企业所得税应纳税所得额10.4万元

B. 捐赠支出，应全额调增企业所得税应纳税所得额

C. 税收滞纳金4.8万元，可以据实在企业所得税前扣除，无须进行纳税调整

D. 税收滞纳金4.8万元，应全额调增企业所得税应纳税所得额

2. 甲企业为增值税一般纳税人，主要从事汽车制造及销售业务。本年10月有关业务如下：

(1) 进口1辆小汽车作为商务专用车，海关审定的价格为200万元，包装费为10万元，运费和保险费为20万元。

(2) 将20辆小汽车对外投资，小汽车生产成本为30万元/辆。甲企业同类小汽车不含增值税最高销售价格为48万元/辆，平均销售价格为45万元/辆，最低销售价格为42万元/辆。

(3) 接受乙公司委托加工专用汽车蓄电池，收取不含增值税的加工费70万元，乙公司提供的原材料成本为400万元，甲公司无同类产品的销售价格。

(4) 销售小汽车取得含增值税价款678万元，收取手续费6.78万元，代办保险费为20万元。

已知小汽车的增值税税率为13%，消费税税率为5%，电池的消费税税率为4%，关税税率为10%。

根据上述资料，回答下列问题：

(1) 甲企业进口小汽车的关税，下列计算正确的是（　　）。

A. (200＋20－10)×10%＝21(万元)　　B. (200＋20＋10)×10%＝23(万元)

C. (200＋20)×10%＝22(万元)　　D. 200×10%＝20(万元)

(2) 甲企业以小汽车投资应缴纳消费税税额的下列计算中，正确的是（　　）。

A. 20×30×5%＝30(万元)　　B. 20×42×5%＝42(万元)

C. 20×45×5%＝45(万元)　　D. 20×48×5%＝48(万元)

(3) 甲企业受托加工汽车蓄电池应代收代缴的消费税是（　　）。

A. (400＋70)×4%＝18.8(万元)

B. [400＋70÷(1－4%)]×4%＝18.92(万元)

C. [400÷(1－4%)＋70]×4%＝19.47(万元)

D. (400＋70)÷(1－4%)×4%＝19.58(万元)

(4) 销售小汽车应缴纳的消费税，下列计算正确的是（　　）。

A. (678＋6.78)÷(1＋13%)×5%＝30.3(万元)

B. (678＋6.78＋20)÷(1＋13%)×5%＝31.18(万元)

C. (678＋6.78)×5%＝34.24(万元)

D. (678＋6.78＋20)×5%＝35.24(万元)

五、计算题

1. 甲制药厂为增值税一般纳税人，本年7月销售应税药品169.5万元（含增值税），销售免税药品100万元，当月购入生产用原材料一批，取得的增值税专用发票上注明税款13万元，应税药品与免税药品无法划分各自消耗原材料的情况。要求：计算甲制药厂上述业务不得抵扣的增值税进项税额。

2. 甲公司为我国一家居民企业，本年度实际发生的合理的工资、薪金总额为800万元，按规定标准为职工缴纳基本社会保险费120万元，为受雇的全体员工支付补充养老保险费96万元、补充医疗保险费24万元，为本公司高管缴纳商业保险费16万元。要求：计算甲公司本年度在计算应纳税所得额时准予扣除的保险费。

3. 居民个人李某是艺术设计人员，为甲公司的在职员工，本年获取税前工资、薪金收入共计150 000元，业余兼职取得税前劳务报酬收入80 000元，业余出版专业书籍取得税前稿酬收入70 000元。李某本年专项扣除、专项附加扣除和依法确定的其他扣除共计50 000元。要求：计算李某本年度综合所得应纳个人所得税。

4. 甲公司本年 7 月进口一批高档化妆品，海关审定的货价为 300 万元，运抵我国关境内输入地点起卸前的包装费为 20 万元，运输费为 30 万元，保险费为 2 万元。高档化妆品的关税税率为 10%，增值税税率为 13%，消费税税率为 15%。要求：

(1) 计算应纳进口关税。

(2) 计算应纳进口消费税。

(3) 计算应纳进口增值税。

(4) 计算城市维护建设税和教育费附加（若不需要缴纳，则说明原因）。

六、综合题

甲公司是一家工业企业，为增值税一般纳税人，本年 7 月发生经济业务如下：

(1) 购进一批工业用原材料，取得增值税专用发票，发票上注明金额 100 万元、增值税税额 13 万元。支付货物运输的运费，取得增值税普通发票，发票上注明金额 5 万元、增值税税额 0.45 万元。

(2) 向农民收购一批免税农产品作为原材料用于生产税率为 13%的产品，农产品收购发票上注明买价 50 万元。委托乙运输公司运输，取得乙运输公司开具的增值税专用发票，发票上注明金额 3 万元。

(3) 购进低值易耗品，取得增值税专用发票，发票上注明金额 10 万元、增值税税额 1.3 万元。

(4) 销售产品一批，取得不含税销售额 200 万元，另外收取包装物租金 3.39 万元。

(5) 采取以旧换新方式销售产品，新产品含税售价为 11.3 万元，旧产品作价 2 万元。

(6) 因仓库管理不善，上月购进的一批工具被盗，该批工具的采购成本为 10 万元（购进工具的进项税额上月已抵扣）。

甲公司取得的增值税专用发票本年 7 月均符合抵扣规定；除了购进农产品以外，购进和销售产品适用的增值税税率为 13%。

要求：计算甲公司本年 7 月的应纳增值税。

模拟试题（二）

一、单项选择题

1. 下列关于征税对象、税目、税基的说法中，不正确的是（　）。

A. 征税对象是区别一种税与另一种税的重要标志

B. 税基又称计税依据，是计算征税对象应纳税款的直接数量依据或标准，是对征税对象的量的规定

C. 我国对所有的税种都设置了税目

D. 税目是各税种的具体征税项目，反映征税的具体范围，是对征税对象质的界定

2. 下列关于累进税率的表述中，正确的是（　　）。

A. 全额累进税率计算简单，但在累进分界点上税负呈跳跃式，不尽合理

B. 超额累进税率计算复杂，累进程度缓和，税收负担透明度高

C. 我国的土地增值税采用超额累进税率

D. 我国的经营所得个人所得税采用超率累进税率

3. 本年5月8日，甲公司与乙公司签订了买卖电脑的合同，双方约定总价款为128万元。6月3日，甲公司就128万元货款全额开具了增值税专用发票；6月10日，甲公司收到乙公司第一笔货款72万元；6月25日，甲公司收到乙公司第二笔货款56万元。甲公司增值税纳税义务发生时间为（　　）。

A. 6月25日　　B. 6月10日　　C. 6月3日　　D. 5月8日

4. 增值税一般纳税人销售下列货物，适用9%的增值税税率的是（　　）。

A. 化肥　　B. 笔记本电脑　　C. 小汽车　　D. 淀粉

5. 甲公司为增值税一般纳税人，本年7月销售罐头一批，取得不含税销售额4万元，同时向对方收取包装物押金400元。已知增值税税率为13%，则甲公司本年7月的增值税销项税额为（　　）元。

A. 4 647.79　　B. 5 252　　C. 5 200　　D. 5 246.02

6. 甲摩托车生产企业为增值税一般纳税人，本年6月将生产的某型号摩托车50辆，以每辆出厂价7 200元（不含增值税）销售给自设非独立核算的门市部；门市部又以每辆9 492元（含增值税）全部销售给消费者。已知摩托车适用消费税税率10%，则甲摩托车生产企业6月应纳消费税为（　　）元。

A. 31 858.41　　B. 36 000　　C. 42 000　　D. 47 460

7. 下列各项中，不属于消费税征税范围的是（　　）。

A. 烟叶　　B. 烟丝　　C. 卷烟　　D. 雪茄烟

8. 纳税人销售应税消费品向购买方收取的下列税金、价外费用中，不应并入应税消费品销售额的是（　　）。

A. 向购买方收取的增值税税款　　B. 向购买方收取的消费税税款

C. 向购买方收取的价外基金　　D. 向购买方收取的手续费

9. 下列选项中，属于企业所得税不征税收入的是（　　）。

A. 财政拨款

B. 接受公益性捐赠的收入

C. 符合条件的非营利组织的收入

D. 在中国境内设立机构、场所的非居民企业从居民企业取得的与该机构、场所有实际联系的股息、红利等权益性投资收益

10. 本年5月，甲公司向非关联企业乙公司借款300万元用于生产经营，期限为半年，双方约定年利率为10%。已知甲、乙公司都是非金融企业，金融企业同期同类贷款年利率为6.8%。甲公司和乙公司均为我国的居民企业。甲公司在计算当年企业所得

税应纳税所得额时，准予扣除的利息费用为（　　）万元。

A. 20.4　　B. 10.2　　C. 30　　D. 15

11. 有关企业所得税中收入的确认时间，下列表述正确的是（　　）。

A. 接受捐赠收入，按照实际收到捐赠资产的日期确认收入的实现

B. 股息、红利等权益性投资收益，按照实际收到投资收益的日期确认收入的实现

C. 特许权使用费收入，按照实际收到特许权使用费的日期确认收入的实现

D. 租金收入，按照实际收到租金的日期确认收入的实现

12. 下列关于环境保护税的说法中，正确的是（　　）。

A. 企业事业单位和其他生产经营者向依法设立的污水集中处理、生活垃圾集中处理场所排放应税污染物的，应当缴纳环境保护税

B. 企业事业单位和其他生产经营者在符合国家和地方环境保护标准的设施、场所贮存或者处置固体废物的，应当缴纳环境保护税

C. 企业事业单位和其他生产经营者贮存或者处置固体废物不符合国家和地方环境保护标准的，应当缴纳环境保护税

D. 农业生产（不包括规模化养殖）排放应税污染物的，应当缴纳环境保护税

13. 居民个人需要办理汇算清缴个人所得税的，应当在取得所得的（　　）办理。

A. 次年1月1日至5月31日内　　B. 次年1月1日至6月30日内

C. 次年3月1日至5月31日内　　D. 次年3月1日至6月30日内

14. 郑某本年3月在某公司举行的有奖销售活动中获得奖金30 000元，领奖时发生交通费1 200元、食宿费800元（均由郑某承担）。在颁奖现场郑某直接向某大学图书馆捐款6 000元。已知偶然所得适用的个人所得税税率为20%。郑某中奖收入应缴纳的个人所得税为（　　）元。

A. 6 000　　B. 3 600　　C. 3 200　　D. 0

15. 下列关于进出口货物适用关税税率的表述中，不正确的是（　　）。

A. 进出口货物，应当适用海关接受该货物申报进口或者出口之日实施的税率

B. 因超过规定期限未申报而由海关依法变卖的进口货物，应按其原进口之日实施的关税税率征税

C. 出口转关运输货物，应当适用启运地海关接受该货物申报出口之日实施的税率

D. 经海关批准集中申报的进出口货物，应当适用每次货物进出口时海关接受该货物申报之日实施的税率

16. 下列选项中，属于房产税征税范围的是（　　）。

A. 室外游泳池　　B. 建立在农村的厂房

C. 独立于房屋的围墙　　D. 建立在县城的办公楼

17. 下列各项中，属于土地增值税征税范围的是（　　）。

A. 企业将房产通过国家机关赠与福利院

B. 房产交换

C. 父亲将房产赠与儿子

D. 房屋出租

18. 甲机械厂本年实际占地面积为20 000平方米，其中办公楼占地面积为700平方米，厂房仓库占地面积为19 000平方米，厂办医院用地为300平方米。当地规定的城镇土地使用税每平方米年税额为3元。甲机械厂当年应纳城镇土地使用税为（　）元。

A. 59 100　B. 60 000　C. 57 000　D. 57 900

19. 本年7月，甲企业与乙企业签订一份合同，甲企业负责将乙企业产品运输到甲企业的仓库进行保管，合同所载金额合计800万元，其中包括货物运输费用和保管费用。已知运输合同适用的印花税税率为0.3‰，保管合同适用的印花税税率为1‰。甲企业应纳印花税（　）万元。

A. 0.24　B. 0.52　C. 0.8　D. 0.64

20. 税务机关做出的下列行政行为，纳税人不服时可以申请行政复议，也可以直接向人民法院提起行政诉讼的是（　）。

A. 确认征税对象　B. 加收滞纳金

C. 确认抵扣税款　D. 罚款

二、多项选择题

1. 下列各项原则中，属于税法基本原则的有（　）。

A. 实质课税原则　B. 新法优于旧法原则

C. 实体从旧、程序从新原则　D. 税收法定原则

2. 下列各项中，应视同销售货物征收增值税的有（　）。

A. 销售代销的货物

B. 用外购的产品对外投资

C. 用自产货物换取生产资料

D. 将委托加工收回的货物用于集体福利

3. 下列各项中，表述正确的有（　）。

A. 增值税一般纳税人资格实行登记制

B. 个体工商户以外的其他个人年应税销售额超过小规模纳税人标准的，不需要向主管税务机关提交书面说明

C. 纳税人（除个人外）年应税销售额超过规定标准，且符合有关政策规定，选择按小规模纳税人纳税的，无须向主管税务机关提交书面说明

D. 除国家税务总局另有规定外，纳税人一经登记为一般纳税人后，不得转为小规模纳税人

4. 下列消费品中，实行从价定率和从量定额相结合的复合计征办法征收消费税的有（　）。

A. 白酒　B. 啤酒　C. 卷烟　D. 雪茄烟

5. 下列关于固定资产计提折旧的表述中，正确的有（　　）。

A. 企业应当自固定资产投入使用月份的当月起计算折旧

B. 企业应当自固定资产投入使用月份的次月起计算折旧

C. 停止使用的固定资产，应当自停止使用月份的次月起停止计算折旧

D. 停止使用的固定资产，应当自停止使用月份的当月起停止计算折旧

6. 纳税人缴纳的下列税种中，可以在企业所得税税前扣除的有（　　）。

A. 城市维护建设税　　B. 消费税

C. 土地增值税　　D. 增值税

7. 有下列（　　）情形之一的，税务机关有权按照合理方法进行纳税调整。

A. 个人与其关联方之间的业务往来不符合独立交易原则而减少本人或者其关联方个人所得税应纳税额，且无正当理由

B. 居民个人控制或者居民个人和居民企业共同控制的设立在实际税负明显偏低的国家（地区）的企业，无合理经营需要，对应当归属于居民个人的利润不作分配或者减少分配

C. 个人实施具有合理商业目的的安排而获取正当的税收利益

D. 个人与其关联方之间的业务往来符合独立交易原则而减少本人或者其关联方个人所得税应纳税额

8. 下列各项中，以取得的收入为应纳税所得额直接计征个人所得税的有（　　）。

A. 红利所得　　B. 偶然所得

C. 股息所得　　D. 财产转让所得

9. 根据车辆购置税法律制度的规定，下列单位和个人中，属于车辆购置税纳税人的有（　　）。

A. 进口应税小轿车并自用的某外贸公司

B. 购买应税货车并自用的某外商投资企业

C. 受赠应税小型客车并自用的某医院

D. 获得奖励应税轿车并自用的李某

10. 税务机关的下列行为中，既可以申请行政复议，也可以直接向人民法院提起行政诉讼的有（　　）。

A. 不予审批出口退税　　B. 不予代开发票

C. 征收税款　　D. 给予较低的纳税信用等级

三、判断题

1. 查定征收方式一般针对会计核算不够健全、生产经营不固定、零星分散、流动性大的纳税人。（　　）

2. 私营企业进口残疾人专用的物品免征增值税。（　　）

3. 在资产重组过程中，通过合并、分立、出售、置换等方式，将全部或者部分实物资产以及与其相关联的债权、负债和劳动力一并转让给其他单位和个人，其中涉及的

不动产、土地使用权转让行为，不征收增值税。（　　）

4. 甲化妆品厂8月销售高档化妆品取得含税收入90.4万元，收取手续费3万元，另收取包装物押金2万元。已知增值税税率为13%，消费税税率为15%。该化妆品厂本月应纳消费税为12.66万元。（　　）

5. 非金融企业向金融企业借款的利息支出可以据实在企业所得税前扣除，非金融企业向非金融企业借款的利息支出不允许在企业所得税前扣除。（　　）

6. 占用鱼塘及其他农用土地建房或从事其他非农业建设，也视同占用耕地，必须依法缴纳耕地占用税。（　　）

7. 纳税人应当向机构所在地的主管税务机关申报缴纳烟叶税。（　　）

8. 收购未税矿产品的纳税人有代扣代缴资源税的义务。（　　）

9. 对由于减免增值税、消费税而发生退税的，不予退还已征收的城市维护建设税。（　　）

10. 行政复议决定书一经送达，即发生法律效力。（　　）

四、不定项选择题

1. A公司为增值税一般纳税人，主要从事高档化妆品的生产和销售业务。本年5月有关经营情况如下：

（1）进口一批高档香水精，海关审定的货价为200万元，运抵我国关境内输入地点起卸前的包装费为8万元，运输费为20万元，保险费为3万元。

（2）接受B公司委托加工一批高档口红，取得不含增值税加工费20万元，B公司提供的原材料的成本为70万元，该批高档口红无同类产品销售价格。

（3）销售一批高档香水，取得不含增值税价款580万元，另收取包装费2.26万元。

已知以上化妆品均为高档化妆品。高档化妆品的消费税税率为15%，关税税率为10%，增值税税率为13%。

要求：根据上述资料，回答下列问题。

（1）A公司进口高档香水精的下列各项支出中，应计入进口货物关税完税价格的有（　　）。

A. 包装费8万元　　B. 保险费3万元

C. 运输费20万元　　D. 货价200万元

（2）A公司进口香水精应纳消费税的下列计算中，正确的是（　　）。

A. (200+20)×(1+10%)×15%=36.3(万元)

B. (200+8+3)×(1+10%)×15%=34.82(万元)

C. (200+8+20+3)×(1+10%)÷(1−15%)×15%=44.84(万元)

D. (8+20+3)×(1+10%)÷(1−15%)×15%=6.02(万元)

（3）A公司受托加工高档口红应代收代缴消费税的下列计算中，正确的是（　　）。

A. (70+20)÷(1−15%)×15%=15.88(万元)

B. (70+20)×15%=13.5(万元)

C. [70÷(1－15%)＋20]×15%＝15.35(万元)

D. [70＋20÷(1－15%)]×15%＝14.03(万元)

(4) A公司销售香水应纳消费税的下列计算中，正确的是（　　）。

A. 580÷(1＋13%)×15%＝76.99(万元)

B. [580＋2.26÷(1＋13%)]×15%＝87.3(万元)

C. (580＋2.26)×15%＝87.34(万元)

D. 580×15%＝87(万元)

2. 甲食品有限公司为增值税一般纳税人，本年11月发生下列经营业务：

(1) 从某农业生产者处收购其自产的花生，开具的收购凭证上注明收购价格为100 000元，货物验收入库；支付某运输企业运费800元（不含增值税），取得增值税专用发票。本月将该批花生全部领用，用于生产增值税税率为13%的副食品。

(2) 销售副食品给某商场，并用本公司运输队车辆送货上门，开具增值税专用发票，其中货物的价款为130 000元（不含增值税），运费为1 000元（不含增值税）。

(3) 销售副食品给乙公司，开具的增值税专用发票上注明价款800 000元。委托某公路运输企业运送，甲公司支付运费6 000元（不含增值税），取得增值税专用发票。

(4) 从某设备制造公司购进检测设备一台，取得的增值税专用发票上注明不含增值税价款60 000元。

(5) 购进自用货运卡车一辆，支付不含增值税价款360 000元，取得增值税专用发票。

要求：根据上述资料，回答下列问题。

(1) 业务(1)中准予抵扣的进项税额是（　　）。

A. 100 000×10%＋800×9%＝10 072(元)

B. 100 000×10%＋800×10%＝10 080(元)

C. 100 000×10%＝10 000(元)

D. 0

(2) 甲公司11月的销项税额为（　　）元。

A. 120 990　　B. 121 030　　C. 120 900　　D. 17 030

(3) 甲公司11月应纳增值税（　　）元。

A. 55 810　　B. 55 688　　C. 55 778　　D. 55 818

(4) 下列关于本题的表述中，正确的是（　　）。

A. 销售货物时委托运输企业负责运输，支付的运费可以抵扣进项税额

B. 从农业生产者手中购进免税农产品，不可以抵扣进项税额

C. 销售货物并负责运输，收取的运费按规定计算缴纳增值税

D. 购进货运卡车自用，不可以抵扣进项税额

五、计算题

1. 甲商场为增值税一般纳税人，其销售的月饼标明零售价为30元/500克，甲商

场中秋节期间八折对外销售50千克。月饼的增值税税率为13%。要求：

（1）如果销售额与折扣额在同一张发票上的“金额”栏分别注明，计算甲商场上述增值税销项税额；

（2）如果将折扣额另开发票，计算甲商场上述增值税销项税额。

2. 甲化妆品生产企业为增值税一般纳税人，本年12月15日向乙超市销售高档化妆品一批，开具增值税专用发票，取得不含增值税销售额10万元、增值税税额1.3万元；12月20日向丙单位销售高档化妆品一批，开具增值税普通发票，取得含增值税销售额2.26万元。高档化妆品适用的消费税税率为15%。要求：计算甲化妆品生产企业上述业务的应纳消费税。

3. 李某是一名自由职业者，本年收入情况如下：1月取得一项特许权使用费收入32 000元，3月取得另一项特许权使用费收入65 000元，5月取得劳务报酬收入100 000元，8月取得福利彩票中奖收入50 000元，11月取得保险公司赔偿收入50 000元。上述收入均为个人所得税税前收入。李某本年专项扣除、专项附加扣除和依法确定的其他扣除共计40 000元。假设不考虑增值税等因素。要求：计算李某本年应纳个人所得税。

4. 甲公司本年7月成立，建立资金账簿1本，登记实收资本4 000 000元；预计在成立当月，与乙公司签订买卖合同，合同上列明不含增值税货款金额2 000 000元，增值税税额260 000元；与丙运输公司签订运输合同，合同上列明不含增值税运费金额50 000元，增值税税额4 500元；与丁公司签订租赁合同，合同上列明不含增值税租赁费20 000元，增值税税额2 600元。已知营业账簿的印花税税率为0.25‰，买卖合同的印花税税率为0.3‰，运输合同的印花税税率为0.3‰，租赁合同的印花税税率为1‰。要求：计算甲公司本年7月的应纳印花税。

六、综合题

甲企业是我国一家居民企业，为增值税一般纳税人，属于国家需要重点扶持的高新技术企业，本年取得商品销售收入4 400万元、转让固定资产的净收益40万元、投资收益64万元；发生商品销售成本1 760万元、税金及附加96万元，发生销售费用1 520万元、管理费用768万元、财务费用144万元、营业外支出80万元，实现利润总额136万元，企业自行计算缴纳企业所得税20.4万元（136×15%）。经注册会计师审核，发现本年该企业存在如下问题：

（1）12月购进一台符合《安全生产专用设备企业所得税优惠目录》规定的安全生产专用设备，取得的增值税专用发票上注明价款600万元、增值税78万元，当月投入使用，企业将该设备购买价款600万元一次性在成本中列支。该设备生产的产品全部在当月销售，相关成本已结转。

（2）管理费用中含业务招待费64万元。

（3）销售费用中含广告费640万元、业务宣传费240万元。

（4）财务费用中含支付给银行的借款利息48万元（借款金额800万元，期限1年）；支付给关联方的借款利息48万元（借款金额800万元，期限1年），已知关联方的权益性投资为 320 万元，此项交易活动不符合独立交易原则且该企业实际税负高于境内关联方。

（5）营业外支出中含通过公益性社会团体向灾区捐款 52 万元，因违反合同约定支付给其他企业违约金 24 万元，因违反工商管理规定被处以罚款 4 万元。

（6）投资收益中含国债利息收入 8 万元；从境外 A 国子公司分回税后收益 36 万元，A 国政府规定的企业所得税税率为 20%；从境外 B 国子公司分回税后投资收益 20 万元，B 国政府规定的企业所得税税率为 10%。甲企业选择“分国（地区）不分项”的方法来计算其来源于境外的应纳税所得额。

（7）已计入成本、费用中的全年实发合理的工资总额为 320 万元，实际拨缴的工会经费为 4.8 万元，发生职工福利费 48 万元、职工教育经费 12 万元。

已知职工教育经费在不超过工资、薪金总额 8%的限额内予以扣除。

要求：根据上述资料，回答下列问题。

（1）计算甲企业准予在企业所得税前扣除的业务招待费金额。

（2）计算甲企业准予在企业所得税前扣除的广告费和业务宣传费金额。

（3）计算甲企业准予在企业所得税前扣除的利息费用。

（4）计算甲企业准予在企业所得税前扣除的营业外支出金额。

（5）计算甲企业在计算企业所得税应纳税所得额时，工资总额、工会经费、职工福利费和职工教育经费应调整应纳税所得额的金额。

（6）计算甲企业本年度境内企业所得税应纳税所得额。

（7）计算甲企业境外所得应在我国补缴的企业所得税。

（8）计算甲企业应补（退）企业所得税。

习题集参考答案

第1章　税法认知

1.3　技能训练

一、单项选择题

1. **【答案】** B

【解析】 选项A，税务机关对纳税人的关联交易价格进行调整，体现“实质课税原则”；选项C，因信赖税务机关的正式表示而少纳税款的，纳税人无须缴纳滞纳金，体现“税收合作信赖原则”；选项D，在新程序法实施后进入征管程序的，适用新法规定，体现“实体从旧、程序从新原则”。

2. **【答案】** D

【解析】 选项AC，消费税、关税为中央税；选项B，环境保护税为地方税；选项D，增值税为中央与地方共享税，其中中央分享50%，地方分享50%。

3. **【答案】** C

【解析】 强制性、无偿性、固定性是税收的特征。

4. **【答案】** C

【解析】 选项ABD属于税法适用原则。

5. **【答案】** A

【解析】 授权立法是指全国人民代表大会及其常务委员会根据需要授权国务院制定某些具有法律效力的暂行规定或者条例。

6. **【答案】** D

【解析】 选项A，黄酒消费税采用定额税率征收；选项B，土地增值税采用超率累进税率征收；选项C，合伙企业投资者从合伙企业取得经营所得的个人所得税采用超额累进税率征收。

7. **【答案】** D

【解析】 税务登记包括开业税务登记、变更税务登记、注销税务登记、停业复业税务登记、跨区域涉税事项报验管理等。

8.【答案】B

【解析】查账征收方式一般针对会计核算比较健全、能够正确计算应纳税款且认真履行纳税义务的纳税人。

9.【答案】A

【解析】邮寄申报以纳税人、扣缴义务人寄出纳税申报表的邮戳日期为实际申报日期。

10.【答案】B

【解析】征税对象是区别一种税与另一种税的重要标志。

二、多项选择题

1.【答案】ABCD

【解析】在我国，税收法律关系的主体包括征纳双方，即征税主体和纳税主体。一方是征税主体，即代表国家行使征税职责（权力）的国家行政机关，包括国家各级税务机关、海关；另一方是纳税主体，即依法直接负有纳税义务的法人、自然人和其他组织，其中包括在我国的外国企业、组织、外籍人、无国籍人，以及在我国虽然没有机构、场所但有来源于我国境内所得的外国企业或组织。

2.【答案】AC

【解析】选项B属于税收行政法规；选项D为全国人民代表大会及其常务委员会授权国务院立法，属于准法律。

3.【答案】ABD

【解析】实质课税原则属于税法基本原则，而不是税法适用原则。

4.【答案】CD

【解析】选项A，《中华人民共和国税收征收管理法》不属于税收实体法，而属于税收程序法；选项B，目前我国还没有税收基本法。

5.【答案】ABD

【解析】选项C，税收实体法不具备溯及力，税收程序法在特定条件下具备一定的溯及力。

6.【答案】ABCD

【解析】税收执法权主要包括税款征收管理权、税务检查权、税务稽查权、税务行政复议裁决权、税务行政处罚权。

7.【答案】ABCD

【解析】凡是按照国家税收法律规范负有纳税义务的纳税人（含享受减免税的纳税人）、扣缴义务人，无论本期有无应纳税款或者应扣缴税款，都必须按照税法规定的期限如实向主管税务机关办理纳税申报。

8.【答案】ABD

【解析】选项C为纳税人、扣缴义务人的义务。

9.【答案】ABCD

【解析】任何单位和个人不得有下列虚开发票行为：1）为他人、为自己开具与实际经营业务情况不符的发票；2）让他人为自己开具与实际经营业务情况不符的发票；3）介绍他人开具与实际经营业务情况不符的发票。

10.【答案】ABC

【解析】选项D，查定征收属于税款征收方式。

三、判断题

1.【答案】×

【解析】我国个人所得税中非居民个人工资、薪金所得的“免征额”或者“费用扣除标准”为5 000元/月。

2.【答案】√

3.【答案】×

【解析】征税主体和纳税主体双方法律地位是平等的，但权利和义务不对等。

4.【答案】×

【解析】纳税人、扣缴义务人，不论当期是否发生纳税义务，除经税务机关批准外，均应当按照规定办理纳税申报或者报送代扣代缴、代收代缴税款报告表。

5.【答案】√

6.【答案】√

7.【答案】√

8.【答案】×

【解析】延期申报不等于延期纳税。延期申报需要预缴税款，并在核准的延期内办理纳税结算。

9.【答案】√

10.【答案】×

【解析】自2020年3月1日起，纳税人负有纳税申报义务，但连续3个月所有税种均未进行纳税申报的，税收征管系统自动将其认定为非正常户，并停止其发票领用簿和发票的使用。

11.【答案】√

12.【答案】×

【解析】电子专票由各省税务局监制，采用电子签名代替发票专用章，属于增值税专用发票，其法律效力、基本用途、基本使用规定等与增值税纸质专用发票相同。

1.4 实战演练

【答案】

（1）若采用全额累进税率：

对于甲来说，按表1-1所列税率，适用第一级次的税率。

甲该月应纳税额＝9 999×10％＝999.9(元)

对于乙来说，按表 1－1 所列税率，适用第二级次的税率。

乙该月应纳税额＝10 001×20％＝2 000.2(元)

由此可见，乙比甲应纳税所得额增加 2 元，税额却增加 1 000.3 元（2 000.2－999.9)，采用全额累进税率税负变化极不合理。

(2) 若采用超额累进税率：

对于甲来说，按表 1－2 所列税率，适用第一级次的税率。

甲该月应纳税额＝9 999×10％＝999.9(元)

对于乙来说，按表 1－2 所列税率，乙该月应纳税额可以分步计算：

第一级的 10 000 元适用 10％的税率。

应纳税额＝10 000×10％＝1 000(元)

第二级的 1 元（10 001－10 000）适用 20％的税率。

应纳税额＝1×20％＝0.2(元)

乙该月应纳税额＝1 000＋0.2＝1 000.2(元)

若运用简化方法计算：

乙该月应纳税额＝10 001×20％－1 000＝1 000.2(元)

由此可见，乙比甲应纳税所得额增加 2 元，税额只增加 0.3 元（1 000.2－999.9)，采用超额累进税率税负变化较为合理。

第 2 章　增值税法

2.3　技能训练

一、单项选择题

1. **【答案】** B

【解析】 选项 A 属于混合销售行为，按“销售货物”缴纳增值税；选项 B 属于兼营行为，应区分货物和服务按照不同税率缴纳增值税；选项 C 属于混合销售行为，按“销售服务”缴纳增值税；选项 D 属于混合销售行为，按“销售货物”缴纳增值税。

2. **【答案】** C

【解析】 选项 C，采取直接收款方式销售货物，不论货物是否发出，均为收到销售款项或者取得索取销售款项凭据的当天。

3. **【答案】** C

【解析】

甲公司应纳增值税＝(关税完税价格＋关税＋消费税)×增值税税率
＝(150＋20＋30)×13%
＝26(万元)

4.【答案】C

【解析】

该企业本年7月应纳增值税＝12÷(1＋3%)×3%＋4÷(1＋3%)×2%
＝0.43(万元)

5.【答案】C

【解析】采取以旧换新方式销售货物的，应按新货物的销售价格确定销售额，不得扣减旧货物的收购价格。

甲公司本月销售冰箱的增值税销项税额＝50×4 500÷(1＋13%)×13%
＝25 884.96(元)

6.【答案】A

【解析】学历教育收取的学费免征增值税。

7.【答案】C

【解析】销售额是指纳税人销售货物或提供应税劳务向购买方收取的全部价款和价外费用。价外费用包括价外向购买方收取的手续费、补贴、包装费等。

8.【答案】C

【解析】

应纳增值税＝123 600÷(1＋3%)×3%＝3 600(元)

9.【答案】B

【解析】

应转增进项税额＝(67.8－10.8)÷(1＋13%)×13%＝6.56(万元)

10.【答案】A

【解析】

甲企业应纳增值税＝(关税完税价格＋关税)×增值税税率
＝(34 000＋13 700)×13%
＝6 201(元)

11.【答案】B

【解析】选项A，纳税人采取折扣方式销售货物，如果销售额和折扣额在同一张发票上分别注明，可以按折扣后的销售额征收增值税；如果将折扣额另开发票，不论其在财务上如何处理，均不得从销售额中减除折扣额。选项C，采取以旧换新方式销售货物的，应按新货物的同期销售价格确定销售额，不得扣减旧货物的收购价格。但是对金银首饰以旧换新业务，可以按销售方实际收取的不含增值税的全部价款征收增值税。选项D，采取以物易物方式销售货物的，双方都应作购销处理。

12.【答案】B

【解析】选项B，销售代销货物是增值税视同销售行为。选项ACD，纳税人将购进的货物用于集体福利、个人消费，不属于视同销售，不征收增值税。

13.【答案】D

【解析】选项D，属于传统增值税征税范围，应缴纳增值税；选项ABC，均属于营改增。

14.【答案】C

【解析】自2019年4月1日起，纳税人购进用于生产销售或委托加工13%税率货物的农产品，按照10%的扣除率计算进项税额。

进项税额＝104 000×10%＝10 400(元)

销项税额＝195 000×13%＝25 350(元)

应纳增值税＝25 350－10 400＝14 950(元)

15.【答案】C

【解析】纳税人采取折扣方式销售货物，如果销售额和折扣额在同一张发票上“金额”栏分别注明，按折扣后的价格确定销售额，故

甲厂该笔业务的增值税销项税额＝600×226×70%÷(1＋13%)×13%
＝10 920(元)

16.【答案】C

【解析】选项AD，用于简易计税方法计税项目、免征增值税项目、集体福利或者个人消费的购进货物、加工修理修配劳务、服务、无形资产和不动产，进项税额不得抵扣。其中涉及的固定资产、无形资产、不动产，仅指专用于上述项目的固定资产、无形资产（不包括其他权益性无形资产）、不动产。选项B，纳税人的交际应酬消费属于个人消费。

17.【答案】B

【解析】选项CD适用9%的低税率征税；免税的农产品必须是“农业生产者销售的自产农产品”，图书必须是“古旧图书”；选项A适用一般纳税人的简易计税方法征税。

18.【答案】C

【解析】采用以旧换新方式销售货物的，按新货物（金银首饰除外）的售价计算增值税。

销项税额＝1 000×50÷(1＋13%)×13%＝5 752.21(元)

19.【答案】C

【解析】选项A，单位或者个体工商户为聘用的员工提供服务，属于非经营活动，

不缴纳增值税。选项B，单位或者个体工商户聘用的员工为本单位或者雇主提供取得工资的服务，属于非经营活动，不缴纳增值税。选项CD，单位或者个人向其他单位或者个人无偿提供服务、转让无形资产或者不动产，属于视同销售行为，需要缴纳增值税，但用于公益事业或者以社会公众为对象的除外。在本题中，选项D，运输公司的免费运输服务系为公益事业（灾区）提供，不视同销售；而选项C，母公司的转让行为既非用于公益事业也非以社会公众为对象，应视同销售。

20. **【答案】** B

【解析】

该企业当月销项税额＝135×6%＝8.1（万元）

21. **【答案】** A

【解析】 营改增试点纳税人中的一般纳税人提供管道运输服务，对其增值税实际税负超过3%的部分实行即征即退政策。

本年11月发生的销项税额＝6 000×9%＋100÷（1＋9%）×9%
＝548.26（万元）

当期可以抵扣的进项税额为200万元，则

应纳增值税＝548.26－200＝348.26（万元）

实际负担的增值税＝[6 000＋100÷（1＋9%）]×3%＝182.75（万元）

可申请办理即征即退的增值税＝348.26－182.75＝165.51（万元）

22. **【答案】** C

【解析】 对于金银首饰以旧换新业务，可以按销售方实际收取的不含增值税的全部价款征收增值税，因此

A首饰店当月该笔业务的增值税销项税额＝9 040÷（1＋13%）×13%＝1 040（元）

23. **【答案】** D

【解析】 2016年5月1日后取得并在会计制度上按固定资产核算的不动产，以及2016年5月1日后取得的不动产在建工程，其进项税额应按照有关规定分2年从销项税额中抵扣，第一年抵扣比例为60%，第二年抵扣比例为40%。自2019年4月1日起，《营业税改征增值税试点有关事项的规定》（财税〔2016〕36号印发）第一条第（四）项第1点、第二条第（一）项第1点停止执行，纳税人取得不动产或者不动产在建工程的进项税额不再分2年抵扣。此前按照上述规定尚未抵扣完毕的待抵扣进项税额，可自2019年4月税款所属期起从销项税额中抵扣。

24. **【答案】** D

【解析】 选项A，采取还本销售方式销售货物的，其销售额就是货物的销售价格，不得从销售额中减除还本支出。选项B，纳税人采取以旧换新方式销售货物的，应按新货物的同期销售价格确定销售额，不得扣减旧货物的收购价格，但是对金银首饰以旧换

新业务，应按销售方实际收取的不含增值税的全部价款征收增值税。选项 C，直销企业先将货物销售给直销员，直销员再将货物销售给消费者的，直销企业的销售额为其向直销员收取的全部价款和价外费用。

25.【答案】B

【解析】选项 B 中购进的非专利技术是用于正常的生产经营，所以进项税额是可以抵扣的。选项 ACD 中的进项税额均不得从销项税额中抵扣。

26.【答案】A

【解析】选项 BC，属于发票联的用途；选项 D，属于抵扣联的用途。

27.【答案】C

【解析】

甲公司本月视同销售的增值税销项税额＝40×(1＋10％)×13％＝5.72(万元)

28.【答案】C

【解析】

销售抗生素的销项税额＝226÷(1＋13％)×13％＝26(万元)

准予抵扣的进项税额＝200÷(200＋100)×10.4＝6.93(万元)

当月应纳增值税＝26－6.93＝19.07(万元)

29.【答案】C

【解析】

7 月增值税销项税额＝80×13％＝10.4(万元)

可以抵扣的进项税额为 15.6 万元，当期销项税额 10.4 万元小于当期进项税额 15.6 万元，不足抵扣的部分可以结转下期继续抵扣，即

7 月留抵税额＝15.6－10.4＝5.2(万元)

8 月应纳增值税＝140×13％－6.4－5.2＝6.6(万元)

30.【答案】D

【解析】已抵扣进项税额的固定资产、无形资产或者不动产，发生税法规定的不得从销项税额中抵扣情形的，按照下列公式计算不得抵扣的进项税额：

不得抵扣的进项税额＝固定资产、无形资产或者不动产净值×适用税率

在本题中，该批电脑购进时取得增值税专用发票，计税基础为 40 万元，已提取的符合规定的折旧额为 8 万元，则

净值＝40－8＝32(万元)

31.【答案】B

【解析】小规模纳税人进项税额不可以抵扣；外购货物用于抵债视同销售，以售价

为计算依据。

当月应缴增值税=180 000÷(1+3%)×3%+3 000÷(1+3%)×3%=5 330.10(元)

32.【答案】D

【解析】增值税一般纳税人销售自己使用过的2008年12月31日以前购进（当时按照规定不得抵扣且未抵扣过进项税额）的固定资产，采用简易计税方法按照3%征收率减按2%征收增值税。

33.【答案】C

【解析】含税销售额必须换算为不含税销售额，可抵扣进项税额10.2万元，留抵的进项税额可以继续抵扣。

甲厂当月应纳增值税=226÷(1+13%)×13%−10.2−7.2=8.6(万元)

34.【答案】C

【解析】增值税纳税人提供租赁服务采取预收款方式的，其纳税义务发生时间为收到预收款的当天。

35.【答案】A

【解析】纳税人从批发、零售环节购进适用免征增值税政策的蔬菜、部分鲜活肉蛋而取得的普通发票，不得作为计算抵扣进项税额的凭证。运费的进项税额随货物一同抵扣。如果货物本身进项税额不得抵扣，则对应的运费进项税额也不得抵扣。

二、多项选择题

1.【答案】BCD

【解析】纳税人进口应当征收消费税的货物，其进口增值税的组成计税价格为：

组成计税价格=关税完税价格+关税+消费税

2.【答案】BD

【解析】下列情形不属于在境内销售服务或者无形资产：(1) 境外单位或者个人向境内单位或者个人销售完全在境外发生的服务。(2) 境外单位或者个人向境内单位或者个人销售完全在境外使用的无形资产。(3) 境外单位或者个人向境内单位或者个人出租完全在境外使用的有形动产。(4) 境外单位或者个人为出境的函件、包裹在境外提供的邮政服务、收派服务。(5) 境外单位或者个人向境内单位或者个人提供的工程施工地点在境外的建筑服务、工程监理服务。(6) 境外单位或者个人向境内单位或者个人提供的工程、矿产资源在境外的工程勘察勘探服务。(7) 境外单位或者个人向境内单位或者个人提供的会议展览地点在境外的会议展览服务。(8) 财政部和国家税务总局规定的其他情形。

3.【答案】ACD

【解析】选项A，向个人销售货物不得开具增值税专用发票，个人就是增值税税负的承担者；选项B，零售劳保专用品可以开具增值税专用发票；选项C，销售旧货适用简易计税方法征收不得开具增值税专用发票；选项 D，批发计生用品属于免税项目的不能开具增值税专用发票。

4. 【答案】BD

【解析】销售额是指纳税人销售货物或者提供应税劳务向购买方收取的全部价款和价外费用，但是不包括收取的销项税额。价外费用包括包装物租金，受托加工应征消费税的消费品所代收代缴的消费税不包括在销售额内。因此选项 BD 正确。

5. 【答案】AB

6. 【答案】ABD

【解析】选项 C 属于销售不动产项目。

7. 【答案】ABCD

8. 【答案】ABC

【解析】选项 C，从境外单位或个人购进服务、无形资产或者不动产，自税务机关或者扣缴义务人取得解缴税款的完税凭证上注明的增值税税额准予抵扣；选项 D，取得的是普通发票，其进项税额不得抵扣。

9. 【答案】AB

【解析】选项 CD 为原增值税的征收范围。

10. 【答案】ABD

【解析】航空运输的干租业务实际等于出租航空器，按“出租有形动产”缴纳增值税。

11. 【答案】BD

【解析】选项 B，属于用于免征增值税项目，不能抵扣进项税额；选项 D，属于用于集体福利或者个人消费的购进货物的运输费用，不能抵扣进项税额；选项 AC，货物本身的进项税额可以抵扣，其运输费用也可以抵扣。

12. 【答案】BCD

【解析】将自产、委托加工的货物用于集体福利或者个人消费，视同销售缴纳增值税；将自产、委托加工或购进的货物作为投资，提供给其他单位或个体工商户、分配给股东或投资者、无偿赠送给其他单位或者个人，视同销售缴纳增值税；将外购的货物用于个人消费，其进项税额不能抵扣。因此选项 BCD 符合规定。

13. 【答案】CD

【解析】选项 A，属于正常可以抵扣的项目；选项 B，将外购的货物用于不动产在建工程，属于用于营改增后增值税应税项目，可以抵扣进项税额；选项 CD，因管理不善造成丢失、被盗、霉烂变质的购进货物，其对应的进项税额不得抵扣。

14. 【答案】ABC

【解析】增值税一般纳税人销售货物属于下列情形之一的，暂按简易计税方法依照3%征收率计算缴纳增值税：(1) 寄售商店代销寄售物品（包括居民个人寄售的物品在内）；(2) 典当业销售死当物品。选项 D 应按适用税率计算增值税销项税额。

15.【答案】ABD

【解析】选项C，将外购货物用于本单位职工福利，不视同销售货物，其对应的进项税额亦不得抵扣。

16.【答案】ABCD

【解析】选项A，营改增后，运输费用允许抵扣；选项B，从海关取得的进口增值税专用缴款书上注明的增值税税额允许抵扣；选项C购买原材料可以抵扣；选项D，自2019年4月1日起，纳税人购进用于生产销售或委托加工13%税率货物的农产品，按照10%的扣除率计算进项税额。购入免税农产品用于生产增值税税率为13%的产品，则

准予抵扣的进项税额＝24 000×10%＝2 400(元)

17.【答案】ABC

【解析】增值税专用发票基本联次有发票联、抵扣联、记账联。

18.【答案】CD

【解析】选项A，属于提供“现代服务——商务辅助服务”；选项B，属于提供“建筑服务”。

19.【答案】BD

【解析】选项A属于增值税视同销售行为，应缴纳增值税；选项C不属于免税范围，应当缴纳进口增值税；只有选项BD免征增值税。

20.【答案】AB

【解析】选项CD，用于简易计税方法计税项目、免征增值税项目、集体福利或者个人消费的购进货物、劳务、服务、无形资产和不动产，其进项税额不得抵扣。

21.【答案】ABD

【解析】选项C，外购货物对外投资应视同销售，其进项税额可以抵扣。

22.【答案】AC

【解析】选项BD，购进的货物用于集体福利或者个人消费的，不属于增值税视同销售货物行为；选项AC，购进的货物用于投资、分配、无偿赠送的，属于增值税视同销售货物行为。

23.【答案】BD

【解析】一般货物包装物押金逾期未收回时计征增值税。除啤酒、黄酒外的其他酒类产品收取的包装物押金，不论是否返还以及会计上如何核算，均应在收取时并入当期销售额征收增值税。

24.【答案】BCD

【解析】将外购货物用于个人消费，其购进货物的进项税额不允许抵扣，不属于增值税视同销售货物的情形，而选项BCD三种情形均属于增值税视同销售货物的情形。

25.【答案】ABC

【解析】提供学历教育的学校收取的学费免缴增值税，但赞助费不能免缴增值税。

26.【答案】BCD

【解析】选项 A，企业销售使用过的机器设备应当缴纳增值税。

27.【答案】ABC

【解析】一般纳税人购进的贷款服务、餐饮服务、居民日常服务和娱乐服务产生的进项税额，不得从销项税额中抵扣。

28.【答案】ACD

【解析】选项 B，融资性售后回租业务属于金融服务；选项 ACD 均符合规定。

三、判断题

1.【答案】×

【解析】增值税扣缴义务发生时间为纳税人增值税纳税义务发生的当天。

2.【答案】√

【解析】固定业户应当向其机构所在地的主管税务机关申报纳税。总机构和分支机构不在同一县（市）的，应当分别向各自所在地的主管税务机关申报纳税；经国务院财政、税务主管部门或者其授权的财政、税务机关批准，可以由总机构汇总向总机构所在地的主管税务机关申报纳税。

3.【答案】√

4.【答案】×

【解析】委托其他纳税人代销货物，增值税纳税义务的发生时间为收到代销单位的代销清单或者收到全部或部分货款的当天。未收到代销清单及货款的，为发出代销货物满 180 天的当天。

5.【答案】×

【解析】增值税一般纳税人购进的贷款服务、餐饮服务、居民日常服务和娱乐服务，不得抵扣进项税额。

6.【答案】×

【解析】纳税人发生应税行为适用免税、减税规定的，可以放弃免税、减税，依照规定缴纳增值税。放弃免税、减税后，36 个月内不得再申请免税、减税。

7.【答案】√

8.【答案】×

【解析】纳税人以 1 个月或者 1 个季度为一个纳税期的，自期满之日起 15 日内申报纳税，不包括 15 日的纳税期。

9.【答案】×

【解析】出租车公司向使用本公司自有出租车的出租车司机收取的管理费用，按照“陆路运输服务”缴纳增值税。

10.【答案】√

11.【答案】×

【解析】 自2020年1月1日起，纳税人取得的财政补贴收入，与其销售货物、劳务、服务、无形资产、不动产的收入或者数量直接挂钩的，应按规定计算缴纳增值税；纳税人取得的其他情形的财政补贴收入，不属于增值税应税收入，不征收增值税。

12. **【答案】** ×

【解析】 商业企业一般纳税人零售的烟、酒、食品、服装、鞋帽（不含劳保用品）、化妆品等消费品不可以开具增值税专用发票。

13. **【答案】** ×

【解析】 以出口货物为例，零税率是指除了对出口货物在出口环节不征收增值税外，还要对产品在出口前已经缴纳的增值税进行退税。

14. **【答案】** ×

【解析】 存款利息，不征收增值税。

15. **【答案】** √

16. **【答案】** ×

【解析】 水路运输的光租业务、航空运输的干租业务，属于"经营租赁服务"。

17. **【答案】** ×

【解析】 纳税人兼营免税、减税项目的，应当分别核算免税、减税项目的销售额；未分别核算销售额的，不得免税、减税。

18. **【答案】** ×

【解析】 纳税人提供租赁服务采取预收款方式的，其纳税义务发生时间为收到预收款的当天。

19. **【答案】** √

【解析】（1）个人将购买不足2年的住房对外销售的，按照5%的征收率全额缴纳增值税；个人将购买2年以上（含2年）的住房对外销售的，免征增值税。上述政策适用于北京市、上海市、广州市和深圳市之外的地区。

（2）个人将购买不足2年的住房对外销售的，按照5%的征收率全额缴纳增值税；个人将购买2年以上（含2年）的非普通住房对外销售的，以销售收入减去购买住房价款后的差额按照5%的征收率缴纳增值税；个人将购买2年以上（含2年）的普通住房对外销售的，免征增值税。上述政策仅适用于北京市、上海市、广州市和深圳市。

20. **【答案】** ×

【解析】 有形动产融资租赁、不动产融资租赁，按"现代服务——租赁服务"征收增值税。但融资性售后回租按照"金融服务"征收增值税。

21. **【答案】** ×

【解析】 增值税一般纳税人资格实行登记制，登记事项由增值税纳税人向其主管税务机关办理。

22. **【答案】** ×

【解析】 王某属于其他个人，所以不能登记为一般纳税人。

23.【答案】√

24.【答案】×

【解析】无运输工具承运业务，按照“交通运输服务”缴纳增值税。

25.【答案】√

26.【答案】√

27.【答案】√

28.【答案】×

【解析】2019 年 10 月 1 日至 2021 年 12 月 31 日，允许生活性服务业纳税人按照当期可抵扣进项税额加计 15%，抵减应纳税额①。

29.【答案】√

四、不定项选择题

1.（1）【答案】ACD

【解析】选项 B，购进低值易耗品，取得的是增值税普通发票，不得抵扣进项税额。

（2）【答案】C

【解析】销售洗衣机同时收取的优质费、包装物租金均属于价外费用，均应价税分离后并入销售额。

（3）【答案】D

【解析】除金银首饰以旧换新业务外，纳税人采取以旧换新方式销售货物的，应按新货物的同期销售价格确定销售额，不得扣减旧货物的收购价格。因此，A 公司当月采取以旧换新方式销售 M 型洗衣机的增值税销项税额为：

增值税销项税额＝50×4 520÷(1＋13%)×13%＝26 000(元)

（4）【答案】C

【解析】纳税人将自产的货物用于集体福利或者个人消费的，应视同销售征收增值税。在本题中，A 公司向优秀职工发放自产的 M 型洗衣机应视同销售货物处理。由于 A 公司近期存在 M 型洗衣机的销售行为，并且统一含税销售单价为 4 520 元，因此，无须按照组成计税价格计算。A 公司当月向优秀职工发放 M 型洗衣机的增值税销项税额为：

增值税销项税额＝10×4 520÷(1＋13%)×13%＝5 200(元)

2.（1）【答案】BCD

【解析】选项 A，购进材料用于装修食堂（集体福利），不得抵扣进项税额。

（2）【答案】C

【解析】A 公司提供货物运输服务同时收取的保价费，应作为价外费用（收入）处理，则

增值税销项税额＝(1 417 000＋2 616)÷(1＋9%)×9%＝117 216(元)

---

① 根据《国家发展改革委等 14 部门印发〈关于促进服务业领域困难行业恢复发展的若干政策〉的通知》（发改财金〔2022〕271 号）的规定，该政策 2022 年继续执行。

(3)【答案】D

【解析】向客户“支付”（而非“收取”）的赔偿款，不属于A公司的收入，则

增值税销项税额＝25 440÷(1＋6%)×6%＝1 440(元)

(4)【答案】C

【解析】A公司收取的货物逾期保管费应并入提供货物仓储服务取得的销售额，则

增值税销项税额＝(95 400＋15 900)÷(1＋6%)×6%＝6 300(元)

3. (1)【答案】BCD

【解析】选项A，购进货物用于集体福利、个人消费的，对应的进项税额不得抵扣。

(2)【答案】D

【解析】销售货物收取的合同违约金属于价外费用，应价税分离后并入销售额一并计税，选项B未考虑价外费用，予以排除。本题339 000元按题目交代属于含税价款，价外费用28 250元亦属于含税价款，均应作价税分离处理，选项D正确；选项A对二者均未作价税分离，错误；选项C仅对28 250元作价税分离处理，错误。

(3)【答案】A

【解析】采取分期收款方式销售货物，增值税纳税义务发生时间原则上为合同约定的收款日期的当天。在本题中，本月发生纳税义务的是合同约定本月应收款项的22 600元，排除选项CD。题目明确交代，22 600元为含税价款，应当作价税分离处理，选项A正确，选项B错误。

(4)【答案】A

【解析】(1) 将自产的货物用于赠送，应当视同销售货物处理。(2) 由于该项业务无销售额，应核定销售额。(3) 核定销售额时，应按下列顺序进行：1) 按纳税人最近时期同类货物的平均销售价格确定；2) 按其他纳税人最近时期同类货物的平均销售价格确定；3) 按组成计税价格确定。在本题中，该批乳制品有同类乳制品价格，应按同类乳制品价格核定销售额，而非使用组成计税价格进行计算，因此选项BD错误。另外，题目明确交代，1 695元为含税价款，应当作价税分离处理，因此选项C错误。

4. (1)【答案】D

【解析】外购A材料取得普通发票的进项税额不得抵扣，只有取得增值税专用发票的才可以抵扣进项税额。

业务(1)可以抵扣的进项税额＝1 300×9%＝117(元)

从小规模纳税人处购进B材料，取得增值税专用发票。

准予抵扣的进项税额＝2 000×3%＝60(元)

该企业本年12月外购A材料和B材料准予抵扣的进项税额＝117＋60＝177(元)

(2)【答案】B

【解析】外购农机零配件可以全额抵扣进项税额，增值税进项税额的抵扣和生产领

用数量无关，这里要和消费税的抵扣区分。消费税的抵扣是按照“生产领用量”抵扣的，但是增值税进项税额的抵扣是“凭票抵扣”的。

外购农机零配件准予抵扣的进项税额＝3 500×13%＝455(元)

该企业本年 12 月准予抵扣的进项税额＝455＋177＝632(元)

(3)**【答案】**B

【解析】增值税一般纳税人提供技术转让、技术开发和与之相关的技术咨询、技术服务，免征增值税。

该企业业务(5)增值税销项税额＝1 500÷(1＋6%)×6%＝84.91(元)

(4)**【答案】**B

【解析】

该企业业务(4)增值税销项税额＝25 000×9%＝2 250(元)

该企业本年 12 月应纳增值税＝2 250＋84.91－632＝1 702.91(元)

五、计算题

1.**【答案】**

应纳增值税＝80 000÷(1＋3%)×2%＝1 553.40(元)

2.**【答案】**

增值税销项税额＝80 000÷(1＋13%)×13%＝9 203.54(元)

3.**【答案】**

增值税销项税额＝6 000×100÷(1＋13%)×13%＝69 026.55(元)

4.**【答案】**

增值税销项税额＝(6 000－2 000)×100÷(1＋13%)×13%＝46 017.70(元)

5.**【答案】**

增值税销项税额＝[100＋8÷(1＋13%)]×13%＝13.92(万元)

6.**【答案】**

增值税销项税额＝[100＋10÷(1＋13%)]×13%＝14.15(万元)

7.**【答案】**

应转出的进项税额＝26×20%＝5.2(万元)

8.**【答案】**

应转出的进项税额＝(110－10)×13%×70%＋10×9%×70%＝9.73(万元)

9.【答案】

应转出的进项税额＝150÷(1－9％)×9％＝14.84(万元)

10.【答案】

应纳增值税＝400 000÷(1＋3％)×3％＝11 650.49(元)

11.【答案】

(1) 甲公司进口货物应纳关税＝(200＋20＋10)×20％＝46(万元)

(2) 甲公司进口货物应纳增值税＝(200＋20＋10＋46)×13％＝35.88(万元)

12.【答案】

增值税销项税额＝(100 000＋2 000)÷(1＋13％)×13％＝11 734.51(元)

13.【答案】

增值税销项税额＝80×13％＋20×9％＋25×6％＝13.7(万元)

14.【答案】

已抵扣过进项税额的固定资产、无形资产或不动产发生不得抵扣情形的，以净值为计税依据进行进项税额转出。

需转出的进项税额＝(100－10)×13％＝11.7(万元)

15.【答案】

按照税法规定不得抵扣且未抵扣进项税额的固定资产、无形资产、不动产，发生用途改变，用于允许抵扣进项税额的应税项目，可在用途改变的次月按照下列公式，依据合法有效的增值税扣税凭证，计算可以抵扣的进项税额。

可以抵扣的进项税额＝固定资产、无形资产、不动产净值÷(1＋适用税率)×适用税率

＝(113－10)÷(1＋13％)×13％＝11.85(万元)

16.【答案】

应纳增值税＝20.6÷(1＋3％)×3％＝0.6(万元)

17.【答案】

当期免抵退税不得免征和抵扣税额＝100×6.8×(13％－9％)＝27.2(万元)

当期应纳增值税＝200×13％－(100－27.2)＝－46.8(万元)

当期免抵退税＝100×6.8×9％＝61.2(万元)

由于61.2＞46.8，因此

当期应退税额＝46.8(万元)

当期免抵税额＝61.2－46.8＝14.4(万元)

2.4 实战演练

1.【答案】

(1) 业务(1)：购进的货物用于集体福利，进项税额不得抵扣。

业务(2)：一般纳税人从增值税小规模纳税人处购进原材料，由于取得的是增值税普通发票，因此不得抵扣原材料的进项税额，但是支付运输企业的运费取得了增值税专用发票，可以抵扣进项税额，则

准予抵扣的进项税额＝8 000×9%＝720(元)

业务(5)：

进项税额转出＝5 000×13%＝650(元)

当月准予抵扣的进项税额＝720－650＝70(元)

(2) 业务(3)中，销售汽车装饰物品、提供汽车修理劳务、出租汽车，均属于增值税征收范围，税率均为13%。

增值税销项税额＝(10 000＋15 000＋8 000)×13%＝4 290(元)

(3) 业务(4)：

应纳增值税＝10 300÷(1＋3%)×2%＝200(元)

业务(6)：

应纳增值税＝(1 550－500)÷(1＋5%)×5%×10 000＝500 000(元)

甲企业当月应纳增值税合计＝4 290－70＋200＋500 000＝504 420(元)

2.【答案】

(1) 当期销项税额＝53÷(1＋6%)×6%＝3(万元)

取得的增值税普通发票的增值税不能抵扣。

当期进项税额＝1.3＋0.09＋0.18＝1.57(万元)

按一般计税方法计算的应纳税额＝3－1.57－1.57×10%＝1.27(万元)

(2) 按简易计税方法计算的应纳税额＝2.06÷(1＋3%)×2%＝0.04(万元)

(3) 应纳增值税合计＝1.27＋0.04＝1.31(万元)

3.【答案】

(1) 贷款服务，以提供贷款服务取得的全部利息及利息性质的收入为销售额计算缴纳增值税。

应纳增值税＝(2 000＋120)÷(1＋6%)×6%＝120(万元)

(2) 金融企业从事股票买卖业务，以股票的卖出价减去买入价后的余额为销售额计算缴纳增值税。

应纳增值税=(1 100-950)÷(1+6%)×6%=8.49(万元)

（3）直接收费金融服务，以提供直接收费金融服务收取的手续费、佣金、酬金、管理费、服务费、经手费、开户费、过户费、结算费、转托管费等各类费用为销售额。

应纳增值税=(190+10)÷(1+6%)×6%=11.32(万元)

（4）以货币资金投资收取的固定利润或者保底利润，按照"贷款服务"缴纳增值税。

应纳增值税=1 500÷(1+6%)×6%=84.91(万元)

（5）经纪代理服务，以取得的全部价款和价外费用，扣除向委托方收取并代为支付的政府性基金或者行政事业性收费后的余额为销售额。

代收电话费应纳增值税=(580-520)÷(1+6%)×6%=3.40(万元)

（6）收取的手续费应纳增值税=3 000×5%÷12×3×10%÷(1+6%)×6%
=0.21(万元)

（7）可以抵扣的进项税额=22.6÷(1+13%)×13%=2.6(万元)

（8）购入当月可以抵扣的进项税额=1 090÷(1+9%)×9%=90(万元)

第三季度应纳增值税合计=120+8.49+11.32+84.91+3.40+0.21-(2.6+90)
=135.73(万元)

第3章　消费税法

3.3　技能训练

一、单项选择题

1.【答案】C

【解析】纳税人委托加工应税消费品，其纳税义务发生时间为纳税人提货的当天。

2.【答案】C

【解析】

进口消费税=(关税完税价格+关税)÷(1-消费税比例税率)×消费税比例税率
=(42.9+12)÷(1-8%)×8%×200
=954.78(万元)

3.【答案】C

【解析】进口货物如果缴纳消费税，则计算增值税应纳税额时，组成计税价格中含有消费税税款。

进口环节应纳关税=60×26%=15.6(万元)

进口环节应纳消费税＝(60＋15.6)÷(1－15%)×15%＝13.34(万元)

组成计税价格＝60＋15.6＋13.34＝88.94(万元)

进口环节应纳增值税＝88.94×13%＝11.56(万元)

4. **【答案】** A

【解析】 当期准予扣除外购或委托加工收回的应税消费品的已纳消费税，应按当期“生产领用数量”计算。

7月生产领用量＝期初库存量＋7月购进量－期末库存
＝0＋200－20＝180(万元)

5. **【答案】** B

【解析】 我国现行消费税中对白酒和卷烟实行复合计税办法。

6. **【答案】** C

【解析】 现行消费税税目有15个：烟、酒、高档化妆品、贵重首饰及珠宝玉石、鞭炮焰火、成品油、摩托车、小汽车、高尔夫球及球具、高档手表、游艇、木制一次性筷子、实木地板、电池、涂料。选项ABD均属于不征消费税项目。

7. **【答案】** B

【解析】

本年7月为生产香水领用香水精＝7＋60－20＝47(万元)

本年7月应纳消费税＝80×15%－47×15%＝4.95(万元)

8. **【答案】** B

【解析】 商场销售属于零售环节，只有金银铂钻和超豪华小汽车在零售环节征收消费税。

9. **【答案】** A

【解析】 选项BC，酒、摩托车、小汽车、高档手表和游艇等税目不涉及抵扣的问题；选项D，纳税人用委托加工收回的已税珠宝、玉石为原料生产的改在零售环节征收消费税的金银首饰，在计税时一律不得扣除委托加工收回的珠宝、玉石原料的已纳消费税。

10. **【答案】** B

【解析】 选项A，纳税人总机构与分支机构不在同一省的，不适用由总机构汇总缴纳消费税的特殊规定，应由总机构和分支机构分别向各自机构所在地的主管税务机关申报纳税；选项C，委托个人加工的应税消费品，由委托方向其机构所在地或者居住地的主管税务机关申报纳税；选项D，进口的应税消费品，由进口人或其代理人向报关地海关申报纳税。

11. **【答案】** C

【解析】 选项A，钻石及钻石饰品在零售环节征收消费税，在进口环节不征收消费税；选项B，小汽车在生产环节（或者进口环节、委托加工环节）征收消费税，在零售环节不征收消费税；选项C，酒厂委托加工白酒，在委托加工环节征收消费税（由受托方在向委托方交货时代收代缴消费税；委托个人加工的应税消费品，由委托方收回后缴纳消费税）；选项D，卷烟在生产环节、委托加工环节、进口环节和批发环节均有可能征收消费税，但在零售环节不征收消费税。

12.【答案】A

【解析】卷烟、白酒采用复合方法计征消费税。

13.【答案】A

【解析】收取手续费4.5万元是含税的价外费用，包装物押金逾期后也应并入销售额。由于4.5万元和3万元都为含增值税价格，因此应当转换为不含增值税价格。

应纳消费税＝(139.2＋4.5＋3)÷(1＋13%)×15%＝19.47(万元)

14.【答案】B

【解析】该公司进口环节应缴纳的增值税和消费税：

应纳增值税和消费税合计＝(60＋60×26%)÷(1－15%)×13%
＋(60＋60×26%)÷(1－15%)×15%
＝24.90(万元)

15.【答案】A

【解析】高档手表属于消费税征税范围，且在生产环节征收，因此选项A正确；雪地车不属于消费税征收范围，因此选项B不正确；珍珠项链和木制一次性筷子属于应税消费品，但只在生产销售环节征收一次消费税，在批发零售环节不征收，因此选项CD不正确。

16.【答案】A

【解析】酒类（葡萄酒除外）不属于已纳消费税可抵扣范围，所以不得抵扣已纳消费税。

17.【答案】C

【解析】

该酒厂本月应纳消费税＝27 120÷(1＋13%)×20%＋10 000×0.5
＝9 800(元)

18.【答案】B

【解析】木制一次性筷子属于消费税征税范围，其逾期的包装物押金要计入销售额计算消费税。但烫花木制筷子（不是一次性的）和竹制筷子，不属于消费税征税范围。

该企业当月应纳消费税＝28×5%＋0.46÷(1＋13%)×5%＝1.42(万元)

19.【答案】D

20.【答案】A

【解析】啤酒进口时从量计征消费税，选项A正确；选项BC从价计征；选项D不征消费税。

21.【答案】C

【解析】纳税人用于换取生产资料和消费资料、投资入股和抵偿债务等方面的应税消费品，应当以纳税人同类应税消费品的最高销售价格作为计税依据计算消费税。

该企业应纳消费税＝460 000×5%＝23 000(元)

22.【答案】A

【解析】现行消费税税目有15个，其中包括汽油。选项BCD都不属于应税消费品。

23.【答案】B

【解析】

组成计税价格＝[40×(1＋10%)＋1 600×2×0.5÷10 000]÷(1－20%)
＝55.20(万元)

应纳消费税＝55.2×20%＋1 600×2×0.5÷10 000＝11.20(万元)

24.【答案】D

【解析】

应纳消费税＝销售数量×消费税定额税率＝750×220＝165 000(元)

二、多项选择题

1.【答案】ABCD

【解析】消费税纳税义务发生时间的规定如下：

(1) 纳税人销售应税消费品的，按不同的销售结算方式确定，分别为：

1) 采取赊销和分期收款结算方式的，为书面合同约定的收款日期的当天，书面合同没有约定收款日期或者无书面合同的，为发出应税消费品的当天。

2) 采取预收货款结算方式的，为发出应税消费品的当天。

3) 采取托收承付和委托银行收款方式的，为发出应税消费品并办妥托收手续的当天。

4) 采取其他结算方式的，为收讫销售款项或者取得索取销售款项凭据的当天。

(2) 纳税人自产自用应税消费品的，为移送使用的当天。

(3) 纳税人委托加工应税消费品的，为纳税人提货的当天。

(4) 纳税人进口应税消费品的，为报关进口的当天。

2.【答案】ABC

【解析】委托加工的应税消费品，受托方在交货时已代收代缴消费税，委托方收回后直接销售的，不再缴纳消费税。委托方将收回的应税消费品，以不高于受托方的计税价格出售的，为直接出售，不再缴纳消费税；委托方以高于受托方的计税价格出售的，不属于直接出售，需按照规定申报缴纳消费税，在计税时准予扣除受托方已代收代缴的消费税。

3.【答案】ABC

【解析】选项D，卷烟消费税改为在生产和批发两个环节征收后，批发企业在计算消费税应纳税额时不得扣除已含的生产环节的消费税税款。

4.【答案】BD

【解析】选项A，在批发环节缴纳消费税的只有卷烟，不包括雪茄烟；选项C，电动汽车不属于消费税的征税范围。

5.【答案】ABD

【解析】纳税人自产自用的应税消费品，用于连续生产应税消费品的，即作为生产最终应税消费品的直接材料，并构成最终应税消费品实体的，不缴纳消费税，但是用于其他方面的，即用于生产非应税消费品和在建工程、管理部门、非生产机构、提供劳务以及用于馈赠、赞助、集资、广告、样品、职工福利、奖励等方面的应税消费品，应当缴纳消费税。

6.【答案】ABD

【解析】纳税人自产的应税消费品用于换取生产资料、投资入股、抵偿债务项目，应按照同类产品的最高销售价格计算缴纳消费税。选项C是从高适用税率，不是从高计算销售价格。

7.【答案】ACD

【解析】电动汽车、网球及球具不属于消费税的征收范围。消费税新政策取消了气缸容量在250毫升（不含）以下的摩托车征收消费税的规定。

8.【答案】ACD

【解析】选项B，纳税人采用以旧换新方式销售的金银首饰，应按实际收取的不含增值税的全部价款确定计税依据征收消费税。

9.【答案】BCD

【解析】纳税人用于换取生产资料和消费资料、投资入股和抵偿债务等方面的应税消费品，应当以纳税人同类应税消费品的最高销售价格作为计税依据计算消费税。

10.【答案】ABCD

【解析】对施工状态下挥发性有机物含量低于420克/升（含）的涂料免征消费税。酒精、汽车轮胎、气缸容量250毫升（不含）以下的小排量摩托车不再征收消费税。

11.【答案】ABCD

【解析】选项ABD，纳税人将应税消费品用于生产非应税消费品、在建工程、管理部门、馈赠、赞助、集资、广告、样品、职工福利、奖励等，视同销售，在移送使用时缴纳消费税；选项C，金银首饰、钻石及钻石饰品、铂金首饰在零售环节缴纳消费税。

12.【答案】ABCD

【解析】委托加工收回的应税消费品已纳税款扣除范围包括：

（1）以委托加工收回的已税烟丝为原料生产的卷烟。

（2）以委托加工收回的已税高档化妆品为原料生产的高档化妆品。

(3) 以委托加工收回的已税珠宝、玉石为原料生产的贵重首饰及珠宝、玉石。

(4) 以委托加工收回的已税鞭炮、焰火为原料生产的鞭炮、焰火。

(5) 以委托加工收回的已税杆头、杆身和握把为原料生产的高尔夫球杆。

(6) 以委托加工收回的已税木制一次性筷子为原料生产的木制一次性筷子。

(7) 以委托加工收回的已税实木地板为原料生产的实木地板。

(8) 以委托加工收回的已税石脑油、润滑油、燃料油为原料生产的成品油。

(9) 以委托加工收回的已税汽油、柴油为原料生产的汽油、柴油。

13. **【答案】**AD

【解析】选项A，珠宝首饰和珠宝玉石仍在生产环节（或者进口环节、委托加工环节）征收消费税，在零售环节不征收消费税；选项D，在零售环节征收消费税的仅限于金银首饰、铂金首饰、钻石及钻石饰品、超豪华小汽车。

14. **【答案】**AB

【解析】选项C，在零售环节缴纳消费税的仅限于金银首饰、钻石及钻石饰品、铂金首饰和超豪华小汽车；选项D，在批发环节缴纳消费税的仅限于卷烟。

15. **【答案】**ABD

【解析】选项A，金银镶嵌首饰应在零售环节纳税，不能抵扣玉石已纳消费税；选项B，用酒精连续生产白酒不得抵扣已纳消费税；选项C，属于可以抵扣的情形；选项D，以委托加工收回的高档化妆品生产高档化妆品可以抵扣已纳消费税，但一般护肤护发产品不属于应税消费品，不可以抵扣已纳消费税。

16. **【答案】**ABCD

17. **【答案】**ABCD

【解析】一般情形下，征收消费税的同时要征收增值税。选项ABCD都属于同时征收增值税和消费税的情形。

18. **【答案】**ABCD

19. **【答案】**ABD

【解析】选项C，采取预收货款结算方式的，消费税纳税义务发生时间为发出应税消费品的当天。

20. **【答案】**AC

【解析】选项A，对酒类（黄酒、啤酒除外）生产企业销售酒类产品而收取的包装物押金，不论押金是否返还，也不管在会计上如何核算，均须并入酒类产品销售额中，依据酒类产品的适用税率计征消费税。选项C，纳税人自产自用的应税消费品，用于连续生产应税消费品的，不纳消费税（指的是在自产自用环节不纳消费税）；凡用于其他方面的，于移送使用时，视同销售依法缴纳消费税。其他方面是指包括用于本企业连续生产非应税消费品、在建工程、管理部门、非生产机构、提供劳务、馈赠、赞助、集资、广告、样品、职工福利、奖励等方面。选项B，网球及球拍不属于消费税纳税范围。选项D，使用自产香水生产高档化妆品，于销售时缴纳消费税。

三、判断题

1.【答案】√

【解析】将自产的应税消费品，用于连续生产非应税消费品的，移送时征收消费税，终端产品出厂销售时不征收消费税。

2.【答案】√

3.【答案】×

【解析】卷烟在批发环节加征一道消费税；金银铂钻在零售环节征收消费税。

4.【答案】√

【解析】(1) 对酒类生产企业销售酒类产品（啤酒、黄酒除外）收取的包装物押金，不论押金是否返还，也不管会计上如何核算，均应并入酒类产品销售额，征收消费税；(2) 2.26 万元的手续费应作为价外费用；(3) 价外费用与并入销售额的包装物押金均为含增值税收入。

5.【答案】×

【解析】纳税人通过自设非独立核算门市部销售自产应税消费品，应当按照门市部对外销售额或销售数量计算征收消费税。

6.【答案】√

7.【答案】×

【解析】纳税人委托加工应税消费品的，消费税纳税义务发生时间为纳税人提货的当天。消费税的纳税期限分别为 1 日、3 日、5 日、10 日、15 日、1 个月或者 1 个季度。纳税人的具体纳税期限，由主管税务机关根据纳税人应纳税额的大小分别核定；不能按照固定期限纳税的，可以按次纳税。纳税人以 1 个月或者 1 个季度为一期纳税的，自期满之日起 15 日内申报纳税；以 1 日、3 日、5 日、10 日或者 15 日为一期纳税的，自期满之日起 5 日内预缴税款，于次月 1 日至 15 日内申报纳税并结清上月应纳税款。

8.【答案】√

【解析】外购已税珠宝、玉石原材料生产的贵重首饰及珠宝、玉石，已纳消费税准予扣除。

9.【答案】×

【解析】采取比例税率和定额税率复合征收的税目只有卷烟和白酒；啤酒适用从量定额征收消费税。

四、不定项选择题

1. (1)【答案】C

【解析】销售小汽车同时收取的手续费应作为价外收入，价税分离后计入销售额征收消费税。

$$\begin{aligned}\text{A企业销售定制小汽车应纳消费税}&=(339\,000+36\,160)\div(1+13\%)\times5\%\\&=16\,600(\text{元})\end{aligned}$$

(2)【答案】B

【解析】纳税人用于换取生产资料和消费资料、投资入股和抵偿债务等方面的应税消费品，应当以纳税人同类应税消费品的最高销售价格作为计税依据计算消费税。

(3)【答案】C

【解析】采取预收货款结算方式的，消费税纳税义务发生时间为发出应税消费品的当天。

(4)【答案】ABCD

【解析】中轻型商用客车按“小汽车”征收消费税。选项A，“小汽车”在生产销售环节应当征收消费税；选项BCD，纳税人将自产自用的应税消费品用于生产非应税消费品、在建工程、管理部门、非生产机构、提供劳务、馈赠、赞助、集资、广告、样品、职工福利、奖励等方面，视同销售应税消费品，于移送使用时纳税。

2. (1)【答案】ABCD

【解析】一般贸易项下进口的货物以海关审定的成交价格为基础的到岸价格作为完税价格。到岸价格是指包括货价以及货物运抵我国关境内输入地点起卸前的包装费、运费、保险费和其他劳务费等费用构成的一种价格。

(2)【答案】C

【解析】对于从价定率计征消费税的应税消费品：

$$\text{进口环节应纳消费税}=\text{关税完税价格}\times\left(1+\text{关税税率}\right)\div\left(1-\text{消费税比例税率}\right)\times\text{消费税比例税率}$$

(3)【答案】B

【解析】对于从价定率计征消费税的应税消费品，委托加工应税消费品受托方应代收代缴消费税。

代收代缴消费税=(材料成本+加工费)÷(1−消费税比例税率)×消费税比例税率

(4)【答案】C

【解析】收取的包装费属于价外费用，应价税分离后并入销售额中计征消费税。

3. (1)【答案】BD

【解析】选项AB，以货物抵偿债务，应按平均销售价格计算增值税销项税额；选项CD，纳税人用于换取生产资料和消费资料、投资入股和抵偿债务等方面的应税消费品，应当以纳税人同类应税消费品的最高销售价格作为计税依据计算消费税。

(2)【答案】AD

【解析】选项AB，对金银首饰以旧换新业务，可以按销售方实际收取的不含增值税的全部价款征收增值税；选项CD，纳税人采用以旧换新（含翻新改制）方式销售的金银首饰，应按实际收取的不含增值税的全部价款确定计税依据征收消费税。

(3)【答案】C

【解析】按9%低税率计征增值税的货物有：1）粮食、食用植物油；2）自来水、暖气、冷气、热水、煤气、石油液化气、天然气、沼气、居民用煤炭制品；3）图书、报纸、杂志；4）饲料、化肥、农药、农机、农膜；5）农产品；6）音像制品；7）电子出版物；8）二甲醚；9）食用盐。

（4）**【答案】**C

【解析】A百货商场尚未取得B企业开具的增值税专用发票，不得抵扣进项税额；虽然自2013年8月1日起纳税人购进应征消费税的汽车、摩托车、游艇自用可以抵扣购进时的增值税进项税额，但仍然需要取得增值税专用发票（税控机动车销售统一发票），取得普通发票的仍不能抵扣进项税额；非正常损失（因管理不善）的购进货物及相关的应税劳务，不得抵扣进项税额。

4.（1）**【答案】**D

【解析】自2019年4月1日起，纳税人购进用于生产销售或委托加工13%税率货物的农产品，按照10%的扣除率计算进项税额。购进油漆、修理用零配件时支付的运费，可以凭票（增值税专用发票）抵扣。

当期可以抵扣的进项税额＝3.9＋0.54＋(10.8＋120×1%)＝16.44(万元)

（2）**【答案】**BD

【解析】销售自产N型实木地板时收取的包装费7.91万元属于价外费用（视为含税收入），应并入销售额计征增值税和消费税。

（3）**【答案】**BD

【解析】将自产货物用于装修本公司食堂（集体福利），视同销售货物。由于S型实木地板没有同类货物销售价格，应计算其组成计税价格。实木地板实行从价定率计征消费税，则

组成计税价格＝成本×(1＋成本利润率)÷(1－消费税比例税率)

增值税销项税额＝成本×(1＋成本利润率)÷(1－消费税比例税率)×增值税税率

应纳消费税＝成本×(1＋成本利润率)÷(1－消费税比例税率)×消费税比例税率

（4）**【答案】**AC

【解析】A公司将自产M型实木地板无偿赠送给B房地产公司，视同销售货物；由于M型实木地板有同类货物的平均销售价格，因此直接以该价格作为计税依据，不再计算组成计税价格。

五、计算题

1.**【答案】**

应纳消费税＝[50 000＋1 130÷(1＋13%)]×20%＋200×30×2×0.5
＝16 200(元)

2.**【答案】**（1）增值税视同销售，按纳税人最近时期同类货物的平均销售价格确定销售额。

增值税销项税额＝10×30×13％＝39(万元)

(2) 消费税视同销售，按纳税人同类应税消费品的最高销售价格确定销售额。

应纳消费税＝10×32×12％＝38.4(万元)

3.【答案】委托加工的应税消费品，应按照受托方的同类消费品的销售价格计算缴纳消费税；没有同类消费品销售价格的，按照组成计税价格计算纳税。

(1) 组成计税价格＝(20＋10＋2＋50×2 000×0.5÷10 000)÷(1－20％)

＝46.25(万元)

(2) 乙酒厂应代收代缴消费税＝46.25×20％＋50×2 000×0.5÷10 000＝14.25(万元)

4.【答案】自产白酒馈赠客户，应当按照同类消费品的销售价格计算缴纳消费税；没有同类消费品销售价格的，按照组成计税价格计算纳税。

(1) 组成计税价格＝[120 000×(1＋10％)＋8×2 000×0.5]÷(1－20％)

＝175 000(元)

(2) 应纳消费税＝175 000×20％＋8×2 000×0.5＝43 000(元)

5.【答案】

(1) 应纳关税＝30 000×30％＝9 000(万元)

(2) 组成计税价格＝(30 000＋9 000＋2 500×1 000×2×0.5÷10 000)÷(1－20％)

＝49 062.5(万元)

(3) 应纳消费税＝49 062.5×20％＋2 500×1 000×2×0.5÷10 000

＝10 062.5(万元)

6.【答案】

当月准予扣除的委托加工应税消费品已纳税款＝270＋(400＋500)－300

＝870(元)

应纳消费税＝8 000×15％－870＝330(元)

3.4 实战演练

1.【答案】

(1) 应纳进口环节增值税＝(10＋10×30％)÷(1－5％)×13％＝1.78(万元)

应纳进口环节消费税＝(10＋10×30％)÷(1－5％)×5％＝0.68(万元)

应纳进口环节增值税和消费税合计＝1.78＋0.68＝2.46(万元)

(2) 准予抵扣的实木地板已纳消费税＝0.68×20％＋10×5％×70％＝0.49(万元)

采取赊销方式销售应税消费品的，消费税纳税义务发生时间为销售合同约定的收款日期的当天。

业务(2)应纳消费税＝35×5％＋180×5％－0.49＝10.26(万元)

(3) 自产应税消费品对外投资的，按照最高销售价格计征消费税，则

应纳消费税＝220×5％＝11(万元)

（4）将新生产的豪华实木地板用于本企业办公室装修，视同销售，缴纳消费税。

应纳消费税＝80×(1＋5％)÷(1－5％)×5％＝4.42(万元)

应向税务机关缴纳的消费税＝10.26＋11＋4.42＝25.68(万元)

此处需要注意，甲地板厂应纳进口环节消费税0.68万元为向海关申报缴纳的消费税。

2.【答案】

（1）甲酒厂进口业务应纳消费税＝40×(1＋25％)÷(1－9％)×9％＝4.95(万元)

甲酒厂进口业务应纳增值税＝40×(1＋25％)÷(1－9％)×13％＝7.14(万元)

（2）向商场销售白酒应纳消费税＝(282.5＋56.5)÷(1＋13％)×20％
＋100×1 000×2×0.5÷10 000
＝70(万元)

向商场销售白酒的增值税销项税额＝(282.5＋56.5)÷(1＋13％)×13％
＝39(万元)

（3）纳税人采取分期收款结算方式销售应税消费品的，其消费税纳税义务发生时间为销售合同规定的收款日期的当天。甲酒厂采取分期收款方式销售白酒本月应纳消费税为：

应纳消费税＝100×80％×20％＋20×80％×1 000×2×0.5÷10 000
＝17.6(万元)

采取分期收款方式销售白酒本月增值税销项税额＝100×80％×13％
＝10.4(万元)

（4）纳税人自产的应税消费品用于换取生产资料和消费资料、投资入股和抵偿债务等方面，应当按纳税人同类应税消费品的最高销售价格作为计税依据征收消费税，按照平均不含税销售价格计征增值税。

甲酒厂换取原材料的白酒应纳消费税为：

应纳消费税＝10×2.8×20％＋10×1 000×2×0.5÷10 000＝6.6(万元)

甲酒厂换取原材料的白酒的增值税销项税额为：

增值税销项税额＝10×2.5×13％＝3.25(万元)

（5）甲酒厂赠送给关联企业的新型白酒应纳消费税为：

应纳消费税＝[2×(1＋10％)＋1×1 000×2×0.5÷10 000]÷(1－20％)×20％
＋1×1 000×2×0.5÷10 000＝0.68(万元)

甲酒厂赠送给关联企业的新型白酒的增值税销项税额为：

增值税销项税额＝[2×(1＋10％)＋1×1 000×2×0.5÷10 000]÷(1－20％)×13％

＝0.37(万元)

甲酒厂6月应向税务机关申报缴纳的消费税为：

申报缴纳的消费税＝70＋17.6＋6.6＋0.68＝94.88(万元)

此处需要注意，甲酒厂进口业务应纳消费税4.95万元为向海关申报缴纳的消费税。

准予抵扣的进项税额＝7.14＋3.25＝10.39(万元)

增值税销项税额＝39＋10.4＋3.25＋0.37＝53.02(万元)

甲酒厂6月应向税务机关申报缴纳的增值税＝53.02－10.39＝42.63(万元)

第4章 企业所得税法

4.3 技能训练

一、单项选择题

1.**【答案】**A

【解析】企业发生的与其生产、经营活动有关的业务招待费支出，按照实际发生额的60％在企业所得税前扣除，但最高不得超过当年销售（营业）收入的5‰。销售（营业）收入包括主营业务收入、其他业务收入（租金收入属于此类）和视同销售收入，不包括营业外收入和投资收益（股息收入属于此类）。

实际发生额的60％＝90×60％＝54(万元)

销售(营业)收入×5‰＝(1 800＋150)×5‰＝9.75(万元)

由于54万元＞9.75万元，因此，当年准予在企业所得税前扣除的业务招待费为9.75万元。

2.**【答案】**A

【解析】选项BD，财政拨款、依法收取并纳入财政管理的行政事业性收费、政府性基金属于不征税收入；选项C，企业债券利息收入属于应税收入。

3.**【答案】**D

【解析】加计扣除是指按照税法规定在实际发生数额的基础上，再加成一定比例，作为计算企业所得税应纳税所得额时的扣除数额的一种税收优惠措施。本题中的企业当年开发新产品研发费用实际支出为80万元，就可按160万元（80×200％）在企业所得税前进行扣除。

4.**【答案】**B

【解析】不得扣除的支出项目包括：税收滞纳金；违反国家法律、法规和规章，被有关部门处以的罚金、罚款；未经核定的准备金支出等。纳税人逾期归还银行贷款，银行按规定加收的罚息是可以在企业所得税前扣除的。

5. 【答案】D

【解析】企业自建自用的基础设施项目，不享受第1～3年免征企业所得税、第4～6年减半征收企业所得税的优惠。

6. 【答案】A

【解析】企业应当自年度终了之日起5个月内，向税务机关报送年度企业所得税纳税申报表，并汇算清缴，结清应缴应退税款。

7. 【答案】B

【解析】运输设备的最低折旧年限是4年。

8. 【答案】C

【解析】选项A，税务机关根据税收法律、行政法规的规定，对企业作出特别纳税调整的，应当对补征的税款，自税款所属纳税年度的次年6月1日起至补缴税款之日止的期间，按日加收利息；选项B，加收利息率按照税款所属纳税年度中国人民银行公布的与补税期间同期的人民币贷款基准利率加5个百分点计算；选项D，加收的利息，不得在计算应纳税所得额时扣除。

9. 【答案】C

【解析】非制造业企业为开发新技术、新产品、新工艺发生的研究开发费用可按75%（制造业为100%）加计扣除。

10. 【答案】C

【解析】企业发生的合理的工资、薪金支出准予在企业所得税前据实扣除。

福利费扣除限额＝400×14%＝56(万元)

实际发生58万元，准予扣除56万元。

工会经费扣除限额＝400×2%＝8(万元)

实际发生8万元，可以据实扣除。

职工教育经费扣除限额＝400×8%＝32(万元)

实际发生40万元，准予扣除32万元。

税前准予扣除的工资和三项经费合计＝400＋56＋8＋32＝496(万元)

11. 【答案】D

【解析】增值税属于价外税，不在扣除之列。

12. 【答案】A

【解析】选项B，属于企业所得税不征税收入；选项CD，属于应计入企业所得税应纳税所得额的收入。

13.【答案】A

【解析】企业实际支付给关联方的利息支出，除另有规定外，其接受关联方债权性投资与其权益性投资比例为：除金融企业外的其他企业 2∶1。该企业的注册资本为 2 400 万元，关联方债权性投资不应超过 4 800 万元（2 400×2）。现借款 5 440 万元，准予在企业所得税前扣除的利息金额是 4 800 万元产生的利息。

利息＝4 800÷5 440×326.4＝288(万元)

14.【答案】B

【解析】选项 B，非居民企业在中国境内设立机构、场所但取得的所得与其所设机构、场所没有实际联系的，应当就其来源于中国境内的所得缴纳企业所得税，来源于境外美国的所得不需要在我国缴纳企业所得税。选项 ACD，非居民企业在中国境内设立机构、场所的，应当就其取得的来源于中国境内的所得（无论境内取得的所得是否与所设机构、场所有实际联系），以及发生在境外但与其所设机构、场所有实际联系的所得（日本的所得）缴纳企业所得税。

15.【答案】A

【解析】选项 B，应按照商业折扣后的金额确定销售商品收入金额；选项 C，应当按照销售商品收入确认条件确认收入，回收的商品作为购进商品处理；选项 D，按售价确认收入，回购的商品作为购进商品处理。

16.【答案】B

【解析】选项 B，非金融企业向非金融企业借款的利息支出，不超过按照金融企业同期同类贷款利率计算的数额的部分可据实在企业所得税前扣除，超过部分不允许在企业所得税前扣除。

17.【答案】C

【解析】企业发生的与生产经营活动有关的业务招待费支出，按照发生额的 60%在企业所得税前扣除，但最高不得超过当年销售（营业）收入的 5‰。

业务招待费的 60%＝37.5×60%＝22.5(万元)

当年销售收入的 5‰＝4 500×5‰＝22.5(万元)

因此，准予在企业所得税前扣除的业务招待费为 22.5 万元。

18.【答案】C

【解析】

M 国所得的抵免限额＝(300＋60)×25%×60÷(300＋60)＝15(万元)

实际在 M 国已缴纳企业所得税税款 16.8 万元，超过抵免限额，其已纳税款可以抵免 15 万元，剩余的 1.8 万元可以结转以后 5 个纳税年度进行抵免。

该企业本年在我国实际应纳企业所得税＝(300＋60)×25%－15＝75(万元)

19.【答案】D

【解析】 自行建造的固定资产，以竣工结算前发生的支出为企业所得税前计税基础。

20. **【答案】** A

【解析】 选项A，不动产转让所得按照不动产所在地确定。

21. **【答案】** C

【解析】 企业向除股东或其他与企业有关联关系的自然人以外的内部职工或其他人员借款的利息支出，符合条件的情况下，其利息支出在不超过按照金融企业同期同类贷款利率计算的数额的部分，准予在企业所得税前扣除。

利息扣除限额＝150×5%＝7.5(万元)

实际发生额9万元超过了扣除限额，不得在企业所得税前据实扣除，该企业可以在企业所得税前扣除的利息支出为7.5万元。

22. **【答案】** C

【解析】 选项C，企业购置并实际使用规定的环境保护、节能节水、安全生产等专用设备的，该专用设备的投资额的10%可以从企业当年的企业所得税应纳税额中抵免；当年不足抵免的，可以在以后5个纳税年度内结转抵免。

23. **【答案】** C

【解析】 企业实际支付给关联方的利息支出，不超过债资比计算的部分，准予在企业所得税前扣除。非金融企业债资比为2∶1，则

合理的借款总额＝420×2＝840(万元)

在企业所得税前准予扣除的利息支出＝840×7%＝58.8(万元)

24. **【答案】** C

【解析】 企业在筹建期间发生的与筹办活动有关的业务招待费支出，可按实际发生额的60%计入企业筹办费，并按有关规定在企业所得税前扣除。

25. **【答案】** B

【解析】 选项AC，非居民企业，是指依照外国法律成立且实际管理机构不在中国境内，但在中国境内设立机构、场所的，或者在中国境内未设立机构、场所，但有来源于中国境内所得的企业；选项D，依法在我国境内成立的企业，无论实际管理机构是否在境内，都属于我国的居民企业。

26. **【答案】** D

【解析】 非金融企业向非金融企业借款的利息支出，不超过按金融企业同期同类贷款利率计算的数额部分，在计算企业所得税应纳税所得额时准予扣除。

该项借款利息支出允许扣除的金额＝600×0.3%×4＝7.2(万元)

27. **【答案】** C

【解析】 选项AB，不得计算折旧在企业所得税前扣除；选项D，不得计算摊销费用

在企业所得税前扣除。

28. **【答案】** C

【解析】（1）创业投资企业采取股权投资方式投资于未上市的中小高新技术企业 2 年以上的，可以按照投资额的 70%在股权持有满 2 年的当年抵扣该创业投资企业的应纳税所得额。

（2）未经核定的准备金支出，不得在企业所得税前扣除。

（3）该企业应纳企业所得税＝[（1 800＋20）－400×70%]×25%＝385（万元）

29. **【答案】** C

【解析】（1）按规定标准缴纳的基本社会保险费 50 万元准予在企业所得税前据实扣除。

（2）补充养老保险费的扣除限额＝400×5%＝20（万元）

实际发生额 15 万元未超过限额，可以扣除 15 万元。

（3）补充医疗保险费的扣除限额＝400×5%＝20（万元）

实际发生额 27.5 万元超过限额，只能按限额扣除 20 万元。

（4）共计可以扣除的保险费金额＝50＋15＋20＝85（万元）

30. **【答案】** B

【解析】 违反合同的违约金在计算企业所得税应纳税所得额时准予扣除，其他均不能扣除。

31. **【答案】** D

【解析】 在中国境内设立机构、场所且取得的所得与其所设机构、场所有实际联系的非居民企业，适用 25%的企业所得税税率。

32. **【答案】** C

【解析】

工会经费扣除限额＝1 100×2%＝22（万元）（30＞22）

职工福利费扣除限额＝1 100×14%＝154（万元）（160＞154）

职工教育经费扣除限额＝1 100×8%＝88（万元）（22＜88）

税前可扣除的工会经费、职工福利费、职工教育经费合计＝22＋154＋22＝198（万元）

33. **【答案】** D

【解析】

（1）公益性捐赠支出扣除限额＝360×12%＝43.2（万元）

实际捐赠支出 12 万元未超过限额，可以全额在企业所得税前扣除。

（2）甲企业直接向某学校的捐款 20 万元不能在企业所得税前扣除。

34. **【答案】** A

【解析】 选项 BCD，不得在企业所得税前扣除。选项 A，企业发生的公益性捐赠支出，不超过年度利润总额 12%的部分，准予在计算企业所得税应纳税所得额时扣除；

超过年度利润总额12%的部分，准予结转以后3年内在计算企业所得税应纳税所得额时扣除。

35.【答案】A

【解析】选项BCD，属于企业所得税的应税收入；选项A，国债利息收入属于企业所得税免税收入的范围。

36.【答案】D

【解析】选项A，销售商品采用支付手续费方式委托代销的，在收到代销清单时确认收入。选项B，销售商品采用托收承付方式的，在办妥托收手续时确认收入。选项C，销售商品需要安装和检验的，在购买方接受商品以及安装和检验完毕时确认收入；如果安装程序比较简单，可在发出商品时确认收入。

二、多项选择题

1.【答案】ABC

【解析】免税收入是指属于企业的应税所得但按照税法规定免予征收企业所得税的收入。《中华人民共和国企业所得税法》规定的免税收入有四项，除选项ABC外，还有在中国境内设立机构、场所的非居民企业从居民企业取得的与该机构、场所有实际联系的股息、红利等权益性投资收益。选项D，财政拨款是不负有纳税义务的不征税收入，而非免税收入。

2.【答案】BCD

【解析】企业以经营租赁方式租入固定资产发生的租赁费支出，按照租赁期限均匀在企业所得税前扣除。

3.【答案】AC

【解析】除国务院财政、税务主管部门另有规定外，企业发生的职工教育经费支出，不超过工资、薪金总额8%的部分，准予在企业所得税前扣除；超过部分，准予在以后纳税年度结转扣除。在本题中，甲公司本年企业所得税前可以扣除的职工教育经费限额为192万元（2 400×8%），超过部分8万元（200−192）应调增当年应纳税所得额，但可以结转至以后纳税年度扣除。

4.【答案】ACD

【解析】企业之间支付的管理费、企业内营业机构之间支付的租金和特许权使用费，以及非银行企业内营业机构之间支付的利息，不得在企业所得税前扣除。

5.【答案】ABD

【解析】权益性投资资产转让所得按照被投资企业所在地确定。

6.【答案】AC

【解析】选项B，应按规定在企业所得税前扣除；选项D，总经理不是特殊工种，不得在企业所得税前扣除。

7.【答案】BC

【解析】选项A，企业承包经营、承包建设和内部自建自用的，不得享受题干中的企业所得税优惠。选项D，符合条件的居民企业技术转让所得，不超过500万元的部分，免征企业所得税；超过500万元的部分，减半征收企业所得税。

8.【答案】ABD

【解析】选项C，可以在企业所得税前扣除取得财产及转让财产时的各种支出。

9.【答案】ABCD

【解析】企业所得税法律制度规定向投资者支付的股息、红利等权益性投资收益款项，企业之间支付的管理费、企业内营业机构之间支付的租金和特许权使用费，不符合国务院财政、税务主管部门规定的各项资产减值准备、风险准备等准备金支出等，在计算企业所得税应纳税所得额时不得扣除。

10.【答案】AD

【解析】选项BC，属于免征企业所得税的项目；选项AD，属于减半征收企业所得税的项目。

11.【答案】ABD

【解析】债权人为鼓励债务人在规定的期限内付款而向债务人提供的债务扣除属于现金折扣；销售商品涉及现金折扣的，应当按扣除现金折扣前的金额确定销售商品收入金额，现金折扣在实际发生时作为财务费用扣除。

12.【答案】ABD

【解析】选项B，除国务院财政、税务主管部门另有规定外，企业发生的职工教育经费支出，不超过合理的工资、薪金总额8%的部分，准予在企业所得税前扣除；超过部分，准予在以后纳税年度结转扣除。选项AD，企业发生的符合条件的广告费和业务宣传费支出，除国务院财政、税务主管部门另有规定外，不超过当年销售（营业）收入15%的部分，准予在企业所得税前扣除；超过部分，准予在以后纳税年度结转扣除。

13.【答案】AC

【解析】下列收入为企业所得税中的不征税收入：财政拨款；依法收取并纳入财政管理的行政事业性收费、政府性基金；国务院规定的其他不征税收入。

14.【答案】AC

【解析】选项AD，企业应当自生产性生物资产投入使用月份的次月起计算折旧；选项C，企业停止使用的生产性生物资产，应当自停止使用月份的次月起停止计算折旧。

15.【答案】ACD

【解析】在中国境内未设立机构、场所的，或者虽设立机构、场所但取得的所得与其所设机构、场所没有实际联系的非居民企业，就其取得的来源于中国境内的所得应缴纳的企业所得税，以支付人为扣缴义务人。

16.【答案】ABC

【解析】可以采取加速折旧方法的固定资产包括：(1) 由于技术进步，产品更新换代较快的固定资产；(2) 常年处于强震动、高腐蚀状态的固定资产。

17.【答案】ABCD

18.【答案】BC

【解析】企业所得税中不征税收入包括：财政拨款；依法收取并纳入财政管理的行政事业性收费、政府性基金；国务院规定的其他不征税收入。

19.【答案】ACD

【解析】企业发生的公益性捐赠支出，不超过年度利润总额12%的部分，准予在计算企业所得税应纳税所得额时扣除；超过年度利润总额12%的部分，准予结转以后3年内在计算企业所得税应纳税所得额时扣除。

20.【答案】ABC

【解析】企业之间支付的管理费、企业内营业机构之间支付的租金和特许权使用费，以及非银行企业内营业机构之间支付的利息，不得在企业所得税前扣除。

21.【答案】AC

【解析】一个纳税年度内，居民企业技术转让所得不超过500万元的部分，免征企业所得税；超过500万元的部分，减半征收企业所得税。

技术转让所得＝2 400－600＝1 800(万元)

其中500万元免征企业所得税，1 300万元减半征收企业所得税。

应计入应纳税所得额的金额＝1 300÷2＝650(万元)

22.【答案】ABD

【解析】选项C，企业根据国家有关政策规定，为在本企业任职或者受雇的全体员工支付的补充养老保险费、补充医疗保险费，分别在不超过职工工资总额5%标准内的部分，在计算企业所得税应纳税所得额时准予扣除；超过的部分，不予扣除。

23.【答案】BD

【解析】向税务机关支付的税收滞纳金、向公安部门缴纳的交通违章罚款在计算企业所得税应纳税所得额时不得扣除。

24.【答案】ACD

【解析】自行开发无形资产，开发过程中发生的不符合资本化条件的支出记入“管理费用”科目核算。企业发生的下列支出应作为长期待摊费用：已足额提取折旧的固定资产的改建支出；租入固定资产的改建支出；固定资产的大修理支出；其他应当作长期待摊费用的支出。

25.【答案】AC

【解析】选项AB，税务机关根据税收法律、行政法规的规定，对企业作出特别纳税调整的，应当对补征的税款，自税款所属纳税年度的次年6月1日起至补缴税款之日止的期间，按日加收利息；选项CD，加收利息率按照税款所属纳税年度中国人民银行公布的与补税期间同期的人民币贷款基准利率加5个百分点计算。

26.【答案】AD

【解析】单独估价作为固定资产入账的土地，不得计算折旧扣除，因此选项 A 当选；已足额提取折旧仍继续使用的固定资产不得计算折旧扣除，但是其依法改建的支出增加了计税基础，此时改建支出可以作为长期待摊费用进行摊销扣除，因此选项 B 不选；以融资租赁方式租入的固定资产需要计算折旧，租出的固定资产不得计算折旧扣除，因此选项 C 不选；房屋、建筑物以外未投入使用的固定资产不得计算折旧扣除，因此选项 D 当选。

27.【答案】ACD

【解析】选项 ACD，股息、红利等权益性投资收益和利息、租金、特许权使用费所得，以收入全额为企业所得税应纳税所得额；选项 B，财产转让所得，以收入全额减除财产净值后的余额为企业所得税应纳税所得额。

28.【答案】ABCD

【解析】企业在 2018 年 1 月 1 日至 2023 年 12 月 31 日期间新购进的设备、器具，单位价值不超过 500 万元的，允许一次性计入当期成本费用在计算企业所得税应纳税所得额时扣除，不再分年度计算折旧。设备、器具，是指除房屋、建筑物以外的固定资产。

29.【答案】CD

【解析】固定资产的大修理支出，按照固定资产尚可使用年限分期摊销，是指同时符合下列条件的支出：(1) 修理支出达到取得固定资产时的计税基础 50%以上；(2) 修理后固定资产的使用年限延长 2 年以上。

30.【答案】BD

【解析】选项 A，销售商品采用托收承付方式的，在办妥托收手续时确认收入；选项 C，销售商品涉及现金折扣的，应当按照扣除现金折扣前的金额确定销售商品收入金额。

31.【答案】BCD

【解析】企业所得税的纳税人包括各类企业、事业单位、社会团体、民办非企业单位和从事生产经营活动的其他组织，不包括个人独资企业、合伙企业（指投资者均为自然人的合伙企业）。

32.【答案】ABD

【解析】选项 C，企业参加财产保险，按照有关规定缴纳的保险费，准予在企业所得税前扣除。

33.【答案】ABC

【解析】选项 D，提供劳务所得，按照劳务发生地确定所得来源地。

34.【答案】ABC

【解析】企业取得收入的货币形式，包括现金、存款、应收账款、应收票据、准备持有至到期的债券以及债务的豁免等。企业取得收入的非货币形式，包括固定资产、生物资产、无形资产、股权投资、存货、不准备持有至到期的债券投资、劳务以及有关权益等。非货币形式收入应当按照公允价值确定收入额。

35.【答案】ABD

【解析】选项C，无形资产的摊销年限不得低于10年。

三、判断题

1.【答案】√

2.【答案】√

【解析】企业在年度中间终止经营活动的，应当自实际经营终止之日起60日内，向税务机关办理当期企业所得税汇算清缴。

3.【答案】×

【解析】投资者兴办两个或两个以上企业的，应分别向企业实际经营管理所在地主管税务机关预缴企业所得税。

4.【答案】×

【解析】企业因存货盘亏、毁损、报废等原因不得从销项税额中抵扣的进项税额，可以与存货损失一起在企业所得税前扣除。

5.【答案】×

【解析】纳税人享受企业所得税减税、免税待遇的，在减税、免税期间应当按照规定办理纳税申报。

6.【答案】×

【解析】企业综合利用资源，生产符合国家产业政策规定的产品所取得的收入，减按90%计入收入总额。

7.【答案】×

【解析】企业以《资源综合利用企业所得税优惠目录》规定的资源作为主要原材料，生产国家非限制和禁止并符合国家和行业相关标准的产品取得的收入，减按90%计入收入总额。

8.【答案】√

9.【答案】×

【解析】(1) 县级以上人民政府将国有资产无偿划入企业，凡指定专门用途并按规定进行管理的，企业可作为不征税收入进行企业所得税处理；(2) 该项资产属于非货币性资产的，应按政府确定的接收价值计算不征税收入。

10.【答案】×

【解析】非居民企业在中国境内未设立机构、场所的，或者虽设立机构、场所但取得的所得与其所设机构、场所没有实际联系的，应当就其来源于中国境内的所得缴纳企业所得税。境外所得不需在境内缴纳企业所得税。

11.【答案】×

【解析】如果交易合同或协议中规定租赁期限跨年度，且租金提前一次性支付的，出租人可对上述已确认的收入，在租赁期内，分期均匀计入相关年度收入。

12.【答案】×

【解析】居民企业应当就其来源于中国境内、境外的所得缴纳企业所得税。

13.【答案】×

【解析】列入企业员工工资薪金制度、固定与工资薪金一起发放的福利性补贴，符合国家税务总局相关规定的，可作为企业发生的工资薪金支出，按规定在企业所得税前扣除。不能同时符合上述条件的福利性补贴，应按规定计算限额税前扣除。

14.【答案】×

【解析】居民企业应当就其来源于中国境内、境外的所得缴纳企业所得税。非居民企业在中国境内设立机构、场所的，应当就其所设机构、场所取得的来源于中国境内的所得，以及发生在中国境外但与其所设机构、场所有实际联系的所得，缴纳企业所得税。非居民企业在中国境内未设立机构、场所的，或者虽设立机构、场所但取得的所得与其所设机构、场所没有实际联系的，应当就其来源于中国境内的所得缴纳企业所得税。

15.【答案】√

16.【答案】√

17.【答案】×

【解析】企业所得税纳税人按照国际惯例一般分为居民企业和非居民企业。在外国成立且实际管理机构不在中国境内的企业，是企业所得税的非居民纳税义务人。

18.【答案】×

【解析】企业发生的公益性捐赠支出，在年度利润总额12%以内的部分，准予在计算企业所得税应纳税所得额时扣除；超过年度利润总额12%的部分，准予结转以后3年内在计算企业所得税应纳税所得额时扣除。扣除限额为年度利润总额的12%，而不是应纳税所得额的12%。

19.【答案】×

【解析】企业投资者在规定期限内未缴足其应缴资本额的，该企业对外借款所发生的利息，相当于投资者实缴资本额与在规定期限内应缴资本额的差额应计付的利息，不属于企业合理的支出，应由企业投资者负担，不得在计算企业所得税应纳税所得额时扣除。

20.【答案】×

【解析】停止使用的生产性生物资产，应当自停止使用月份的次月起停止计算折旧。

21.【答案】√

22.【答案】×

【解析】企业与其关联方之间的业务往来，不符合独立交易原则，或者企业实施其他不具有合理商业目的安排的，税务机关有权在该业务发生的纳税年度起10年内进行纳税调整。

23.【答案】√

24.【答案】×

【解析】对企业投资者持有2019—2023年发行的铁路债券取得的利息收入，减半征收企业所得税。

25.【答案】×

【解析】2018年9月10日起，对全国社会保障基金取得的直接股权投资收益、股权投资基金收益，作为企业所得税不征税收入。

26.【答案】√

四、不定项选择题

1.（1）【答案】C

【解析】

业务招待费实际发生额×60％＝26×60％＝15.6(万元)

销售收入×5‰＝2 000×5‰＝10(万元)

企业所得税前准予扣除的业务招待费限额为10万元。

（2）【答案】ABCD

【解析】选项A，职工福利费企业所得税前扣除限额为28万元（200×14％），实际发生27万元，未超过限额，准予企业所得税前全额扣除；选项B，职工教育经费企业所得税前扣除限额为16万元（200×8％），实际发生4万元，准予企业所得税前全额扣除；选项C，工会经费企业所得税前扣除限额为4万元（200×2％），实际发生3万元，准予企业所得税前全额扣除；选项D，企业依照国务院有关主管部门或者省级人民政府规定的范围和标准为职工缴纳的基本社会保险费，准予企业所得税前全额扣除。

（3）【答案】ACD

【解析】选项AB，房屋、建筑物以外未投入使用的固定资产，不得计提折旧在企业所得税前扣除；选项C，非广告性质的赞助支出不得在企业所得税前扣除；选项D，纳税人直接向受赠人的捐赠，不得在企业所得税前扣除。

（4）【答案】BC

【解析】选项A，企业为开发新技术、新产品、新工艺发生的研究开发费用，未形成无形资产计入当期损益的，在按照规定据实扣除的基础上，按照研究开发费用的75％（制造业自2021年1月1日起为100％）加计扣除（只能加计扣除262.5万元（350×75％））；选项B，企业从事符合条件的环境保护、节能节水项目的所得，第1～3年免征企业所得税，第4～6年减半征收企业所得税；选项C，国家需要重点扶持的高新技术企业，减按15％的税率征收企业所得税；选项D，企业购置并实际使用的环境保护、节能节水、安全生产等专用设备（一般的运输车辆不属于此类设备）的投资额的10％可以从企业当年的应纳税额中抵免。

2.（1）【答案】B

【解析】在计算广告费和业务宣传费的扣除限额时，销售（营业）收入包括主营业务收入（产品销售收入 2 000 万元）、其他业务收入和视同销售收入，但不包括营业外收入（50 万元）和投资收益。扣除限额为 300 万元（2 000×15%），实际发生广告费 200 万元，未超过扣除限额，可以据实扣除。

（2）**【答案】**ABCD

【解析】选项 AB，税收滞纳金、罚金、罚款和被没收财物的损失，不得在企业所得税前扣除；选项 C，直接捐赠不得在企业所得税前扣除；选项 D，非广告性质的赞助支出，不得在企业所得税前扣除。

（3）**【答案】**B

【解析】职工供暖费补贴和防暑降温费属于职工福利费。

职工福利费实际发生额＝20＋10＝30(万元)

职工福利费税前扣除限额＝120×14%＝16.8(万元)

实际发生额超过了扣除限额，企业所得税前准予扣除的职工福利费是 16.8 万元。

（4）**【答案】**ABD

【解析】企业缴纳的增值税，不得在企业所得税前扣除。

3.（1）**【答案】**ABCD

【解析】选项 A，企业所得税的计税依据是应纳税所得额，即指企业每一纳税年度的收入总额，减除不征税收入、免税收入、各项扣除以及允许弥补的以前年度亏损后的余额；此处收入总额明显包括不征税收入、免税收入（例如国债利息收入）在内。选项 BCD，企业收入总额是指以货币形式和非货币形式从各种来源取得的收入，包括销售货物收入，提供劳务收入，转让财产收入，股息、红利等权益性投资收益，利息收入，租金收入，特许权使用费收入，接受捐赠收入以及其他收入。

（2）**【答案】**ABC

【解析】选项 A，企业发生的合理的工资、薪金支出，准予在企业所得税前扣除。选项 B，除另有规定外，企业发生的职工教育经费支出，不超过工资、薪金总额 8%的部分，准予在企业所得税前扣除。在本题中，职工教育经费企业所得税前扣除限额为 5.6 万元（70×8%），大于实际发生额 5 万元，准予在企业所得税前据实全额扣除。选项 C，企业拨缴的工会经费，不超过工资、薪金总额 2%的部分，准予在企业所得税前扣除。在本题中，工会经费企业所得税前扣除限额为 1.4 万元（70×2%），大于实际发生额 0.8 万元，准予在企业所得税前据实全额扣除。选项 D，企业发生的职工福利费支出，不超过工资、薪金总额 14%的部分，准予在企业所得税前扣除。在本题中，职工福利费企业所得税前扣除限额为 9.8 万元（70×14%），实际发生额 13 万元超过了扣除限额，企业所得税前仅能扣除 9.8 万元。

（3）**【答案】**B

【解析】选项 ABC，税收滞纳金、罚金、罚款和被没收财物的损失，均不得在企业所得税前扣除；但银行罚息、合同违约金均为民事性质款项，可以在企业所得税前据实扣除。选项D，经法院判决由企业承担的诉讼费可以据实在企业所得税前扣除。

（4）【答案】C

【解析】企业因存货盘亏、毁损、报废等原因不得从销项税额中抵扣的进项税额，应视同企业财产损失，准予与存货损失一起在企业所得税前按规定扣除。在本题中，A企业的材料系因管理不善损失，其对应的进项税额不得抵扣，应随同存货损失一并在企业所得税前扣除。企业发生的损失，减除责任人赔偿和保险赔款后的余额，依照规定在企业所得税前扣除。

准予扣除原材料损失金额＝7＋0.91－2.79＝5.12(万元)

4.（1）【答案】AC

【解析】已经开具的发票存根联和发票登记簿，应当保存5年。保存期满，报经税务机关查验后销毁。该企业将上年开具的发票存根联和发票登记簿销毁，保存时间未满5年，所以该做法是不正确的。

（2）【答案】ABD

【解析】

1）广告费和业务宣传费扣除限额＝3 360×15%＝504(万元)

广告费和业务宣传费应调增的应纳税所得额＝560＋14－504＝70(万元)

2）销售收入×5‰＝3 360×5‰＝16.8(万元)

业务招待费×60%＝35×60%＝21(万元)

业务招待费扣除限额为16.8万元，则

业务招待费应调增的应纳税所得额＝35－16.8＝18.2(万元)

3）自2021年1月1日起，制造业企业新产品开发费用可按实际发生额的100%加计扣除，则

新产品开发费用应调减的应纳税所得额＝28×100%＝28(万元)

（3）【答案】ABC

【解析】非金融企业向非金融企业借款的利息支出，不超过按照金融企业同期同类贷款利率计算的数额的部分可据实在企业所得税前扣除，超过部分不得扣除。

甲企业向非金融机构借款利息的扣除限额＝42÷10%×6%＝25.2(万元)

应调增的应纳税所得额＝42－25.2＝16.8(万元)

（4）【答案】BC

【解析】向供货商支付的违约金3.5万元可以在企业所得税前扣除；工商罚款1万元不得在企业所得税前扣除；公益性捐赠扣除限额为52.752万元（439.6×12%），该企业实际捐赠额为14万元，可以在企业所得税前扣除；增值税不得在企业所得税前扣除。

5. (1)【答案】ABC

【解析】选项D，从直接投资的未上市居民企业分回的股息收益，免征企业所得税。

(2)【答案】BCD

【解析】不论是机器设备、运输设备还是机械设备，已投入使用且未提足折旧的，按照税法规定提取的折旧费用可以在计算企业所得税应纳税所得额时扣除。

厂房不论是否投入使用，均可按照税法规定计算折旧费用在企业所得税前扣除。

(3)【答案】A

【解析】销售（营业）收入不包括投资收益（股权投资企业除外）和营业外收入（如转让无形资产所有权收入）。在本题中，A公司本年度的销售（营业）收入为4 600万元。

企业发生的与生产经营活动有关的业务招待费支出，按照发生额的60%扣除（30×60%=18（万元）），但最高不得超过当年销售（营业）收入的5‰（4 600×5‰=23（万元））。

A公司本年度的业务招待费准予扣除的数额为18万元。

(4)【答案】A

【解析】

公益性捐赠支出税前扣除限额=700×12%=84(万元)

实际捐赠支出60万元没有超过限额，可以全额在企业所得税前扣除。

五、计算题

1.【答案】投资收益30万元和120万元、营业外收入200万元不计入销售（营业）收入中，甲公司本年度销售（营业）收入为3 000万元。

销售(营业)收入的5‰=3 000×5‰=15(万元)

业务招待费实际发生额的60%=16×60%=9.6(万元)

由于9.6万元<15万元，因此甲公司本年度在企业所得税前可以扣除的业务招待费为9.6万元。

纳税调增额=16−9.6=6.4(万元)

2.【答案】关联方债权性投资不应超过4 600万元（2 300×2），现借款7 200万元。由于4 600万元<7 200万元，因此准予扣除的利息金额是4 600万元产生的利息。

准予扣除的利息金额=4 600×540÷7 200=345(万元)

3.【答案】企业在2018年1月1日至2023年12月31日期间新购进的设备、器具，单位价值不超过500万元的，允许一次性计入当期成本费用在计算企业所得税应纳税所得额时扣除，不再分年度计算折旧。设备、器具，是指除房屋、建筑物以外的固定资产。甲公司当年1月购入一件办公家具，价值4 800元，未计提折旧，并在计算会计利润时全额扣除，对此不需要进行纳税调整。国债利息收入为免税收入，甲公司需要进行纳税调减。

应纳税所得额＝会计利润＋纳税调整增加额－纳税调整减少额
＝30＋0－2＝28(万元)

自2019年1月1日至2021年12月31日，对小型微利企业年应纳税所得额不超过100万元的部分，减按25%计入应纳税所得额，按20%的税率缴纳企业所得税；对年应纳税所得额超过100万元但不超过300万元的部分，减按50%计入应纳税所得额，按20%的税率缴纳企业所得税。自2021年1月1日至2022年12月31日，对小型微利企业年应纳税所得额不超过100万元的部分，在上述优惠政策基础上，再减半征收企业所得税，即减按12.5%计入应纳税所得额，按20%的税率缴纳企业所得税。

应纳企业所得税＝28×12.5%×20%＝0.7(万元)

4.【答案】(1) 向银行借款发生的利息费用25万元准予据实在企业所得税前扣除。

(2) 向某商场借款发生的利息费用，税法扣除限额为30万元（500×6%），实际发生额35万元，超过限额的部分（5万元）不得在企业所得税前扣除。

(3) 甲企业本年度准予在企业所得税前扣除的利息费用为55万元（25＋30）。

5.【答案】

扣除限额＝3 000×15%＝450(万元)

由于450万元＜470万元（420＋50），因此甲公司本年度在企业所得税前可以扣除的广告费和业务宣传费为450万元。

6.【答案】

(1) 甲公司取得非股权支付额对应的资产转让所得
＝(被转让资产的公允价值－被转让资产的计税基础)
×(非股权支付金额÷被转让资产的公允价值)
＝(10×10 000×80%－7×10 000×80%)×[8 000÷(8 000＋72 000)]
＝2 400(万元)

(2) 乙公司通过股权形式支付的股份数＝72 000÷10＝7 200(万股)
乙公司得到股权的计税基础＝7 200×7＋8 000＝58 400(万元)

(3) 甲公司应纳税所得额调减额＝(10×10 000×80%－7×10 000×80%)－2 400
＝21 600(万元)

4.4 实战演练

1.【答案】

(1) 会计利润总额＝1 620＋120－600－30－60－300－24＋60＋7.8－30＋27
＝790.8(万元)

(2) 业务招待费扣除限额＝(1 620＋120)×5‰＝8.7(万元)
18×60%＝10.8(万元)

由于 8.7 万元＜10.8 万元，因此只能扣除 8.7 万元。

应调增应纳税所得额＝18－8.7＝9.3(万元)

制造业企业新产品技术开发费 24 万元可以加计扣除 100％，则

应调减应纳税所得额＝24×100％＝24(万元)

支付给母公司的管理费 6 万元需要做纳税调增。

管理费用整体上应调减应纳税所得额＝24－9.3－6＝8.7(万元)

(3) 广告费和业务宣传费扣除限额＝(1 620＋120)×15％＝261(万元)

实际发生额＝180＋96＝276(万元)

因此销售费用应调增应纳税所得额 15 万元 (276－261)。

(4) 税前准予扣除的利息费用＝120×6％×7÷12＝4.2(万元)

财务费用调增应纳税所得额＝7.2－4.2＝3(万元)

(5) 公益性捐赠扣除限额＝790.8×12％＝94.90(万元)

实际捐赠额为 12 万元，因此可以据实企业所得税前列支。直接捐赠不得在企业所得税前扣除，应纳税所得额调增 6 万元。

行政性罚款支出 12 万元不得在企业所得税前扣除，应全额调增。

营业外支出应调增应纳税所得额＝6＋12＝18(万元)

(6) 境内居民企业之间符合条件的投资收益是免税的。国债利息收入属于免税收入，因此投资收益应调减应纳税所得额 27 万元。

(7) 实际发生的合理的工资是允许据实在企业所得税前扣除的。残疾人员的工资可以加计 100％在企业所得税前扣除，因此工资应调减应纳税所得额 30 万元。

职工福利费扣除限额＝180×14％＝25.2(万元)

职工福利费实际发生 27 万元，应纳税所得额调增 1.8 万元。

职工工会经费扣除限额＝180×2％＝3.6(万元)

职工工会经费实际发生 3.6 万元，不作调整。

职工教育经费扣除限额＝180×8％＝14.4(万元)

职工教育经费实际发生 4.2 万元，不作调整。

工资和“三项经费”应调减应纳税所得额＝30－1.8＝28.2(万元)

(8) 应纳税所得额＝790.8－8.7＋15＋3＋18－27－28.2＝762.9(万元)

应纳企业所得税＝762.9×25％－600×10％＝130.73(万元)

2. **【答案】**(1) 利息收入应调减应纳税所得额 80 万元。

对利息收入，应按照合同约定的债务人应付利息的日期确认收入的实现。

商标使用权收入应调增应纳税所得额120万元。

对特许权使用费收入，应按照合同约定的特许权使用人应付特许权使用费的日期确认收入的实现。

（2）国债利息收入免税，应予调减。

应调减应纳税所得额＝200×(5%÷365)×365×2＝20(万元)

（3）非股权支付对应的资产转让所得＝(530－360)×(53÷530)＝17(万元)

应调减应纳税所得额＝(530－360)－17＝153(万元)

（4）应调减应纳税所得额＝30(万元)

（5）计算广告费和业务宣传费扣除的基数＝5 000＋2 600＝7 600(万元)

可以扣除的广告费限额＝7 600×15%＝1 140(万元)

当年发生的960万元广告费可全额扣除，并可扣除上年结转的广告费130万元，应调减应纳税所得额130万元。

可以扣除的招待费限额＝7 600×5‰＝38(万元)

实际可以扣除的招待费＝(60－40)×60%＝12(万元)

应调增应纳税所得额＝60－12＝48(万元)

可以扣除的福利费限额＝560×14%＝78.4(万元)

应调增应纳税所得额＝(40＋89.4)－78.4＝51(万元)

可以扣除的工会经费限额＝560×2%＝11.2(万元)

工会经费可全额扣除。

可以扣除的教育经费限额＝560×8%＝44.8(万元)

应调增应纳税所得额＝48.8－44.8＝4(万元)

（6）可以扣除的借款利息＝1 000×2×5%＝100(万元)

应调增应纳税所得额＝210－100＝110(万元)

（7）技术转让所得＝2 400－600＝1 800(万元)

应调减应纳税所得额＝500＋(1 800－500)÷2＝1 150(万元)

（8）可以抵减的应纳所得税额＝1 000×10%＝100(万元)

可以免税的所得额＝60－26＝34(万元)

应调减应纳税所得额34万元。

（9）会计利润＝5 000＋2 600＋480－1 200－920－420－480－240－260－210＋564
＝4 914(万元)

应纳税所得额＝4 914－80＋120－20－153－30－130＋48＋51＋4＋110
－1 150－34－200
＝3 450(万元)

应纳所得税＝3 450×25%－100＝762.5(万元)

3.【答案】

(1) 应纳增值税=(12 000+150)×13%-585=994.5(万元)

应纳消费税=(12 000+150)×10%=1 215(万元)

应纳城市维护建设税、教育费附加及地方教育附加=(994.5+1 215)×(7%+3%+2%)

=265.14(万元)

该企业当年应纳增值税、消费税、城市维护建设税、教育费附加和地方教育附加合计=994.5+1 215+265.14

=2 474.64(万元)

(2) 企业购进生产设备超过500万元，应按照规定计算折旧分期扣除，不能一次性在成本中列支。

当年应扣除的折旧=750×(1-10%)÷10÷12×6=33.75(万元)

应调增会计利润=750-33.75=716.25(万元)

当年该企业实现的会计利润=12 000+150-4 800-60+716.25+1 200-150-750

-300-1 950+150+120+180-180-1 215-265.14

=4 846.11(万元)

(3) 在一个纳税年度内，技术转让所得不超过500万元的部分免征企业所得税；超过500万元的部分，减半征收企业所得税。

当年该企业技术转让所得应调减应纳税所得额=500+(1 200-150-500)×50%=775(万元)

(4) 制造业企业开发新产品发生的研究开发费用，未形成无形资产计入当期损益的，在按照规定据实扣除的基础上，可以加计100%在企业所得税前扣除。

应调减应纳税所得额=180×100%=180(万元)

企业发生的与生产经营活动有关的业务招待费支出，按照发生额的60%扣除，但最高不得超过当年销售（营业）收入的5‰。

实际发生额的60%=120×60%=72(万元)

销售(营业)收入的5‰=(12 000+150)×5‰=60.75(万元)

72万元>60.75万元，可以在企业所得税前扣除的业务招待费为60.75万元。

应调增应纳税所得额=120-60.75=59.25(万元)

管理费用共应调减应纳税所得额=180-59.25=120.75(万元)

(5) 广告费扣除限额=(12 000+150)×15%=1 822.5(万元)

企业实际发生的广告费1 845万元超过了扣除限额，按照1 822.5万元在企业所得税前扣除。

应调增应纳税所得额=1 845−1 822.5=22.5(万元)

(6) 实际发放的合理的工资、薪金，可以在企业所得税前扣除。支付给残疾职工的工资可加计扣除100%，所以工资应调减应纳税所得额75万元。

职工福利费扣除限额=1 200×14%=168(万元)

职工福利费实际发生180万元，则

应调增应纳税所得额=180−168=12(万元)

职工教育经费扣除限额=1 200×8%=96(万元)

职工教育经费实际发生22.5万元，没有超过扣除限额，不需要进行纳税调整。

工会经费扣除限额=1 200×2%=24(万元)

工会经费实际发生27万元，则

应调增应纳税所得额=27−24=3(万元)

当年工资、职工福利费、工会经费、职工教育经费共应调减应纳税所得额=75−12−3=60(万元)

(7) 非金融企业向非金融企业借款的利息支出，不超过按照金融企业同期同类贷款利率计算的数额的部分可据实在企业所得税前扣除，超过部分不得扣除。

向非金融企业借款利息支出应调增应纳税所得额=195−2 700×6%
=33(万元)

取得的国债利息收入和地方政府债券利息收入，免征企业所得税。

应调减应纳税所得额=150+120=270(万元)

企业缴纳的税收滞纳金18万元不得在企业所得税前扣除，应调增应纳税所得额18万元；未经核定的准备金支出45万元不得在企业所得税前扣除，应调增应纳税所得额45万元。

企业发生的公益性捐赠支出，不超过年度利润总额12%的部分，准予在企业所得税前扣除；超过年度利润总额12%的部分，准予结转以后3年内在计算应纳税所得额时扣除。

捐赠扣除限额=4 846.11×12%=581.53(万元)

实际发生捐赠支出117万元，未超过扣除限额，准予据实扣除。应调增的应纳税所得额为0。

应纳税所得额=4 846.11−775−120.75+22.5−60+33−270+18+45
=3 738.86(万元)

(8) 企业购置并实际使用符合规定的安全生产设备，该设备投资额的10%可以从企业当年的应纳税额中抵免。

企业当年应纳企业所得税=3 738.86×25%−750×10%=859.72(万元)

第5章 个人所得税法

5.3 技能训练

一、单项选择题

1. **【答案】** C

【解析】 在中国境内有住所，或者无住所而一个纳税年度内在中国境内居住累计满183天的个人，为居民个人。

2. **【答案】** C

【解析】 选项C，按照劳务报酬所得项目征收个人所得税。

3. **【答案】** A

【解析】

应纳税所得额=8 200−5 000−1 500.6−1 000=699.4(元)

4. **【答案】** C

【解析】 选项A，属于财产租赁所得；选项B，属于利息、股息、红利所得，并享受免税的优惠；选项D，属于偶然所得。

5. **【答案】** B

【解析】 选项AD，是个人所得税不予征税项目；选项C，是利息、股息、红利所得项目。

6. **【答案】** C

【解析】 个人参加笔会现场作画取得的作画所得属于劳务报酬所得。

7. **【答案】** B

【解析】 综合所得个人所得税的计算适用3%～45%的超额累进税率。

8. **【答案】** B

【解析】

财产转让所得应纳税额=应纳税所得额×适用税率

=(42 000−26 600−1 750)×20%=2 730(元)

9. **【答案】** D

【解析】选项ABC为特许权使用费所得。

10.【答案】A

【解析】选项B，个人提供专有技术获得的收入属于特许权使用费所得；选项C，个人发表书画作品取得的收入属于稿酬所得；选项D，个人出租财产取得的收入属于财产租赁所得。

11.【答案】B

【解析】选项B，公开拍卖文学作品手稿原件的所得属于特许权使用费所得。

12.【答案】C

【解析】选项A，属于工资、薪金所得；选项B，属于特许权使用费所得；选项D，属于利息、股息、红利所得。

13.【答案】C

14.【答案】B

15.【答案】B

【解析】

本年综合所得应纳税所得额＝10 000×12＋40 000×(1－20％)－60 000－40 000
＝52 000(元)

本年综合所得应纳个人所得税＝52 000×10％－2 520＝2 680(元)

16.【答案】A

【解析】个人购买福利彩票，一次中奖收入在1万元以下的，暂免征收个人所得税；超过1万元的，全额征收个人所得税。

17.【答案】B

【解析】

54 000÷12＝4 500(元)

4 500－0－800＝3 700(元)＜4 000元

于某本月应纳个人所得税＝(3 700－800)×10％＝290(元)

18.【答案】C

【解析】我国个人所得税的征收方式主要有两种：一是代扣代缴；二是自行纳税申报。

19.【答案】C

【解析】

汤姆本年1月工资、薪金所得应纳税所得额＝10 000－5 000＝5 000(元)

汤姆本年1月工资、薪金所得应纳个人所得税＝5 000×10％－210＝290(元)

汤姆本年1月劳务报酬所得应纳税所得额＝40 000×(1－20％)＝32 000(元)

汤姆本年1月劳务报酬所得应纳个人所得税＝32 000×25％－2 660＝5 340(元)

汤姆本年1月应纳个人所得税合计＝290＋5 340＝5 630(元)

20. **【答案】**C

【解析】

本年综合所得应纳税所得额＝30 000×70％×(1－20％)＋50 000×(1－20％)＋80 000×(1－20％)－60 000－40 000＝20 800(元)

本年综合所得应纳个人所得税＝20 800×3％＝624(元)

21. **【答案】**C

22. **【答案】**A

【解析】税务机关应根据扣缴义务人所扣缴的税款，提取2％的手续费，由扣缴义务人用于代扣代缴费用开支和奖励代扣代缴工作做得较好的办税人员。

23. **【答案】**B

【解析】非居民个人在中国境内从两处以上取得工资、薪金所得的，应当在取得所得的次月15日内申报纳税。

24. **【答案】**A

【解析】个人出售5年以上且是家庭唯一住房免征个人所得税。

25. **【答案】**D

【解析】选项A，稿酬所得属于应税收入。选项B，除离退休人员按规定领取离退休工资或养老金外，另从原任职单位取得的各类补贴、奖金、实物，不属于免税项目，应按工资、薪金所得应税项目的规定缴纳个人所得税。选项C，有奖销售应当按照偶然所得征收个人所得税。选项D，按照国家统一规定发给干部、职工的安家费、退职费、基本养老金或者退休费、离休费、离休生活补助费，免征个人所得税。

26. **【答案】**D

【解析】纳税人取得应税所得，扣缴义务人未扣缴税款的，纳税人应当在取得所得的次年6月30日前缴纳税款；税务机关通知限期缴纳的，纳税人应当按照期限缴纳税款。

27. **【答案】**D

【解析】自2015年9月8日起，个人从公开发行和转让市场取得的上市公司股票，持股期限超过1年的，股息、红利所得暂免征收个人所得税。

28. **【答案】**A

【解析】选项A，按照财产转让所得项目征收个人所得税。

29. **【答案】**B

【解析】在中国境内无住所的个人，在中国境内居住累计满183天的年度连续不满6年的，经向主管税务机关备案，其来源于中国境外且由境外单位或者个人支付的所得，免予缴纳个人所得税。

30. **【答案】**D

【解析】选项D，个人接受本科及以下学历（学位）继续教育，符合规定扣除条件的，可以选择由其父母扣除，也可以选择由本人扣除。

31.【答案】A

【解析】选项BD，纳税人发生的医药费用支出可以选择由本人或者其配偶扣除，未成年子女发生的医药费用支出可以选择由其父母一方扣除；选项C，在一个纳税年度内，纳税人发生的与基本医保相关的医药费用支出，扣除医保报销后个人负担（指医保目录范围内的自付部分）累计超过15 000元的部分，由纳税人在办理年度汇算清缴时，在80 000元限额内据实扣除。

二、多项选择题

1.【答案】AC

【解析】AC适用超额累进税率，BD适用比例税率。

2.【答案】BCD

【解析】工资、薪金所得，劳务报酬所得，稿酬所得，特许权使用费所得统称为综合所得。

3.【答案】ABCD

【解析】四个选项都属于工资、薪金所得项目范围。

4.【答案】ABCD

【解析】四个选项都属于独立从事某种劳务取得的收入。

5.【答案】BCD

【解析】选项B，属于特许权使用费所得；选项CD，属于劳务报酬所得。

6.【答案】ABC

【解析】选项D，有奖竞猜所得奖金属于偶然所得，应纳个人所得税。

7.【答案】ABC

【解析】选项D，按特许权使用费所得项目计征个人所得税。

8.【答案】ABD

【解析】财产转让所得是指个人转让有价证券、股权、不动产、土地使用权、机器设备、车船以及其他财产取得的所得。

9.【答案】ABCD

【解析】选项AC，免征个人所得税；选项BD，暂免征收个人所得税。

10.【答案】BCD

【解析】选项A，发票中奖800元以下才是免税的。

11.【答案】AC

【解析】选项B，属于财产转让所得；选项D，属于稿酬所得。

12.【答案】BCD

【解析】选项A，稿酬所得属于综合所得，适用七级超额累进税率。

13.【答案】ABCD

【解析】计算个人转让住房应缴纳的个人所得税时，允许扣除的合理费用有住房装修费用、住房贷款利息、手续费、公证费等费用。

14.【答案】ABCD

【解析】专项附加扣除，包括子女教育、继续教育、大病医疗、住房贷款利息或者住房租金、赡养老人、3 岁以下婴幼儿照护等支出。

15.【答案】ABCD

【解析】工资、薪金所得是指个人因任职或者受雇而取得的工资、薪金、奖金、年终加薪、劳动分红、津贴、补贴以及与任职或者受雇有关的其他所得。

16.【答案】ABD

【解析】选项 C，按照工资、薪金所得项目缴纳个人所得税。

17.【答案】AD

【解析】偶然所得和其他所得应纳税额的计算公式为：

应纳税额＝应纳税所得额×适用税率＝每次收入额×20%

18.【答案】AB

【解析】选项 C，财产租赁所得，每次收入不超过 4 000 元的，减除费用 800 元；4 000 元以上的，减除 20%的费用，其余额为应纳税所得额。选项 D，稿酬所得以收入减除 20%的费用后的余额为收入额，稿酬所得的收入额减按 70%计算。

19.【答案】ABC

【解析】选项 D 属于稿酬所得的范畴，不属于特许权使用费范畴。

20.【答案】ABC

【解析】专项扣除，包括居民个人按照国家规定的范围和标准缴纳的基本养老保险、基本医疗保险、失业保险等社会保险费和住房公积金等。

21.【答案】BCD

【解析】选项 BCD，个人将其所得通过境内非营利性社会团体和国家机关向红十字事业、农村义务教育、公益性青少年活动场所的捐赠，在计算缴纳个人所得税时，准予在税前所得额中全额扣除；选项 A，个人将其所得通过中国境内非营利性社会团体、国家机关向贫困地区的捐赠，捐赠额不超过纳税人申报的应纳税所得额 30%的部分，可以从其应纳税所得额中扣除。

22.【答案】BC

【解析】选项 AD 按特许权使用费项目征收个人所得税。

23.【答案】ABD

【解析】选项 C，非居民个人取得工资、薪金所得，由扣缴义务人按月或者按次代扣代缴税款，不办理汇算清缴。

24.【答案】ABCD

【解析】有下列情形之一的，纳税人应当依法办理纳税申报：

（1）取得综合所得，需要办理汇算清缴；

（2）取得应税所得，没有扣缴义务人；

（3）取得应税所得，扣缴义务人未扣缴税款；

（4）取得境外所得；

（5）因移居境外注销中国户籍；

（6）非居民个人在中国境内从两处以上取得工资、薪金所得；

（7）国务院规定的其他情形。

25.【答案】ABC

【解析】选项D，纳税人取得应税所得，扣缴义务人未扣缴税款的，纳税人应当在取得所得的次年6月30日前，缴纳税款；税务机关通知限期缴纳的，纳税人应当按照期限缴纳税款。

26.【答案】ABCD

【解析】除国务院财政、税务主管部门另有规定外，下列所得，不论支付地点是否在中国境内，均为来源于中国境内的所得：（1）因任职、受雇、履约等在中国境内提供劳务取得的所得；（2）将财产出租给承租人在中国境内使用而取得的所得；（3）许可各种特许权在中国境内使用而取得的所得；（4）转让中国境内的不动产等财产或者在中国境内转让其他财产取得的所得；（5）从中国境内企业、事业单位、其他组织以及居民个人取得的利息、股息、红利所得。

27.【答案】ABCD

【解析】《中华人民共和国个人所得税法实施条例》规定，取得综合所得需要办理汇算清缴的情形包括：（1）从两处以上取得综合所得，且综合所得年收入额减除专项扣除的余额超过6万元；（2）取得劳务报酬所得、稿酬所得、特许权使用费所得中一项或者多项所得，且综合所得年收入额减除专项扣除的余额超过6万元；（3）纳税年度内预缴税额低于应纳税额；（4）纳税人申请退税，纳税人申请退税，应当提供其在中国境内开设的银行账户，并在汇算清缴地就地办理税款退库。

28.【答案】AC

【解析】选项B，纳税人只能享受一次首套住房贷款的利息扣除。选项D，经夫妻双方约定，可以选择由其中一方扣除，具体扣除方式在一个纳税年度内不能变更。夫妻双方婚前分别购买住房发生的首套住房贷款，其贷款利息支出，婚后可以选择其中一套购买的住房，由购买方按扣除标准的100％扣除，也可以由夫妻双方对各自购买的住房分别按扣除标准的50％扣除，具体扣除方式在一个纳税年度内不能变更。

29.【答案】ABC

【解析】选项D，被赡养人是指年满60岁的父母，以及子女均已去世的年满60岁的祖父母、外祖父母。

30.【答案】ABCD

31.【答案】ABC

【解析】纳税人享受符合规定的专项附加扣除的计算时间分别为：(1) 子女教育。学前教育阶段，为子女年满3周岁当月至小学入学前一个月。学历教育，为子女接受全日制学历教育入学的当月至全日制学历教育结束的当月。(2) 继续教育。学历（学位）继续教育，为在中国境内接受学历（学位）继续教育入学的当月至学历（学位）继续教育结束的当月，同一学历（学位）继续教育的扣除期限最长不得超过48个月。技能人员职业资格继续教育、专业技术人员职业资格继续教育，为取得相关证书的当年。(3) 大病医疗。为医疗保障信息系统记录的医药费用实际支出的当年。(4) 住房贷款利息。为贷款合同约定开始还款的当月至贷款全部归还或贷款合同终止的当月，扣除期限最长不得超过240个月。(5) 住房租金。为租赁合同（协议）约定的房屋租赁期开始的当月至租赁期结束的当月。提前终止合同（协议）的，以实际租赁期限为准。(6) 赡养老人。为被赡养人年满60周岁的当月至赡养义务终止的年末。(7) 3岁以下婴幼儿照护。为婴幼儿出生的当月至年满3周岁的前一个月。第 (1) 项、第 (2) 项规定的学历教育和学历（学位）继续教育的期间，包含因病或其他非主观原因休学但学籍继续保留的休学期间，以及施教机构按规定组织实施的寒暑假等假期。选项D，对于赡养老人，为被赡养人年满60周岁的当月至赡养义务终止的年末。

32. 【答案】ABC

【解析】选项D，居民个人自行申报纳税的，可以在公益捐赠之日起90日内向主管税务机关办理更正申报追补扣除。

三、判断题

1. 【答案】×

【解析】在中国境内无住所又不居住，或者无住所而一个纳税年度内在中国境内居住累计不满183天的个人，为非居民个人。

2. 【答案】×

【解析】在商品营销活动中，企业和单位对营销成绩突出的雇员以培训班、研讨会、工作考察等名义组织旅游活动，通过免收差旅费、旅游费对个人实行的营销业绩奖励（包括实物、有价证券等)，应根据所发生费用的全额并入营销人员当期的工资、薪金所得，按照工资、薪金所得项目征收个人所得税，并由提供上述费用的企业和单位代扣代缴。

3. 【答案】√

4. 【答案】×

【解析】个人从公开发行和转让市场取得的上市公司股票，持股期限在1个月以内（含1个月）的，其股息、红利所得全额计入应纳税所得额征收个人所得税。

5. 【答案】×

【解析】个人通过非营利性社会团体和国家机关向红十字事业的捐赠，在计算缴纳个人所得税时，准予在税前全额扣除。

6. 【答案】√

7. 【答案】×

【解析】个人通过网络收购玩家的虚拟货币，加价后向他人出售取得的收入，属于个人所得税应税所得，应按照财产转让所得项目计算缴纳个人所得税。

8.【答案】×

【解析】个人取得的财产转租收入按财产租赁所得计征个人所得税。

9.【答案】×

【解析】对个人购买福利彩票、赈灾彩票、体育彩票，一次性中奖收入在1万元以下（含1万元）的，暂免征收个人所得税；超过1万元的，按全额计算征收个人所得税。

10.【答案】√

11.【答案】√

12.【答案】√

13.【答案】×

【解析】个人取得的财产转租收入，应按财产租赁所得项目缴纳个人所得税。

14.【答案】√

15.【答案】×

【解析】出版、发表画作应按稿酬所得项目计缴个人所得税。

16.【答案】√

17.【答案】×

【解析】扣缴义务人对纳税人的应扣未扣税款应由纳税人予以补缴。

18.【答案】√

19.【答案】×

【解析】纳税人取得经营所得，按年计算个人所得税，由纳税人在月度或者季度终了后15日内向税务机关报送纳税申报表，并预缴税款；在取得所得的次年3月31日前办理汇算清缴。

20.【答案】√

21.【答案】×

【解析】对扣缴义务人按照所扣缴的税款付给2%的手续费。

22.【答案】√

23.【答案】×

【解析】专项扣除、专项附加扣除和依法确定的其他扣除，以居民个人一个纳税年度的应纳税所得额为限额；一个纳税年度扣除不完的，不结转以后年度扣除。

24.【答案】×

【解析】取得经营所得的个人，没有综合所得的，计算其每一纳税年度的应纳税所得额时，应当减除费用6万元、专项扣除、专项附加扣除以及依法确定的其他扣除。

25.【答案】×

【解析】扣缴义务人未将扣缴的税款解缴入库的，不影响纳税人按照规定申请退税，税务机关应当凭纳税人提供的有关资料办理退税。

26.【答案】×

【解析】支付工资、薪金所得的扣缴义务人应当于年度终了后两个月内，向纳税人提供其个人所得和已扣缴税款等信息。纳税人年度中间需要提供上述信息的，扣缴义务人应当提供。

27.【答案】√

28.【答案】√

四、不定项选择题

1.（1）【答案】B

【解析】

本年综合所得应纳税所得额＝10 000×12＋23 600×(1－20%)＋2 500×70%×(1－20%)－60 000－40 000＝40 280(元)

本年综合所得应纳个人所得税＝40 280×10%－2 520＝1 508(元)

（2）【答案】B

【解析】程某本年综合所得汇算清缴个人所得税时：

应补缴个人所得税＝1 508－1 000＝508(元)

（3）【答案】B

【解析】居民个人取得综合所得，按年计算个人所得税；有扣缴义务人的，由扣缴义务人按月或者按次预扣预缴税款；需要办理汇算清缴的，应当在取得所得的次年 3 月 1 日至 6 月 30 日内办理汇算清缴。

（4）【答案】ACD

【解析】选项 A，对个人购买福利彩票、赈灾彩票、体育彩票，一次中奖收入在 1 万元以下（含 1 万元）的暂免征收个人所得税；选项 B，省级人民政府、国务院部委和中国人民解放军军以上单位，以及外国组织、国际组织颁发的科学、教育、技术、文化、卫生、体育、环境保护等方面的奖金，免征个人所得税；选项 C，国债和国家发行的金融债券利息，免征个人所得税；选项 D，对股票转让所得暂不征收个人所得税。

2.（1）【答案】BCD

【解析】选项 A，个人取得的企业债券利息，应按利息、股息、红利项目缴纳个人所得税；选项 B，省级人民政府、国务院部委和中国人民解放军军以上单位，以及外国组织、国际组织颁发的科学、教育、技术、文化、卫生、体育、环境保护等方面的奖金，属于个人所得税免税项目；选项 C，自 2008 年 10 月 9 日起，对储蓄利息所得暂免征收个人所得税；选项 D，个人举报、协查各种违法犯罪行为而获得的奖金属于个人所得税免税项目。

（2）【答案】ABD

【解析】选项ABD，基本工资、全勤奖、岗位津贴都应列入工资、薪金所得项目，计征个人所得税；选项C，差旅费津贴不属于工资、薪金性质的津贴，不予征收个人所得税。

（3）【答案】AC

【解析】选项B，作者将自己的文字作品手稿原件或复印件公开拍卖（竞价）取得的所得，属于提供著作权的使用权所得，按特许权使用费所得项目征收个人所得税。选项D，个人将其拥有的他人创作的文字作品手稿原件或复印件公开拍卖（竞价）取得的所得，按财产转让所得项目征收个人所得税。

（4）【答案】B

【解析】钱某兼职取得的顾问费属于个人独立从事非雇佣劳务取得的所得，应按劳务报酬所得项目计算缴纳个人所得税。

3.（1）【答案】AD

【解析】保险赔款和国家发行的金融债券利息收入均属于免税收入（而非不征税收入）。

（2）【答案】D

【解析】个人出租住房，取得的租金收入可以减除相关税金、修缮费（每次以800元为限），减除后的余额小于4 000元的，还可以减除800元规定的费用。

（3）【答案】A

【解析】利息、股息、红利所得和偶然所得，以每次收入额为应纳税所得额，适用20%的比例税率。

（4）【答案】AC

【解析】选项AB，个人转让境内上市公司的股票暂不征收个人所得税；选项CD，持股期限超过1年的，股息、红利所得暂免征收个人所得税。

五、计算题

1.【答案】

（1）本年综合所得应纳税所得额＝18 000×12＋20 000×（1－20%）
＋48 000×（1－20%）－60 000－50 000
＝160 400（元）

本年综合所得应纳个人所得税＝160 400×20%－16 920＝15 160（元）

（2）股票转让收益暂不征收个人所得税。

（3）个人中奖应纳税款＝25 000×20%＝5 000（元）

全年应纳个人所得税合计＝15 160＋5 000＝20 160（元）

2.【答案】

杰克劳务报酬应纳税所得额＝100 000×（1－20%）＝80 000（元）

杰克应纳个人所得税＝80 000×35%－7 160＝20 840（元）

杰克税后净收入＝100 000－20 000－20 840＝59 160(元)

3.【答案】

应纳个人所得税＝(600－350－10)×20％＝48(万元)

4.【答案】

本年1月应由甲公司预扣预缴的个人所得税＝(30 000－5 000－4 000－2 000)×3％＝570(元)

本年2月应由甲公司预扣预缴的个人所得税＝(30 000×2－5 000×2－4 000×2－2 000×2)×10％－2 520－570
＝710(元)

本年3月应由甲公司预扣预缴的个人所得税＝(30 000×3－5 000×3－4 000×3－2 000×3)×10％－2 520－570－710
＝1 900(元)

5.4 实战演练

1.【答案】

(1) 本年综合所得应纳税所得额＝32 000×(1－20％)×70％＋80 000×(1－20％)
＋(31 000＋200＋300＋80＋50)×(1－20％)
－60 000－40 000＝7 224(元)

本年综合所得应纳个人所得税＝7 224×3％＝216.72(元)

(2) 国债利息收入免征个人所得税。

(3) 保险赔款免征个人所得税。

张某本年应纳个人所得税合计＝216.72(元)

2.【答案】

(1) 计算王某本年综合所得应纳税所得额。

本年综合所得应纳税所得额＝15 000×12＋2 000×(1－20％)
＋3 000×(1－20％)×70％＋1 000×(1－20％)
－60 000－2 745×12－2 000×12
＝67 140(元)

(2) 计算王某本年综合所得应纳个人所得税。

本年综合所得应纳个人所得税＝67 140×10％－2 520＝4 194(元)

(3) 计算王某本年综合所得汇算清缴时应补缴或者申请退回的个人所得税。

本年综合所得应申请退回个人所得税＝(3 786＋240＋308＋40)－4 194
＝180(元)

(4) 王某转让债券所得应纳个人所得税＝[(8－6)×20 000－780÷30 000×20 000－600]×20%
＝7 776(元)

(5) 王某拍卖字画所得应纳个人所得税＝(300 000－80 000－30 000)×20%
＝38 000(元)

第6章 其他税种税法（上）

6.3 技能训练

一、单项选择题

1.【**答案**】A

【**解析**】

关税完税价格＝400＋10＋14＝424(万元)

应纳关税＝424×10%＝42.4(万元)

2.【**答案**】A

【**解析**】

关税完税价格＝离岸价格÷(1＋出口关税税率)

3.【**答案**】C

【**解析**】滑准税是一种随进口货物价格由高到低而由低到高设置关税税率用以计征关税的方法。

4.【**答案**】C

【**解析**】选项A，房地产出租，没有发生房屋产权、土地使用权的转让，不属于土地增值税的征税范围。选项B，转让国有土地使用权征收土地增值税，出让国有土地使用权不征收土地增值税。选项C，改制重组有关不征收土地增值税政策不适用房地产开发企业。选项D，属于房产所有人、土地使用权人通过中国境内非营利性社会团体、国家机关将房屋产权、土地使用权赠与教育、民政和其他社会福利、公益事业的行为，不征收土地增值税。

5.【**答案**】B

【**解析**】纳税人建造普通标准住宅出售，增值额未超过扣除项目金额20%的，免征土地增值税。

6.【**答案**】C

【解析】（1）纳税人在取得土地使用权时按国家统一规定缴纳的有关登记、过户手续费和契税等相关税费（120 万元），应计入“取得土地使用权所支付的金额”（2 000＋120＝2 120（万元）），准予扣除；（2）纳税人在转让房地产时缴纳的增值税、城市维护建设税、教育费附加、印花税等（220 万元），准予扣除；（3）土地增值额为 3 660 万元（6 000－220－2 000－120）。

7. **【答案】**C

【解析】对于纳税单位无偿使用免税单位的土地，纳税单位应照章缴纳城镇土地使用税。

8. **【答案】**D

【解析】（1）对免税单位无偿使用纳税单位的土地（如公安、海关等单位使用铁路、民航等单位的土地），免征城镇土地使用税；对纳税单位无偿使用免税单位的土地，纳税单位应照章缴纳城镇土地使用税。（2）机场道路，区分为场内、场外道路，场外道路用地免征城镇土地使用税；场内道路用地依照规定征收城镇土地使用税。（3）宗教寺庙、公园、名胜古迹自用的土地，免征城镇土地使用税。公园、名胜古迹中附设的营业单位、影剧院、饮食部、茶社、照相馆、索道公司经营用地等均应按规定缴纳城镇土地使用税。

9. **【答案】**D

【解析】纳税人新征用的非耕地，自批准征用之次月起计算缴纳城镇土地使用税。

应纳城镇土地使用税＝3 600×5＋5 400×5×8÷12＝36 000(元)

10. **【答案】**D

【解析】我国自 2020 年 9 月 1 日起开始施行《中华人民共和国资源税法》。

11. **【答案】**C

【解析】有下列情形之一的，减征资源税：（1）从低丰度油气田开采的原油、天然气，减征 20％资源税；（2）高含硫天然气、三次采油和从深水油气田开采的原油、天然气，减征 30％资源税；（3）稠油、高凝油，减征 40％资源税；（4）从衰竭期矿山开采的矿产品，减征 30％资源税。

12. **【答案】**C

【解析】出口货物、劳务和跨境销售服务、无形资产以及因优惠政策退还增值税、消费税的，不退还已缴纳的城市维护建设税。

13. **【答案】**D

【解析】代扣代缴、代收代缴增值税、消费税的单位和个人，同时也是城市维护建设税的代扣代缴、代收代缴义务人，其纳税地点为代扣代收地。

14. **【答案】**C

【解析】

应补缴城市维护建设税和教育费附加＝(20 000＋10 000)×7％＋(20 000＋10 000)×3％＝3 000(元)

15. **【答案】** C

【解析】 选项ABD，属于关税法定免税的情形；选项C，在海关放行前损失的货物，可免征关税。

16. **【答案】** A

【解析】 货物运抵我国关境内输入地点起卸后的运费和保险费不计入关税完税价格；向境外采购代理人支付的买方佣金不计入关税完税价格。在本题中：

选项A：

甲企业应纳进口环节消费税＝(34＋6＋8)÷(1－25%)×25%＝16(万元)

选项B：

甲企业应纳关税＝(34＋6)×20%＝8(万元)

选项C：城市维护建设税和教育费附加进口不征、出口不退。

选项D：

甲企业应纳进口环节增值税＝(34＋6＋8＋16)×13%＝8.32(万元)

17. **【答案】** C

【解析】

评估价格＝6 000×70%＝4 200(万元)

增值额＝5 000－4 200－57.5＝742.5(万元)

18. **【答案】** C

【解析】 对盐场、盐矿的生产厂房、办公、生活区用地，应照章征收城镇土地使用税；盐场的盐滩、盐矿的矿井用地，暂免征收城镇土地使用税。

19. **【答案】** B

【解析】 由海关监管使用的减免税进口货物，在监管年限内转让或移作他用需要补税的，应当以海关审定的该货物原进口时的价格，扣除折旧部分价值作为完税价格。其计算公式为：

$$\text{应补缴关税的完税价格}=\text{海关审定的该货物原进口时的价格}\times\left[1-\text{申请补税时实际已使用的时间(月)}\div\left(\text{监管年限}\times12\right)\right]$$

甲企业应补缴关税的完税价格＝280×[1－9÷(2×12)]＝175(万元)

20. **【答案】** D

【解析】 耕地是指种植农业作物的土地，包括菜地、园地。其中，园地包括花圃、苗圃、茶园、果园、桑园和其他种植经济林木的土地。

21. **【答案】** B

【解析】 农村居民在规定用地标准以内占用耕地新建自用住宅，按照当地适用税额减半征收耕地占用税。

22.【答案】C

【解析】

应纳耕地占用税＝200×7÷2＝700(元)

23.【答案】B

【解析】船舶吨税分1年期缴纳、90天期缴纳与30天期缴纳三种。

24.【答案】D

【解析】应税船舶负责人应当自海关填发船舶吨税缴款凭证之日起15日内缴清税款。

25.【答案】C

【解析】自2020年9月1日起，资源税纳税人按月或者按季申报缴纳的，应当自月度或者季度终了之日起15日内，向税务机关办理纳税申报并缴纳税款。

26.【答案】D

【解析】选项A，房地产出租，出租人虽取得收入，但没有发生房产产权、土地使用权转移，不属于土地增值税的征税范围；选项B，土地增值税只针对转让国有土地使用权的行为征收，对出让国有土地的行为不征收；选项C，既没有发生房地产权属转移，也未取得收入，不属于土地增值税征税范围；选项D，房地产权属发生转移，属于土地增值税征税范围。

二、多项选择题

1.【答案】ABD

【解析】选项C，车船税是由税务机关进行征收的。

2.【答案】ABD

【解析】选项C，因故退还的境外进口货物，可以免征出口关税，但已征收的进口关税不予退还。

3.【答案】ACD

【解析】选项B，关税税额在人民币50元以下的一票货物，可免征关税。

4.【答案】ABD

【解析】选项C，应计入房地产开发成本中。

5.【答案】BCD

【解析】选项A，取得销售（预售）许可证满3年仍未销售完毕的，主管税务机关可要求纳税人进行土地增值税清算。

6.【答案】AC

【解析】选项A，单位、个人在改制重组时以国有土地、房屋进行投资，对其将国有土地、房屋权属转移、变更到被投资的企业，暂不征收土地增值税（该政策不适用于房地产企业）；选项BC，房地产交换属于土地增值税的征税范围，但对居民个人之间互换自用居住用房地产的，经当地税务机关核实，可以免征土地增值税；选项D，房地产开发企业将开发产品用于职工福利、奖励、对外投资、分配给股东或投资人、抵偿债务、换取其他单位和个人的非货币性资产等，发生所有权转移时应视同销售房地产，征收土地增值税。

7. **【答案】** BD

【解析】 两家企业共同使用一块土地时，按各自实际占用的面积缴纳城镇土地使用税。

8. **【答案】** BC

【解析】 选项B，企业范围内荒山、林地、湖泊等占地，自2016年1月1日起，全额征收城镇土地使用税；选项C，名胜古迹内的索道公司经营用地征收城镇土地使用税；选项AD，免征城镇土地使用税。

9. **【答案】** ABC

【解析】 销售额是指纳税人销售应税矿产品向购买方收取的全部价款和价外费用，但不包括收取的增值税销项税额。选项BC属于价外费用，应计入销售额。

10. **【答案】** ACD

【解析】 选项B，进口原油不属于资源税的征税范围。

11. **【答案】** ABCD

【解析】 我国已经统一税制，市场主体纳税义务平等。

12. **【答案】** BCD

【解析】 选项A，对出口货物、劳务和跨境销售服务、无形资产以及因优惠政策退还增值税、消费税的，不退还已缴纳的城市维护建设税。

13. **【答案】** ACD

【解析】 进口货物的收货人、出口货物的发货人、进出境物品的所有人，是关税的纳税人。选项B，接受纳税人委托办理货物报关等有关手续的代理人，可以代办纳税手续，但不是关税的纳税人。

14. **【答案】** AC

【解析】 选项BD，学校和军事设施占用耕地免征耕地占用税。选项AC，铁路线路和公路线路占用耕地，减按2元/平方米的税额征收耕地占用税。

15. **【答案】** ACD

【解析】 选项B，耕地占用税实行地区差别幅度定额税率。

16. **【答案】** BC

【解析】 选项A，不征耕地占用税而非免征耕地占用税；选项B，减按2元/平方米的税额征收耕地占用税；选项C，按当地适用税额减半征收耕地占用税；选项D，应全额缴纳耕地占用税。

17. **【答案】** ACD

【解析】 下列船舶免征船舶吨税：(1) 应纳税额在人民币50元以下的船舶；(2) 自境外以购买、受赠、继承等方式取得船舶所有权的初次进口到港的空载船舶；(3) 船舶吨税执照期满后24小时内不上下客货的船舶；(4) 非机动船舶（不包括非机动驳船）；

(5) 捕捞、养殖渔船；(6) 避难、防疫隔离、修理、终止运营或者拆解，并不上下客货的船舶；(7) 军队、武装警察部队专用或者征用的船舶；(8) 警用船舶；(9) 依照法律规定应当予以免税的外国驻华使领馆、国际组织驻华代表机构及其有关人员的船舶；(10) 国务院规定的其他船舶。选项 B，非机动船舶（不包括非机动驳船），免征船舶吨税。

18.【答案】ABD

【解析】选项 C，直接减免的增值税、消费税税额，是指依照增值税、消费税相关法律法规和税收政策规定，直接减征或免征的增值税、消费税税额，不包括实行先征后返、先征后退、即征即退办法退还的增值税、消费税税额。

三、判断题

1.【答案】√

2.【答案】×

【解析】船舶吨税纳税义务发生时间为应税船舶进入境内港口的当日。

3.【答案】×

【解析】进出口货物放行后，海关发现少征或者漏征税款的，应当自缴纳税款或者货物放行之日起 1 年内，向纳税义务人补征税款。但因纳税义务人违反规定造成少征或者漏征税款的，海关可以自缴纳税款或者货物放行之日起 3 年内追征税款，并从缴纳税款或者货物放行之日起按日加收少征或者漏征税款万分之五的滞纳金。

4.【答案】×

【解析】纳税人建造普通标准住宅出售，增值额未超过扣除项目金额 20%的，予以免征土地增值税；超过 20%的，应按全部增值额缴纳土地增值税。

5.【答案】×

【解析】隐瞒、虚报房地产成交价格的，土地增值税按照房地产评估价格计算征收。

6.【答案】×

【解析】尚未核发土地使用证书的，应由纳税人据实申报土地面积，并据以缴纳城镇土地使用税，待核发土地使用证书后再作调整。

7.【答案】×

【解析】铁路线路、公路线路、飞机场跑道、停机坪、港口、航道、水利工程占用耕地，减按每平方米 2 元的税额征收耕地占用税。

8.【答案】√

9.【答案】√

10.【答案】×

【解析】对进口货物或者境外单位和个人向境内销售劳务、服务、无形资产缴纳的增值税、消费税税额，不征收城市维护建设税。

11.【答案】√

12.【答案】√

四、不定项选择题

(1)**【答案】**C

【解析】

可扣除的房地产开发成本＝40＋50＋240＝330(万元)

(2)**【答案】**C

【解析】

可扣除的房地产开发费用＝(160＋10＋330)×9%＝45(万元)

(3)**【答案】**B

【解析】

可扣除的相关税金＝45×(7%＋3%)＝4.5(万元)

(4)**【答案】**A

【解析】

扣除项目金额合计＝160＋10＋330＋45＋4.5＋(160＋10＋330)×20%
＝649.5(万元)

土地增值额＝900－649.5＝250.5(万元)

(5)**【答案】**B

【解析】

增值额与扣除项目金额之比＝250.5÷649.5×100%＝38.57%

适用税率为30%。

应纳土地增值税＝250.5×30%＝75.15(万元)

五、计算题

1.**【答案】**

关税完税价格＝(500 000＋60 000)×(1＋0.3%)＝561 680(元)

进口关税＝(500 000＋60 000)×(1＋0.3%)×30%＝168 504(元)

进口增值税和消费税合计＝(500 000＋60 000)×(1＋0.3%)×(1＋30%)÷(1－15%)
×(13%＋15%)
＝240 531.2(元)

应纳进口环节税金合计金额＝168 504＋240 531.2＝409 035.2(元)

2.**【答案】**

应纳城市维护建设税＝(50＋8)×7%＝4.06(万元)

应纳教育费附加＝(50＋8)×3%＝1.74(万元)

应纳地方教育附加＝(50＋8)×2%＝1.16(万元)

3. 【答案】

增值额=1 000−[50+200+40+60+(200+50)×20%]=600(万元)
增值率=600÷400=150%

因此，土地增值税税率为50%，扣除系数为15%。

应纳土地增值税=600×50%−400×15%=240(万元)

4. 【答案】

应纳城镇土地使用税=8 000×7+3 000×5+6 000×4+6 500×1=101 500(元)

5. 【答案】占用耕地改成果园，不征收耕地占用税；农村居民在规定用地标准以内占用耕地新建自用住宅，按照当地适用税额减半征收耕地占用税；占用耕地建设农田水利设施的，不缴纳耕地占用税。

张某应纳耕地占用税=300×20×50%=3 000(元)

6.4 实战演练

【答案】(1) 开采环节不需要缴纳资源税，因此业务 (1) 应纳资源税为0。

(2) 业务 (2)：

应纳资源税=240×100×5%=1 200(元)

(3) 业务 (3)：纳税人将其开采的原煤，自用于连续生产洗选煤的，在原煤移送使用环节不缴纳资源税；将其开采的原煤，自用于其他方面 (如用于职工宿舍) 的，视同销售原煤，按同期对外销售价格计算应纳资源税；纳税人将其开采的原煤加工为洗选煤销售的或用于职工宿舍等视同销售，以洗选煤销售额乘以折算率作为应税煤炭销售额计算缴纳资源税，且洗选煤销售额中包含的运输费用以及随运销产生的装卸、仓储、港杂等费用应与煤价分别核算，凡取得相应凭据的，允许在计算煤炭计税销售额时予以扣减。

应纳资源税=(50+3+20)×(200−20)×60%×5%=394.2(元)

(4) 该煤矿当月应纳资源税合计=1 200+394.2=1 594.2(元)

第7章 其他税种税法（下）

7.3 技能训练

一、单项选择题

1. 【答案】C

【解析】选项AB，经营租赁的房产，由出租方以租金收入为计税依据缴纳房产税；

选项CD，融资租赁的房产，由承租方以房产余值为计税依据缴纳房产税。

2.【答案】B

【解析】

本年甲企业上述房产应纳房产税$=4\,000\times(1-30\%)\times1.2\%\times3\div12+2\times9\times12\%=10.56$(万元)

3.【答案】C

【解析】选项A，产权属于国家所有的，其经营管理的单位为房产税纳税人；选项B，产权出典的，承典人为房产税纳税人；选项D，产权未确定的，房产代管人或者使用人为房产税纳税人。

4.【答案】D

【解析】选项D，产权出典的，承典人为房产税纳税人。

5.【答案】C

【解析】土地使用权互换、房屋互换，互换价格相等的，互换双方计税依据为零；互换价格不相等的，以其差额为计税依据，由支付差额的一方缴纳契税。

B单位应纳契税$=(700-500)\times3\%=6$(万元)

6.【答案】D

【解析】企业接受捐赠房屋用于办公不予免征契税。

7.【答案】B

【解析】选项AD，契税纳税人为承受方，转让方、出售方不缴纳契税；选项C，土地房屋典当、分拆（分割）、出租、抵押不属于契税的征税范围。

8.【答案】D

【解析】房屋买卖以成交价格作为契税的计税依据，本题中的计税依据应是9 000万元，则

应纳契税$=9\,000\times3\%=270$(万元)

9.【答案】C

【解析】机动船舶的车船税以净吨位数为计税依据。

10.【答案】D

【解析】依法不需要在车船登记管理部门登记的机场、港口、铁路站场内部行驶或者作业的车船，自《车船税法》实施之日起5年内免征车船税，但在加工厂内行驶不需要登记的车船不享受免税规定。

11.【答案】D

【解析】被盗后复得的小轿车应当缴纳7个月（4～8月共计5个月可以退税）的车船税。

该企业本年实际应纳车船税$=1\,200+1\,200\times7\div12=1\,900$(元)

在一个纳税年度内，已完税的车船被盗抢、报废、灭失的，纳税人可以凭有关管理机关出具的证明和完税凭证，向纳税所在地的主管税务机关申请退还自被盗抢、报废、灭失月份起至该纳税年度终了期间的车船税税款。已办理退税的被盗抢车船失而复得的，纳税人应当从公安机关出具相关证明的当月起计算缴纳车船税。

12. **【答案】**C

【解析】购置的新车船，购置当年的车船税应纳税额自纳税义务发生的当月起按月计算。拖船按机动船舶年基准税额的50%计算。

于某本年应纳车船税＝100×6×50%×9÷12＝225(元)

13. **【答案】**C

【解析】选项C，证券交易印花税对证券交易的出让方征收，不对受让方征收。

14. **【答案】**B

【解析】每一排放口或者没有排放口的应税大气污染物，按照污染当量数从大到小排序，对前三项污染物征收环境保护税。

15. **【答案】**C

【解析】借款合同应按照借款金额（即借款本金，不包括借款利息）计算缴纳印花税。

16. **【答案】**D

【解析】

第一份合同应纳印花税＝3 000 000×1‰＝3 000(元)

第二份合同应纳印花税＝1 500 000×0.3‰＋500 000×1‰＝950(元)

应纳印花税合计＝3 000＋950＝3 950(元)

17. **【答案】**C

【解析】选项ABD均为从价计征，选项C实行从量计征。

18. **【答案】**A

【解析】纳税人购买车辆并自用的情形下，车辆购置税的计税依据为购买应税车辆而支付给销售者的全部价款和价外费用，不包括增值税税款。

19. **【答案】**A

【解析】选项A，甲汽车专卖店属于购买并自用，应当缴纳车辆购置税；选项BD，分别由购买方和受赠人缴纳车辆购置税；选项C，购入待售车辆不需要缴纳车辆购置税，待进一步处置时再行确定纳税人，缴纳车辆购置税。

20. **【答案】**B

【解析】

应纳房产税＝8 000×9×4%＝2 880(元)

21. **【答案】**A

【解析】土地使用权互换、房屋互换，互换价格相等的，互换双方计税依据为零；互换价格不相等的，以其差额为计税依据，由支付差额的一方缴纳契税。所以本题中，互换住房，由于互换价格不相等，因此，由支付差额的一方缴纳契税，即应由何某缴纳契税。

何某应纳契税=(50−40)×3%=0.3(万元)

于某不缴纳契税。

互换门面房，由于互换价格相等，因此互换双方计税依据为零，即何某和蔡某对互换门面房均不需要缴纳契税。

22.【答案】A

【解析】对个人按市场价格出租的居民住房，用于居住的，可暂减按4%的税率征收房产税。

李某应纳房产税=6 000×4%=240(元)

23.【答案】C

【解析】选项B，房屋的出租不属于契税的征税范围；选项AD，应由土地使用权的承受方（而非市政府、某个体工商户）缴纳契税。

24.【答案】C

【解析】已缴纳车船税的车船在同一纳税年度内办理转让过户的，不需要另外缴纳车船税。

25.【答案】A

【解析】根据《印花税法》，选项B，动产买卖合同（不包括个人书立的动产买卖合同）应当缴纳印花税；选项C，财产保险合同（不包括再保险合同）应当缴纳印花税；选项D，应税凭证的副本或者抄本，免征印花税。

26.【答案】A

【解析】以受赠、获奖或者其他方式取得自用应税车辆，按照购置应税车辆时相关凭证载明的价格确定，不包括增值税税款。

27.【答案】B

【解析】选项B，土地使用权互换、房屋互换，互换价格相等的，互换双方计税依据为零；互换价格不相等的，以其差额为计税依据，由支付差额的一方缴纳契税。

28.【答案】B

【解析】选项A，公园自用的房产，免征房产税。其自用的房产，是指供公共参观游览的房屋及其管理单位的办公用房屋。选项B，宗教寺庙、公园、名胜古迹中附设的营业单位，如影剧院、饮食部、茶社、照相馆等所使用的房产及出租的房产，不属于免税范围，应照章征收房产税。选项C，国家机关自用的房产，免征房产税。选项D，个人所有非营业用的房产，免征房产税。

29.【答案】C

30.【答案】A

【解析】

$$\text{本月纳税人收购烟叶实际支付的价款总额（烟叶收购价款总额）}=1\,000\,000\times(1+10\%)=1\,100\,000(\text{元})$$

$$\text{应纳烟叶税}=1\,100\,000\times20\%=220\,000(\text{元})$$

31.【答案】B

32.【答案】B

【解析】对于环境保护税，纳税人按季申报缴纳的，应当自季度终了之日起15日内，向税务机关办理纳税申报并缴纳税款；纳税人按次申报缴纳的，应当自纳税义务发生之日起15日内，向税务机关办理纳税申报并缴纳税款。

33.【答案】B

【解析】环境保护税按月计算，按季申报缴纳。

34.【答案】C

【解析】环境保护税纳税人是指在中华人民共和国领域和中华人民共和国管辖的其他海域，直接向环境排放应税污染物的企业事业单位和其他生产经营者。应税污染物，是指《环境保护税法》所附《环境保护税税目税额表》《应税污染物和当量值表》规定的大气污染物、水污染物、固体废物和噪声。其中，固体废物包括煤矸石、尾矿、危险废物、冶炼渣、粉煤灰、炉渣、其他固体废物（含半固态、液态废物）。

二、多项选择题

1.【答案】AC

【解析】选项AC，凡以房屋为载体，不可随意移动的附属设备和配套设施，如给排水、采暖、消防、中央空调、电气及智能化楼宇设备等，无论在会计核算中是否单独记账与核算，都应计入房产原值，计征房产税。选项BD，独立于房屋之外的建筑物（如围墙、烟囱、水塔、室外游泳池等）不属于房产，不是房产税的征税对象。

2.【答案】AC

【解析】选项B，企业内行政管理部门办公用房产，不属于免税房产，应照章纳税。选项D，个人拥有的营业用房或者出租的房产，不属于免税房产，应照章纳税。

3.【答案】ABCD

【解析】自用的两层经营饭店，应从价计征房产税。

$$\text{应纳房产税}=2\,000\times2\times(1-30\%)\times1.2\%=33.6(\text{万元})$$

出租的两层，应从租计征房产税。

$$\text{应纳房产税}=252\div(1+5\%)\times12\%=28.8(\text{万元})$$

用于投资联营的两层，收取固定收入，应从租计征房产税。

$$\text{应纳房产税}=210\div(1+5\%)\times12\%=24(\text{万元})$$

第七层给张某无偿使用，张某为受益人，由张某缴纳房产税。纳税单位和个人无租使用房产管理部门、免税单位及纳税单位的房产，由使用人代为缴纳房产税。

4.【答案】BD

【解析】契税的纳税人，是指在我国境内承受土地、房屋权属转移的单位和个人。选项B，继承土地、房屋权属不属于契税的征税范围；选项D，纳税人承受荒山、荒沟、荒丘、荒滩土地使用权，用于农、林、牧、渔业生产的，免征契税。

5.【答案】BD

【解析】(1) 契税征税范围中的"土地使用权转让"，不包括土地承包经营权和土地经营权的转移。(2) 土地、房屋权属的典当、分拆（分割）、出租、抵押等行为，不属于契税的征税范围。

6.【答案】AB

【解析】

于某应纳契税 $=60\times3\%=1.8$(万元)

原某应纳契税 $=20\times3\%=0.6$(万元)

7.【答案】ABCD

【解析】外商投资企业拥有的汽车也是要缴纳车船税的。

8.【答案】ACD

【解析】选项B，专用作业车和轮式专用机械车等（不包括拖拉机）属于车船税的征税范围。

9.【答案】BCD

【解析】选项A，购置价格不属于车船税的计税依据。

10.【答案】AB

【解析】根据《印花税法》，印花税应税营业账簿的计税依据，为账簿记载的实收资本（股本）、资本公积合计金额。

11.【答案】ABCD

【解析】本题选项均属于印花税的征税范围。选项ABD，按"产权转移书据"贴花；选项C，按"合同"贴花。

12.【答案】AB

【解析】根据《印花税法》，选项C，个人与电子商务经营者订立的电子订单，免征印花税，但电子商务经营者与个人以外的用户订立的电子订单，不免征印花税。选项D，非营利性医疗卫生机构采购药品或者卫生材料书立的买卖合同，免征印花税。

13.【答案】ABCD

14.【答案】ABD

【解析】价外费用是指销售方价外向购买方收取的基金、集资费、违约金（延期付款利息）和手续费、包装费、储备费、优质费、运输装卸费、保管费以及其他各种性质的价外收费，但不包括销售方代办保险等而向购买方收取的保险费，以及向购买方收取的代购买方缴纳的车辆购置税、车辆牌照费。

15. **【答案】** ABCD

16. **【答案】** BD

【解析】 房产税纳税义务发生时间规定如下：（1）纳税人将原有房产用于生产经营，从生产经营之月起，缴纳房产税；（2）纳税人自行新建房屋用于生产经营，从建成之次月起，缴纳房产税；（3）纳税人委托施工企业建设的房屋，从办理验收手续之次月起，缴纳房产税；（4）纳税人购置新建商品房，自房屋交付使用之次月起，缴纳房产税；（5）纳税人购置存量房，自办理房屋权属转移、变更登记手续、房地产权属登记机关签发房屋权属证书之次月起，缴纳房产税；（6）纳税人出租、出借房产，自交付出租、出借房产之次月起，缴纳房产税；（7）房地产开发企业自用、出租、出借本企业建造的商品房，自房屋使用或交付之次月起，缴纳房产税；（8）自2009年1月1日起，纳税人因房产的实物或权利状态发生变化而依法终止房产税纳税义务的，其应纳税款的计算应截至房产的实物或权利状态发生变化的当月月末。

17. **【答案】** ABC

【解析】，选项D，土地使用权出让、出售，房屋买卖，契税的计税依据为土地、房屋权属转移合同确定的成交价格，包括应交付的货币以及实物、其他经济利益对应的价款。

18. **【答案】** ACD

【解析】 根据《印花税法》，选项B，印花税按季、按年或者按次计征。

19. **【答案】** ABD

【解析】 车辆购置税是对在我国境内购置规定车辆自用的单位和个人征收的税种。选项A，购进的车辆不是自用而是用于对外销售，所以不属于车辆购置税的征税范围；选项B，免征车辆购置税；选项D，自行车不属于车辆购置税的征税范围。

20. **【答案】** ABC

【解析】 选项D，车船税的纳税地点为车船的登记地或者车船税扣缴义务人所在地（而非车船所在地）。

21. **【答案】** AD

【解析】 选项BC，土地、房屋权属的典当、分拆（分割）、出租、抵押等行为，不属于契税的征税范围。

22. **【答案】** CD

【解析】 纳税人收购烟叶实际支付的价款总额，包括纳税人支付给烟叶生产销售单位和个人的烟叶收购价款和价外补贴。

23. **【答案】** AC

【解析】 应税污染物的计税依据，按照下列方法确定：

（1）应税大气污染物按照污染物排放量折合的污染当量数确定；

（2）应税水污染物按照污染物排放量折合的污染当量数确定；

（3）应税固体废物按照固体废物的排放量确定；

（4）应税噪声按照超过国家规定标准的分贝数确定。

24.【答案】ACD

【解析】选项B，农业生产（不包括规模化养殖）排放应税污染物暂免征收环境保护税，农业生产中的规模化养殖则需缴纳环境保护税。

三、判断题

1.【答案】×

【解析】有下列情形之一的，不属于直接向环境排放污染物，不缴纳相应污染物的环境保护税：（1）企业事业单位和其他生产经营者向依法设立的污水集中处理、生活垃圾集中处理场所排放应税污染物的；（2）企业事业单位和其他生产经营者在符合国家和地方环境保护标准的设施、场所贮存或者处置固体废物的。

2.【答案】×

【解析】房地产开发企业建造的商品房在出售前已经使用或者出租、出借的，缴纳房产税。

3.【答案】√

4.【答案】√

5.【答案】√

6.【答案】×

【解析】婚姻关系存续期间夫妻之间变更土地、房屋权属，免征契税。

7.【答案】×

【解析】车船税按年申报，分月计算，一次性缴纳。

8.【答案】√

9.【答案】×

【解析】工业噪声声源1个月内超标不足15天的，减半计算环境保护税应纳税额。

10.【答案】√

11.【答案】×

【解析】自2021年10月1日起，对企事业单位、社会团体以及其他组织向个人、专业化规模化住房租赁企业出租住房的，减按4%的税率征收房产税。

四、不定项选择题

1.（1）【答案】AD

【解析】选项AB，纳税人因房屋大修导致连续停用半年以上的，在房屋大修期间免征房产税，所以A企业因房屋大修导致连续停用5个月的厂房，应照章征收房产税，不影响总的应税房产原值；选项CD，房产原值，是指纳税人按照会计制度规定，在账簿固定资产科目中记载的房屋原价，不能减除折旧部分。

A企业20×6年应纳房产税＝1 000×(1－20%)×1.2%＝9.6(万元)

(2)【答案】BD

【解析】选项AB，纳税人新征用的耕地，自批准征用满1年时缴纳城镇土地使用税；选项CD，纳税人新征用的非耕地，自批准征用次月起缴纳城镇土地使用税。

(3)【答案】D

【解析】新征用的耕地20×6年应缴纳耕地占用税，不需缴纳城镇土地使用税。

应纳耕地占用税＝500×10＝5 000(元)

新征用的非耕地，须于征用次月起缴纳城镇土地使用税。

20×6年应纳城镇土地使用税＝600×2×6÷12＝600(元)

其他土地20×6年应纳城镇土地使用税＝20 000×2＝40 000(元)

A企业20×6年应纳城镇土地使用税合计＝600＋40 000＝40 600(元)

(4)【答案】D

【解析】车船税的纳税义务发生时间为取得车船所有权或者管理权的当月，所以7月新购入的载货汽车和挂车从7月开始计算缴纳车船税。挂车按照货车税额的50%计算车船税。

A企业20×6年应纳车船税＝5×480＋2×5×60×6÷12＋3×4×60×50%×6÷12

＝2 880(元)

2.(1)【答案】C

【解析】1)在货物成交过程中，进口人在成交价格之外另支付给卖方代理人的佣金，应计入关税完税价格，而向境外采购代理人支付的买方佣金则不能列入关税完税价格。

2)货物运抵我国关境内输入地点起卸前的包装费、运费、保险费和其他劳务费等费用，应计入关税完税价格。

3)A公司委托乙运输公司将小汽车从海关运回本单位所支付的运费不能计入关税完税价格。

该批小汽车的关税完税价格＝200－20(买方佣金)＋25(卖方佣金)＋35(运输费用)＋10(保险费用)

＝250(万元)

(2)【答案】ABCD

【解析】

1)应纳关税＝250×60%＝150(万元)

2)应纳进口消费税＝(250＋150)÷(1－25%)×25%＝133.33(万元)

3)应纳进口增值税＝(250＋150＋133.33)×13%＝69.33(万元)

4)海关对进口产品代征的增值税、消费税，不征收城市维护建设税和教育费附加。

（3）【答案】A

【解析】只有A公司自用的2辆小汽车由A公司缴纳车辆购置税，直接销售的18辆小汽车由购置自用的当事人缴纳车辆购置税。

A公司应纳车辆购置税=(250+150)÷(1−25%)×10%÷20×2=5.33(万元)

（4）【答案】B

【解析】1）进口环节应缴纳的增值税由海关负责征收。

2）自2013年8月1日起，一般纳税人购进自用的应征消费税的汽车、摩托车、游艇，其进项税额准予从销项税额中抵扣（其运费的进项税额也准予从销项税额中抵扣）。

当期销项税额=800×13%=104(万元)

当期可以抵扣的进项税额=69.33+0.45=69.78(万元)

当期应向税务机关缴纳增值税=104−69.78=34.22(万元)

五、计算题

1.【答案】（1）契税由房屋权属承受人缴纳，张某将其100万元的房屋向李某出售时，由李某缴纳契税。

（2）土地使用权互换、房屋互换，互换价格相等的，互换双方计税依据为零；互换价格不相等的，以其差额为计税依据，由支付差额的一方缴纳契税。因此张某本年8月将另一套以市场价格120万元与谢某的住房进行了等价置换，张某和谢某均不缴纳契税。

（3）张某以150万元购置新住房时：

张某应纳契税=150×3%=4.5(万元)

2.【答案】

应纳车辆购置税=(113 000+600+1 500)÷(1+13%)×10%=10 185.84(元)

3.【答案】按照2018年7月1日起实施的《烟叶税法》，烟叶税的应纳税额按照纳税人收购烟叶实际支付的价款总额乘以税率计算。纳税人收购烟叶实际支付的价款总额包括纳税人支付给烟叶生产销售单位和个人的烟叶收购价款和价外补贴。其中，价外补贴统一按烟叶收购价款的10%计算。

应纳烟叶税=88×(1+10%)×20%=19.36(万元)

4.【答案】

水污染物当量数=50÷0.5=100

应纳环境保护税=100×2.8=280(元)

7.4 实战演练

【答案】

（1）应纳车船税=10×8×20+7.8×4×20×50%+2.5×3×20÷12×6=1 987(元)

(2) 应纳房产税＝[(2 400－240)×(1－20%)×1.2%÷12×7＋(2 400－240－240)×(1－20%)×1.2%÷12×5＋20÷12×5×12%]×10 000
＝207 760(元)

(3) 应纳印花税＝[8×0.3‰＋20×3×1‰＋24×0.3‰]×10 000＝696(元)

第8章 税务行政法制

8.3 技能训练

一、单项选择题

1.【答案】A

【解析】简易程序的适用条件：一是案情简单、违法事实清楚、违法后果比较轻微且有法定依据，应当给予处罚的违法行为；二是给予的处罚较轻，仅适用于对公民处以50元以下和对法人或者其他组织处以1 000元以下罚款的违法案件。

2.【答案】C

【解析】行政复议机关应当自受理申请之日起60日内作出行政复议决定。情况复杂、不能在规定期限内作出行政复议决定的，经行政复议机关负责人批准，可以适当延期，并告知申请人和被申请人，但延期不得超过30日。

3.【答案】C

【解析】选项A，对计划单列市税务局的具体行政行为不服的，向国家税务总局申请行政复议；选项B，对于税务所的具体行政行为不服的，向其所属税务局申请行政复议；选项D，对于国家税务总局的具体行政行为不服的，向国家税务总局申请行政复议。

4.【答案】B

【解析】人民法院在接到起诉状时对符合规定的起诉条件的，应当登记立案。对当场不能判定是否符合规定的起诉条件的，应当接收起诉状，出具注明收到日期的书面凭证，并在7日内决定是否立案。

5.【答案】B

【解析】各级税务机关的内设机构、派出机构不具有处罚主体资格，不能以自己的名义实施税务行政处罚。但是税务所可以实施罚款额在2 000元以下范围内的税务行政处罚。

6.【答案】B

【解析】税务机关对当事人作出罚款行政处罚决定的，当事人应当在收到税务行政处罚决定书之日起15日内缴纳罚款；到期不缴纳的，税务机关可以对当事人每日按罚款数额的3%加处罚款。

7.【答案】D

【解析】选项ABC，全国人民代表大会及其常务委员会可以通过法律的形式设定各种税务行政处罚；国务院可以通过行政法规的形式设定除限制人身自由以外的税务行政处罚；省税务机关没有税务行政处罚的设定权。

8.【答案】D

【解析】税务行政处罚听证的范围是对公民作出2 000元以上（含本数）或者对法人和其他组织作出10 000元以上（含本数）罚款的案件、没收较大数额违法所得案件以及吊销税务行政许可证件的案件。

二、多项选择题

1.【答案】AD

【解析】税务行政复议申请人对税务机关作出的征税行为不服的，应当先向行政复议机关申请行政复议；对复议决定不服的，可以向人民法院提起行政诉讼。选项AD属于税务机关作出的征税行为；选项BC不属于征税行为。

2.【答案】ABCD

【解析】对当事人的起诉，人民法院一般从以下几方面进行审查并作出是否受理决定：（1）审查是否属于法定的诉讼受案范围；（2）审查是否具备法定的起诉条件；（3）审查是否已经受理或者正在受理；（4）审查是否有管辖权；（5）审查是否符合法定的期限；（6）审查是否经过必经复议程序。

3.【答案】ABD

【解析】税务行政诉讼的原则包括：（1）人民法院特定主管原则；（2）合法性审查原则；（3）不适用调解原则；（4）起诉不停止执行原则；（5）税务机关负举证责任原则；（6）由税务机关负责赔偿原则。

4.【答案】ABC

【解析】选项D，税务机关与法律、法规授权的组织以共同的名义作出具体行政行为的，税务机关和法律、法规授权的组织为共同被申请人。

5.【答案】ABCD

【解析】简易程序的适用条件：一是案情简单、违法事实清楚、违法后果比较轻微且有法定依据，应当给予处罚的违法行为；二是给予的处罚较轻，仅适用于对公民处以50元以下和对法人或者其他组织处以1 000元以下罚款的违法案件。

6.【答案】BCD

【解析】选项A，对国家税务总局的具体行政行为不服的，向国家税务总局申请行政复议。

7.【答案】ACD

【解析】选项B，国家税务总局对非经营活动中的违法行为，设定罚款不得超过1 000元。

8.【答案】ABCD

三、判断题

1.【答案】√

2.【答案】×

【解析】被申请人不得委托本机关以外人员参加行政复议。

3.【答案】√

4.【答案】√

5.【答案】×

【解析】税务机关对当事人作出罚款行政处罚决定的，当事人应当在收到税务行政处罚决定书之日起15日内缴纳罚款，到期不缴纳的，税务机关可以对当事人每日按罚款数额的3%加处罚款。

6.【答案】√

7.【答案】×

【解析】对各级税务局的具体行政行为不服的，应当向其上一级税务局申请行政复议。

8.【答案】√

8.4 实战演练

【答案】

(1) 申请人按照相关规定申请行政复议的，必须依照税务机关根据法律、法规确定的税额、期限，先行缴纳或者解缴税款和滞纳金，或者提供相应的担保，才可以在缴清税款和滞纳金以后或者所提供的担保得到作出具体行政行为的税务机关确认之日起60日内提出行政复议申请。

(2) 行政复议机关应当自受理申请之日起60日内作出行政复议决定。情况复杂，不能在规定期限内作出行政复议决定的，经行政复议机关负责人批准，可以适当延期，并告知申请人和被申请人；但是延期不得超过30日。

模拟试题（一）

一、单项选择题

1.【答案】A

【解析】选项B，新法优于旧法原则是指新法、旧法对同一事项有不同规定时，新法的效力优于旧法；选项C，实体从旧、程序从新原则是指税收实体法不具备溯及力，而税收程序法在特定条件下具备一定的溯及力；选项D，程序优于实体原则是指在诉讼发生时税收程序法优于税收实体法适用。

2.【答案】C

【解析】税收法律立法权，属于国家权力机关的职权，税务机关没有制定税收法律的权力。

3.【答案】D

【解析】下列项目不包括在销售额内：(1) 受托加工应征消费税的消费品所代收代缴的消费税。(2) 同时符合以下条件代为收取的政府性基金或者行政事业性收费：由国务院或者财政部批准设立的政府性基金，由国务院或者省级人民政府及其财政、价格主管部门批准设立的行政事业性收费；收取时开具省级以上财政部门印制的财政票据；所收款项全额上缴财政。(3) 销售货物的同时代办保险等而向购买方收取的保险费，以及向购买方收取的代购买方缴纳的车辆购置税、车辆牌照费。选项ABC都不属于价外费用，只有选项D属于价外费用。

4.【答案】A

【解析】

本年7月应纳增值税＝20 000×13%＋1 130÷(1＋13%)×13%＝2 730(元)

5.【答案】A

【解析】采取托收承付和委托收款方式销售货物，其增值税纳税义务发生时间为发出货物并办妥托收手续的当天。

6.【答案】A

【解析】选项A，烟草批发企业将卷烟销售给其他烟草批发企业，不缴纳消费税；选项B，金银铂钻在零售环节征收消费税；选项C，将自产的应税消费品用于在建工程、管理部门、非生产机构、提供劳务、馈赠、赞助、集资、广告、样品、职工福利、奖励等方面，应于移送时征收消费税。

7.【答案】D

【解析】纳税人通过自设非独立核算门市部销售的自产应税消费品，应当按照门市部对外销售额或销售数量征收消费税。

甲化妆品厂本年10月应纳消费税＝176÷(1＋13%)×15%＝23.36(万元)

8.【答案】A

【解析】委托加工的应税消费品，除受托方为个人外，由受托方向机构所在地或者居住地的主管税务机关解缴消费税税款。受托方为个人的，由委托方向机构所在地或者居住地的主管税务机关申报纳税。

9.【答案】A

【解析】

本年甲企业广告费和业务宣传费税前扣除限额＝5 800×15%＝870(万元)

$$\frac{\text{当年广告费和业务宣传}}{\text{费实际发生额(800万元)}}+\frac{\text{上年结转广告费和}}{\text{业务宣传费(120万元)}}=920(\text{万元})>870\text{万元}$$

甲企业本年税前准予扣除的广告费和业务宣传费＝870(万元)

10.【答案】C

11.【答案】A

【解析】

应纳企业所得税＝(740－340)×25%＝100(万元)

12.【答案】D

【解析】选项A，销售商品采用支付手续费方式委托代销的，在收到代销清单时确认收入；选项B，销售商品采用托收承付方式的，在办妥托收手续时确认收入；选项C，销售商品需要安装的，在购买方接受商品以及安装完毕时确认收入。

13.【答案】C

14.【答案】B

15.【答案】B

【解析】

本年综合所得应纳税所得额＝150 000＋30 000×(1－20%)＋20 000×70%×(1－20%)＋10 000×(1－20%)－60 000－50 000
＝83 200(元)

本年综合所得应纳个人所得税＝83 200×10%－2 520＝5 800(元)

16.【答案】D

【解析】由海关监管使用的减免税进口货物，在监管年限内转让或移作他用需要补税的，应当以海关审定的该货物原进口时的价格，扣除折旧部分价值作为完税价格。其计算公式为：

$$\text{应补缴关税的完税价格}=\text{海关审定的该货物原进口时的价格}\times\left[1-\frac{\text{申请补税时实际}}{\text{已使用的时间(月)}}\div(\text{监管年限}\times 12)\right]$$

甲企业应补缴关税的完税价格＝400×[1－9÷(2×12)]＝250(万元)

17.【答案】A

【解析】(1) 用于对外投资联营的部分，由于其不承担投资风险，只收取固定收入，视同出租，其计税依据为租金收入，即每年的固定利润分红30万元。

应纳房产税＝30×12%＝3.6(万元)

(2) 剩余部分以房产余值为计税依据。

应纳房产税＝1 250×70%×(1－20%)×1.2%＝8.4(万元)

(3) 该企业本年度应纳房产税合计＝3.6＋8.4＝12(万元)

18.【答案】B

【解析】选项AD，土地、房屋权属的典当、分拆（分割）、出租、抵押等行为，不属于契税的征税范围；选项C，土地使用权的出让和转让（不包括土地承包经营权和土地经营权的转移），属于契税的征收范围。

19.【答案】A

【解析】企事业单位、社会团体以及其他组织转让旧房作为廉租住房、经济适用住房房源且增值额未超过扣除项目金额20%的，免征土地增值税。

20.【答案】A

【解析】选项A属于终止行政复议的情形。

二、多项选择题

1.【答案】BD

【解析】选项A，起征点属于税基式减免；选项C，以前年度亏损在今年扣除，属于税基式减免。

2.【答案】ABC

【解析】选项D，将外购货物用于本单位集体福利，不视同销售货物，其对应的进项税额亦不得抵扣。

3.【答案】ACD

【解析】选项B，个人销售自建自用住房免征增值税。个人将购买的住房（商品住房）对外销售优惠政策如下：

（1）个人将购买不足2年的住房对外销售的，按照5%的征收率全额缴纳增值税；个人将购买2年以上（含2年）的住房对外销售的，免征增值税。上述政策适用于北京市、上海市、广州市和深圳市之外的地区。

（2）个人将购买不足2年的住房对外销售的，按照5%的征收率全额缴纳增值税；个人将购买2年以上（含2年）的非普通住房对外销售的，以销售收入减去购买住房价款后的差额按照5%的征收率缴纳增值税；个人将购买2年以上（含2年）的普通住房对外销售的，免征增值税。上述政策仅适用于北京市、上海市、广州市和深圳市。

4.【答案】AD

【解析】电池、涂料应征消费税；酒精、小排量摩托车（气缸容量小于250毫升）、汽车轮胎已经取消征收消费税。

5.【答案】ABC

【解析】在计算企业所得税应纳税所得额时企业所得税本身当然不得扣除。

6.【答案】ABC

【解析】企业发生的下列支出应作为长期待摊费用：已足额提取折旧的固定资产的改建支出；租入固定资产的改建支出；固定资产的大修理支出；其他应当作为长期待摊费用的支出。

7.【答案】ABCD

8.【答案】ABCD

【解析】耕地占用税的征税范围是纳税人建房或从事其他非农业建设而占用的国家

所有和集体所有的土地。所谓耕地，是指种植农业作物的土地，包括菜地、园地，其中园地包括花圃、苗圃、茶园、果园、桑园和其他种植经济林木的土地。

9.【答案】ACD

【解析】根据《印花税法》，再保险合同、个人书立的动产买卖合同、管道运输合同，不属于印花税的征税范围。

10.【答案】AD

【解析】选项 B，不属于具体行为，不属于受案范围；选项 C，不属于税务机关与相对人的争议，不属于受案范围。

三、判断题

1.【答案】√

2.【答案】×

【解析】个人发生应税行为的销售额未达到增值税起征点的，免征增值税；达到起征点的，全额计算缴纳增值税。

3.【答案】√

4.【答案】√

【解析】委托加工的应税消费品，受托方为单位的，由受托方向机构所在地或居住地的主管税务机关解缴。

5.【答案】√

6.【答案】√

7.【答案】×

【解析】农业生产（不包括规模化养殖）排放应税污染物的，暂免征收环境保护税。

8.【答案】×

【解析】根据《印花税法》，证券交易印花税按周解缴。

9.【答案】×

【解析】车辆购置税的征税范围包括汽车、有轨电车、汽车挂车、排气量超过 150 毫升的摩托车。

10.【答案】×

【解析】对税务机关的征税行为提起诉讼，必须先经过复议；对复议决定不服的，可以在接到复议决定书之日起 15 日内向人民法院起诉。

四、不定项选择题

1.（1）【答案】C

【解析】销售摩托车同时收取的优质费属于价外费用，应当价税分离后并入销售额一并计算增值税销项税额。

（2）【答案】BD

【解析】选项 AB，国债利息收入属于免税收入，应调减企业所得税应纳税所得额 20 万元；企业债券利息收入属于应税收入，无须进行纳税调整。选项 CD，非金融企业向金融企业借款的利息支出，可以据实在企业所得税前扣除，无须进行纳税调整；非金融企业向非金融企业借款的利息支出，不超过按照金融企业同期同类贷款利率计算的数额的部分可以据实在企业所得税前扣除，超过部分不得扣除。

应调增应纳税所得额＝56.8－800×6.1%＝8(万元)

(3)【答案】AC

【解析】销售货物同时收取的优质费，应作为价外费用，价税分离后并入销售额。

销售(营业)收入＝4 760＋45.2÷(1＋13%)＝4 800(万元)

税前准予扣除的广告费和业务宣传费限额＝4 800×15%＝720(万元)

应调增应纳税所得额＝600＋148.8－720＝28.8(万元)

业务招待费扣除限额1＝44×60%＝26.4(万元)

业务招待费扣除限额2＝4 800×5‰＝24(万元)

因此，税前准予扣除的业务招待费限额为24万元，则

应调增应纳税所得额＝44－24＝20(万元)

(4)【答案】BC

【解析】选项AB，企业发生的公益性捐赠支出，在年度利润总额12%以内的部分，准予在计算企业所得税应纳税所得额时扣除；超过年度利润总额12%的部分，准予结转以后3年内在计算企业所得税应纳税所得额时扣除。

捐赠支出应调增应纳税所得额＝68－480×12%＝10.4(万元)

选项CD，税收滞纳金不得在企业所得税前扣除，应全额调增应纳税所得额。

2. (1)【答案】B

【解析】关税完税价格包括货价以及包装费、运费、保险费和其他劳务费，即到岸价格。

关税完税价格＝200＋20＋10＝230(万元)

应纳关税＝230×10%＝23(万元)

(2)【答案】D

【解析】纳税人用于换取生产资料和消费资料、投资入股和抵偿债务等方面的应税消费品，应当以纳税人同类应税消费品的最高销售价格作为计税依据计算消费税。

应纳消费税＝20×48×5%＝48(万元)

(3)【答案】D

【解析】委托加工应税消费品，则

$$\text{甲企业受托加工汽车蓄电池应代收代缴的消费税}=\left(\text{材料成本}+\text{加工费}\right)\div\left(1-\text{消费税比例税率}\right)\times\text{消费税比例税率}$$
$$=(400+70)\div(1-4\%)\times4\%$$
$$=19.58(\text{万元})$$

(4)【答案】A

【解析】代办保险费不属于小汽车销售的价外费用，因此不应计入销售额；汽车价款 678 万元及价外费用 6.78 万元，均为含增值税价格，需换算为不含增值税价格，因此

销售小汽车应纳消费税＝(678＋6.78)÷(1＋13%)×5%＝30.3(万元)

五、计算题

1.【答案】

$$\text{不得抵扣的进项税额}=\text{当月无法划分的全部进项税额}\times\left(\text{当期简易计税方法计税项目销售额}+\text{免征增值税项目销售额}\right)\div\text{当月全部销售额}$$
$$=13\times100\div[169.5\div(1+13\%)+100]=5.2(\text{万元})$$

应纳增值税＝169.5÷(1＋13%)×13%－(13－5.2)＝11.7(万元)

2.【答案】(1) 按规定为职工缴纳的基本社会保险费 120 万元可以据实在企业所得税前扣除。

(2) 补充养老保险费的扣除限额＝800×5%＝40(万元)

实际发生额 96 万元超过扣除限额 40 万元，只能按限额 40 万元在企业所得税前扣除。

(3) 补充医疗保险费的扣除限额＝800×5%＝40(万元)

实际发生额 24 万元未超过扣除限额 40 万元，按照发生额 24 万元全额在企业所得税前扣除。

(4) 为公司高管缴纳商业保险费 16 万元不得在企业所得税前扣除。

(5) 甲公司本年度在计算企业所得税应纳税所得额时准予扣除的保险费为：

准予扣除的保险费＝120＋40＋24＝184(万元)

企业所得税应纳税所得额调增额＝(96－40)＋16＝72(万元)

3.【答案】

本年综合所得应纳税所得额＝150 000＋80 000×(1－20%)＋70 000×70%×(1－20%)－60 000－50 000

＝143 200(元)

本年综合所得应纳个人所得税＝143 200×10%－2 520＝11 800(元)

4.【答案】

(1) 运抵我国关境内输入地点起卸前发生的包装费、运费、保险费均应计入关税完

税价格。

关税完税价格＝300＋20＋30＋2＝352（万元）

应纳进口关税＝352×10％＝35.2（万元）

（2）应纳进口消费税＝（关税完税价格＋关税）÷（1－消费税比例税率）×消费税比例税率

＝（352＋35.2）÷（1－15％）×15％＝68.33（万元）

（3）应纳进口增值税＝（关税完税价格＋关税＋消费税）×增值税税率

＝（关税完税价格＋关税）÷（1－消费税比例税率）×增值税税率

＝（352＋35.2）÷（1－15％）×13％＝59.22（万元）

（4）由于城市维护建设税和教育费附加进口不征、出口不退，因此不需要缴纳城市维护建设税和教育费附加。

六、综合题

【答案】（1）购进原材料取得增值税专用发票并已认证，增值税税额13万元可以抵扣；支付运费取得的是增值税普通发票，增值税税额0.45万元不得抵扣。

（2）自2019年4月1日起，纳税人购进用于生产销售或委托加工13％税率货物的农产品，按照10％的扣除率计算进项税额。

向农民购进免税农产品，不能取得增值税专用发票，应按农产品收购发票计算进项税额。

进项税额＝50×10％＝5（万元）

取得乙运输公司开具的增值税专用发票，则

进项税额＝3×9％＝0.27（万元）

（3）购进低值易耗品，取得增值税专用发票并已认证，增值税1.3万元可以抵扣。

（4）销售产品的同时收取的包装物租金属于价外费用。

销项税额＝[200＋3.39÷（1＋13％）]×13％＝26.39（万元）

（5）金银首饰以外的货物以旧换新，应按新货物的不含税销售额计算。

销项税额＝11.3÷（1＋13％）×13％＝1.3（万元）

（6）购进的工具因管理不善被盗，已经抵扣的进项税额应当转出。

转出的进项税额＝10×13％＝1.3（万元）

当期销项税额合计＝26.39＋1.3＝27.69（万元）

当期准予抵扣的进项税额合计＝13＋5＋0.27＋1.3－1.3＝18.27（万元）

当期应纳增值税＝27.69－18.27＝9.42（万元）

模拟试题（二）

一、单项选择题

1.【答案】C

【解析】选项C，并非所有税种都需要规定税目，有些税种不分课税对象的具体项目，一律按照课税对象的应税数额采用同一税率计征税款，因此一般无须设置税目，如企业所得税。

2.【答案】A

【解析】选项B，超额累进税率税收负担透明度较差；选项C，我国的土地增值税采用超率累进税率；选项D，我国的经营所得个人所得税采用超额累进税率。

3.【答案】C

【解析】纳税人销售货物或者提供应税劳务的，其增值税纳税义务发生时间为收讫销售款项或者取得索取销售款项凭据的当天；先开具发票的，为开具发票的当天。因此选项C符合规定。

4.【答案】A

【解析】选项BCD均适用13%的增值税税率。

5.【答案】C

【解析】一般产品包装物押金不计入销售额，则

A公司本年7月增值税销项税额＝40 000×13%＝5 200(元)

6.【答案】C

【解析】纳税人通过自设非独立核算门市部销售的自产应税消费品，应当按照门市部对外销售额或者销售数量征收消费税。

应纳消费税＝9 492÷(1＋13%)×50×10%＝42 000(元)

7.【答案】A

【解析】消费税征税范围中的税目“烟”，包括卷烟、雪茄烟和烟丝，不包括烟叶。

8.【答案】A

【解析】计征消费税的销售额是销售应税消费品向购买方收取的全部价款和价外费用，但不包括取得的增值税。

9.【答案】A

【解析】下列收入为企业所得税的不征税收入：财政拨款、依法收取并纳入财政管理的行政事业性收费、政府性基金、国务院规定的其他不征税收入。选项B属于应征税收入；选项CD属于免税收入。

10.【答案】B

【解析】

税前扣除限额＝300×6.8%×6÷12＝10.2(万元)

实际发生利息费用支出＝300×10%×6÷12＝15(万元)

实际发生利息费用支出超过了扣除限额，因此在企业所得税前准予扣除10.2万元。

11.【答案】A

【解析】选项B，除国务院财政、税务主管部门另有规定外，按照被投资方作出利润分配决定的日期确认收入的实现。选项C，按照合同约定的特许权使用人应付特许权使用费的日期确认收入的实现。选项D，租金收入，按照合同约定的承租人应付租金的日期确认收入的实现；如果交易合同或协议中规定的租赁期限跨年度，且租金提前一次性支付的，出租人可对上述已确认的收入，在租赁期内，分期均匀计入相关年度收入。

12.【答案】C

【解析】选项AB，有下列情形之一的，不属于直接向环境排放污染物，不缴纳相应污染物的环境保护税：（1）企业事业单位和其他生产经营者向依法设立的污水集中处理、生活垃圾集中处理场所排放应税污染物的；（2）企业事业单位和其他生产经营者在符合国家和地方环境保护标准的设施、场所贮存或者处置固体废物的。选项D，农业生产（不包括规模化养殖）排放应税污染物的，免征环境保护税。

13.【答案】D

14.【答案】A

【解析】偶然所得按收入全额计征个人所得税，不扣除任何费用；非公益性的直接捐赠个人所得税税前不得扣除。

应纳个人所得税＝30 000×20%＝6 000(元)

15.【答案】B

【解析】选项B，因超过规定期限未申报而由海关依法变卖的进口货物，其税款计征应当适用装载该货物的运输工具申报进境之日实施的税率。

16.【答案】D

【解析】房产税的征税范围为城市、县城、建制镇和工矿区的房屋，不包括农村，因此选项B不正确；独立于房屋之外的建筑物，如围墙、烟囱、水塔、菜窖、室外游泳池等不征收房产税，因此选项AC不正确。

17.【答案】B

【解析】选项B，房屋交换，相当于双方房屋产权都发生了转移，所以要征收土地增值税；选项AC，将房产赠与直系近亲属，或者通过非营利性社会团体、国家机关，将房产赠与教育、民政和其他社会福利、公益事业的行为，不征收土地增值税；选项D，房屋出租，产权未发生转移，不征收土地增值税。

18.【答案】A

企业办的学校、医院、托儿所、幼儿园，其用地能与企业其他用地明确区分的，免征城镇土地使用税。

应纳城镇土地使用税＝(20 000－300)×3＝59 100(元)

19.【答案】C

【解析】同一应税凭证载有两个以上税目事项并分别列明金额的，按照各自适用的税目税率分别计算应纳税额；未分别列明金额的，从高适用税率。

甲企业应纳印花税＝800×1‰＝0.8(万元)

20.【答案】D

【解析】选项D，属于税务行政处罚行为，纳税人对税务机关作出的税务行政处罚行为不服的，可以申请行政复议，也可以直接向人民法院提起行政诉讼。选项ABC，属于征税行为，纳税人对税务机关作出的征税行为不服的，必须先申请行政复议。

二、多项选择题

1.【答案】AD

【解析】税法的基本原则可以概括为税收法定原则、税收公平原则、税收合作信赖原则与实质课税原则。

2.【答案】ABD

【解析】选项C属于以物易物，为特殊销售行为，虽然应当缴纳增值税，但不属于税法原文中规定的视同销售行为。

3.【答案】ABD

【解析】选项C，纳税人年应纳税销售额超过财政部、国家税务总局规定标准，且符合有关政策规定，选择按小规模纳税人纳税的，应当向主管税务机关提交书面说明。

4.【答案】AC

【解析】现行消费税的征税范围中，只有卷烟、白酒采取从价定率和从量定额的复合计征办法。

5.【答案】BC

【解析】企业应当自固定资产投入使用月份的次月起计算折旧；停止使用的固定资产，应当自停止使用月份的次月起停止计算折旧。

6.【答案】ABC

【解析】选项D，增值税是价外税，不得在企业所得税前扣除；选项ABC均可以在企业所得税前扣除。

7.【答案】AB

【解析】有下列情形之一的，税务机关有权按照合理方法进行纳税调整：(1)个人与其关联方之间的业务往来不符合独立交易原则而减少本人或其关联方应纳税额，且无正当理由；(2)居民个人控制的，或者居民个人和居民企业共同控制的设立在实际税负明显偏低的国家（地区）的企业，无合理经营需要，对应当归属于居民个人的利润不作分配或者减少分配；（3）个人实施其他不具有合理商业目的的安排而获取不当税收利益。

8.【答案】ABC

【解析】财产转让所得，以转让财产的收入额减除财产原值和合理费用后的余额，为个人所得税应纳税所得额。

9.【答案】ABCD

【解析】在我国境内购置规定的车辆（以下简称应税车辆）的单位和个人，为车辆购置税的纳税人。购置，包括购买、进口、自产、受赠、获奖或者以其他方式取得并自用应税车辆的行为。

10.【答案】BD

【解析】选项AC是征税行为，纳税人对税务机关作出的征税行为不服的，必须先申请行政复议。

三、判断题

1.【答案】×

【解析】查定征收方式一般针对会计核算不够健全、生产经营规模较小、产品零星、税源分散，但是能够控制原材料或进销货的纳税人。查验征收方式一般针对会计核算不够健全、生产经营不固定、零星分散、流动性大的纳税人。

2.【答案】×

【解析】由残疾人的组织直接进口供残疾人专用的物品免征增值税。

3.【答案】√

4.【答案】×

【解析】（1）本题的“收入90.4万元”为含增值税收入，应当价税分离，收取的手续费3万元属于价外费用，亦应价税分离后再并入销售额。（2）非酒类产品（本题为高档化妆品），不随同产品销售、单独收取的包装物押金，在收取时不应并入应税消费品的销售额征收消费税。

该化妆品厂本月应纳消费税＝(90.4＋3)÷(1＋13％)×15％＝12.40(万元)

5.【答案】×

【解析】非金融企业向非金融企业借款的利息支出不超过金融企业同期同类贷款利率部分准予在企业所得税前扣除。

6.【答案】√

7.【答案】×

【解析】纳税人应当向烟叶收购地的主管税务机关申报缴纳烟叶税。

8.【答案】×

【解析】资源税实行纳税人自主申报，不再采用代扣代缴的征管方式。

9.【答案】×

【解析】对由于减免增值税、消费税而发生退税的，可同时退还已征收的城市维护建设税。

10.【答案】√

四、不定项选择题

1.（1）【答案】ABCD

【解析】一般贸易项下进口的货物以海关审定的成交价格为基础的到岸价格作为关税的完税价格。到岸价格是指包括货价以及货物运抵我国关境内输入地点起卸前的包装费、运费、保险费和其他劳务费等费用构成的一种价格。

（2）【答案】C

【解析】对于从价定率计征消费税的应税消费品：

$$\text{进口环节的消费税}=\text{关税完税价格}\times\left(1+\text{关税税率}\right)\div\left(1-\text{消费税比例税率}\right)\times\text{消费税比例税率}$$
$$=(200+8+20+3)\times(1+10\%)\div(1-15\%)\times15\%$$
$$=44.84(\text{万元})$$

（3）【答案】A

【解析】对于从价定率计征消费税的应税消费品：

$$\text{委托加工业务中受托方应代收代缴的消费税}=\left(\text{材料成本}+\text{加工费}\right)\div\left(1-\text{消费税比例税率}\right)\times\text{消费税比例税率}$$
$$=(70+20)\div(1-15\%)\times15\%$$
$$=15.88(\text{万元})$$

（4）【答案】B

【解析】销售香水时收取的包装费属于价外费用（含增值税收入），应并入销售额中计征消费税。

2.（1）【答案】A

【解析】自2019年4月1日起，纳税人购进用于生产销售或委托加工13%税率货物的农产品，按照10%的扣除率计算进项税额。支付运费取得增值税专用发票，因此按运输服务的税率9%计算抵扣进项税额。

$$\text{购进免税农产品准予抵扣的进项税额}=100\,000\times10\%+800\times9\%=10\,072(\text{元})$$

（2）【答案】B

【解析】业务（2）为混合销售，运输服务应按照货物的税率缴纳增值税。

$$\text{甲公司11月份销项税额}=130\,000\times13\%+1\,000\times13\%+800\,000\times13\%$$
$$=121\,030(\text{元})$$

（3）【答案】D

【解析】

业务(3)可以抵扣的进项税额＝6 000×9%＝540(元)

业务(4)可以抵扣的进项税额＝60 000×13%＝7 800(元)

业务(5)可以抵扣的进项税额＝360 000×13%＝46 800(元)

可以抵扣的进项税额合计＝10 072＋540＋7 800＋46 800＝65 212(元)

甲公司11月份应纳增值税＝121 030－65 212＝55 818(元)

(4)【答案】AC

【解析】一般纳税人从农业生产者手中购进免税农产品，可以抵扣进项税额；购进货运卡车自用，可以抵扣进项税额。

五、计算题

1.【答案】零售价为含增值税价格。

(1) 如果销售额与折扣额在同一张发票上的“金额”栏分别注明，则

增值税销项税额＝30×100×80%÷(1＋13%)×13%＝276.11(元)

(2) 如果将折扣额另开发票，则

增值税销项税额＝30×100÷(1＋13%)×13%＝345.13(元)

2.【答案】

(1) 高档化妆品的应税销售额＝10＋2.26÷(1＋13%)＝12(万元)

(2) 应纳消费税＝12×15%＝1.8(万元)

3.【答案】

本年综合所得应纳税所得额＝32 000×(1－20%)＋65 000×(1－20%)
＋100 000×(1－20%)－60 000－40 000
＝57 600(元)

本年综合所得应纳个人所得税＝57 600×10%－2 520＝3 240(元)

偶然所得应纳个人所得税＝50 000×20%＝10 000(元)

取得保险公司赔偿收入免征个人所得税。

李某本年应纳个人所得税合计＝3 240＋10 000＝13 240(元)

4.【答案】

(1) 建立营业账簿应纳印花税＝4 000 000×0.25‰＝1 000(元)

(2) 签订买卖合同应纳印花税＝2 000 000×0.3‰＝600(元)

(3) 签订运输合同应纳印花税＝50 000×0.3‰＝15(元)

(4) 签订租赁合同应纳印花税＝20 000×1‰＝20(元)

(5) 甲公司应纳印花税合计＝1 000＋600＋15＋20＝1 635(元)

六、综合题

【答案】

(1) 业务招待费税前扣除限额 1=4 400×5‰=22(万元)

业务招待费税前扣除限额 2=实际发生额的 60%=64×60%

=38.4(万元)>22 万元

因此准予在企业所得税前扣除业务招待费 22 万元。

(2) 广告费和业务宣传费税前扣除限额=4 400×15%=660(万元)

实际发生广告费和业务宣传费=640+240=880(万元)>660 万元

因此准予在企业所得税前扣除的广告费和业务宣传费为 660 万元。

(3) 支付给银行的 48 万元利息可以税前扣除。

银行同期同类贷款年利率=48÷800×100%=6%

支付给关联方的利息支出=800÷320=2.5>2

可以在税前扣除的支付给关联方的利息支出=320×2×6%=38.4(万元)

准予在企业所得税前扣除的利息费用=48+38.4=86.4(万元)

(4) 购买安全生产专用设备的支出，应计入固定资产的成本并分期计提折旧在企业所得税前扣除；当月购进次月开始计提折旧，本年不需计提折旧在企业所得税前扣除，所以不能一次性在成本中列支，利润总额要调增 600 万元。

公益性捐赠支出税前扣除限额=(136+600)×12%=88.32(万元)

实际发生公益性捐赠支出 52 万元<88.32 万元，因此准予在企业所得税前扣除的公益性捐赠支出为 52 万元。

因违反合同约定支付给其他企业的违约金 24 万元，可以在企业所得税前扣除。

违反工商管理规定被工商局处以罚款 4 万元，属于行政性质罚款，不得在企业所得税前扣除。

准予在税前扣除的营业外支出金额=80-4=76(万元)

(5) 企业实际发生的合理的工资允许在企业所得税前据实扣除。

工会经费税前扣除限额=320×2%=6.4(万元)

实际拨缴的 4.8 万元没有超过限额，可以在企业所得税前据实扣除。

职工福利费税前扣除限额=320×14%=44.8(万元)<实际发生的 48 万元

因此只能在税前扣除 44.8 万元，则

应调增应纳税所得额=48-44.8=3.2(万元)

职工教育经费税前扣除限额=320×8%=25.6(万元)>实际发生的 12 万元

因此不需要调整。

工资总额、工会经费、职工福利费和职工教育经费共应调增企业所得税应纳税所得额3.2万元。

(6) 国债利息收入免征企业所得税，应调减企业所得税应纳税所得额8万元。

该居民企业本年度境内应纳税所得额＝136＋600＋(64－22)＋(880－660)＋(48－38.4)＋(80－76)＋3.2－8－36－20＝950.8(万元)

(7) 境外A国所得的抵免限额＝36÷(1－20%)×15%＝6.75(万元)

实际在A国缴纳的企业所得税＝36÷(1－20%)×20%＝9(万元)

由于在境外A国实际缴纳的税额超过了抵免限额，因此可以全额抵免，不需要在我国补税。

境外B国所得的抵免限额＝20÷(1－10%)×15%＝3.33(万元)

实际在B国缴纳的企业所得税＝20÷(1－10%)×10%＝2.22(万元)

需要在我国补税＝3.33－2.22＝1.11(万元)

该居民企业境外所得应在我国补缴的企业所得税为1.11万元。

(8) 企业购置并实际使用符合《安全生产专用设备企业所得税优惠目录》规定的安全生产专用设备的，该专用设备投资额的10%可以从企业当年的企业所得税应纳税额中抵免；当年不足抵免的，可以在以后5个纳税年度结转抵免。

可抵免的应纳税额＝600×10%＝60(万元)

该居民企业应补缴企业所得税＝950.8×15%＋1.11－60－20.4＝63.33(万元)

《税法(第6版)》主教材课后题参考答案

第1章　税法认知

技能训练

【答案】 20×0年8月15日为星期六，8月申报纳税期限顺延至8月17日。按照增值税纳税期限和结算缴款期限，甲公司应于20×0年8月17日前缴纳税款，该企业滞纳10天（27－17），则

应纳滞纳金＝30 000×0.5‰×10＝150(元)

实战演练

【答案】

(1) 若纳税人所得额为500元，则

应纳税额＝500×10％＝50(元)

(2) 若纳税人所得额为1 000元，则

应纳税额＝1 000×10％＝100(元)

(3) 若纳税人所得额为2 000元，则

应纳税额＝1 000×10％＋(2 000－1 000)×20％＝300(元)

(4) 若纳税人所得额为5 000元，则

应纳税额＝1 000×10％＋(3 500－1 000)×20％＋(5 000－3 500)×30％
＝1 050(元)

（5）若纳税人所得额为10 000元，则

应纳税额＝1 000×10%＋(3 500－1 000)×20%＋(10 000－3 500)×30%
＝2 550(元)

（6）若纳税人所得额为15 000元，则

应纳税额＝1 000×10%＋(3 500－1 000)×20%＋(10 000－3 500)×30%
＋(15 000－10 000)×35%
＝4 300(元)

第2章 增值税法

技能训练

1.【答案】2020年1月，小规模纳税人销售边角废料适用3%的增值税征收率，小规模纳税人（除其他个人外）销售自己使用过的固定资产，减按2%的征收率征收增值税。

甲生产企业应纳增值税＝12×3%＋10.3÷(1＋3%)×2%＝0.56(万元)

2.【答案】

（1）进口原材料应纳增值税＝(120＋120×10%)×13%＝17.16(万元)

（2）允许抵扣的增值税进项税额＝17.16＋6×9%＝17.7(万元)

（3）应纳增值税＝300×13%－17.7＝21.3(万元)

3.【答案】本题的时间是2021年5月。在2021年5月小规模纳税人开具增值税专用发票，不能享受“月销售额15万元以下（含本数）或者季度销售额45万元以下（含本数），免征增值税”的优惠。

应纳增值税＝103 000÷(1＋1%)×1%＝1 019.80(元)

4.【答案】营改增试点纳税人中的一般纳税人提供管道运输服务，对其增值税实际税负超过3%的部分实行增值税即征即退政策。

销项税额＝2 800×9%＋54.5÷(1＋9%)×9%＝256.5(万元)

当期可抵扣的进项税额＝150(万元)

应纳增值税＝256.5－150＝106.5(万元)

当期实际税负＝106.5÷[2 800＋54.5÷(1＋9%)]＝3.74%

超过了3%的标准。

该管道运输公司本年5月实际应纳增值税＝[2 800＋54.5÷(1＋9%)]×3%＝85.5(万元)

可申请办理即征即退的增值税＝106.5－85.5＝21(万元)

5.【答案】

应纳增值税＝[86＋3.18÷(1＋6%)]×6%－3－3×10%＝2.04(万元)

实战演练

1.【答案】

(1) 销项税额＝[380×75%＋15×(1＋10%)＋(480＋120)÷(1＋13%)]×13%
＝108.22(万元)

(2) 准予抵扣的进项税额＝6.5＋2.6＋1.3＝10.4(万元)

(3) 应纳增值税＝108.22－10.4＝97.82(万元)

2.【答案】

(1) 提供片头、片尾、片花制作服务的增值税销项税额＝212÷(1＋6%)×6%
＝12(万元)

(2) 购入10台计算机可以抵扣的增值税进项税额＝5.65÷(1＋13%)×13%
＝0.65(万元)

(3) 购入小汽车允许抵扣的进项税额＝33.9÷(1＋13%)×13%＝3.9(万元)

(4) 提供设计服务的增值税销项税额＝106÷(1＋6%)×6%＝6(万元)

(5) 支付影院的上映费用允许抵扣的增值税进项税额＝20÷(1＋3%)×3%
＝0.58(万元)

(6) 支付税控系统维护费可以全额抵减当期的应纳增值税＝471.70＋28.30
＝500(元)＝0.05(万元)

当期计提加计抵减额＝当期可抵扣进项税额×10%
＝(0.65＋3.9＋0.58)×10%＝0.51(万元)

该传媒公司当月应纳增值税＝[12＋6－(0.65＋3.9＋0.58)－0.51]－0.05
＝12.31(万元)

第3章　消费税法

技能训练

1.【答案】

应纳消费税＝[30 000＋1 130÷(1＋13%)]×20%＋200×20×2×0.5
＝10 200(元)

2.【答案】

(1) 应纳关税＝12 000×30%＝3 600(万元)

（2）组成计税价格＝(12 000＋3 600＋1 800×1 000×2×0.5÷10 000)÷(1－20%)
＝19 725(万元)

（3）应纳消费税＝19 725×20%＋1 800×1 000×2×0.5÷10 000＝4 125(万元)

（4）应纳增值税＝(12 000＋3 600＋4 125)×13%＝2 564.25(万元)

3.【答案】

（1）应纳消费税＝[80＋33.9÷(1＋13%)]×20%＋6×2 000×0.5÷10 000
＝22.6(万元)

（2）增值税销项税额＝[80＋33.9÷(1＋13%)]×13%＝14.3(万元)

实战演练

【答案】

（1）烟叶税的应纳税额按照纳税人收购烟叶实际支付的价款总额乘以税率计算。应纳税额的计算公式为：

应纳烟叶税＝纳税人收购烟叶实际支付的价款总额(烟叶收购价款总额)×税率
＝(烟叶收购价款＋价外补贴)×税率
＝(烟叶收购价款＋价外补贴)×20%

式中　价外补贴＝烟叶收购价款×10%

应纳烟叶税＝烟叶收购价款×(1＋10%)×20%

从农业生产者手中收购烟叶时，一方面征收烟叶税，即

应纳烟叶税＝烟叶收购价款×(1＋10%)×20%

另一方面，准予抵扣进项税额，即

准予抵扣的增值税进项税额＝(纳税人收购烟叶实际支付的价款总额＋烟叶税应纳税额)×扣除率
＝(纳税人收购烟叶实际支付的价款总额＋纳税人收购烟叶实际支付的价款总额×20%)×扣除率
＝纳税人收购烟叶实际支付的价款总额×(1＋20%)×扣除率
＝(烟叶收购价款＋价外补贴)×(1＋20%)×扣除率
＝烟叶收购价款×(1＋10%)×(1＋20%)×扣除率
＝烟叶收购价款×1.1×1.2×扣除率

取得（开具）农产品销售发票或收购发票的，以农产品销售发票或收购发票上注明的农产品买价和扣除率计算进项税额。买价，是指纳税人购进农产品在农产品收购发票或者销售发票上注明的价款和按照规定缴纳的烟叶税。

自2019年4月1日起，纳税人购进用于生产销售或委托加工13%税率货物的农产

品，按照10%的扣除率计算进项税额。

当月A企业应代收代缴的消费税 =[110×1.1×1.2×(1−10%)+10]÷(1−30%)×30%

=60.29(万元)

(2) 关税=(300+15)×10%=31.5(万元)

进口烟丝应纳增值税=(300+15+31.5)÷(1−30%)×13%=64.35(万元)

进口烟丝应纳消费税=(300+15+31.5)÷(1−30%)×30%=148.5(万元)

当月卷烟厂进口烟丝应纳税金合计=31.5+64.35+148.5=244.35(万元)

(3) 纳税人生产应税消费品后，用于连续生产应税消费品，在自产自用环节不缴纳消费税；如果纳税人用于其他方面，一律于移送使用时，按视同销售缴纳消费税。领用自产烟丝生产卷烟，属于将生产应税消费品连续生产应税消费品，不缴纳消费税。

(4) 当月准予扣除外购烟丝已纳消费税=[32+300+280+(300+15+31.5)÷(1−30%)−70]×30%

=311.1(万元)

(5) 当月该卷烟厂国内销售环节应纳消费税=[500+9.04÷(1+13%)]×36%+300×250×100÷10 000×56%+150×300÷10 000−311.1

=296.28(万元)

第4章　企业所得税法

技能训练

1. 【答案】职工福利费不超过工资、薪金14%的部分准予在企业所得税前扣除，则

职工福利费应调增应纳税所得额=38−180×14%=12.8(万元)

软件企业职工培训费可以全额在企业所得税前扣除；扣除职工培训费后的职工教育经费的余额不超过工资、薪金8%的部分准予在企业所得税前扣除，则

职工教育经费应调增应纳税所得额=25−10−180×8%=0.6(万元)

合计应调增应纳税所得额=12.8+0.6=13.4(万元)

2. 【答案】销售商品涉及现金折扣的，应按照扣除现金折扣前的金额确定销售收入。业务招待费按发生额的60%在企业所得税前扣除，但不得超过当年销售收入的5‰，则

可扣除业务招待费=2 800×5‰=14(万元)>15×60%=9(万元)

广告费和业务宣传费不超过当年销售收入15%的部分准予在企业所得税前扣除，则

可扣除广告费、业务宣传费=2 800×15%=420(万元)<420+40=460(万元)

合计可扣除金额=9+420=429(万元)

3.【答案】对所有行业企业持有的单位价值不超过5 000元的固定资产，允许一次性计入当期成本费用在计算企业所得税应纳税所得额时扣除，不再分年度计算折旧。企业在2018年1月1日至2023年12月31日期间新购进的设备、器具，单位价值不超过500万元的，允许一次性计入当期成本费用在计算应纳税所得额时扣除，不再分年度计算折旧。设备、器具，是指除房屋、建筑物以外的固定资产。

自2019年1月1日至2021年12月31日，对小型微利企业年应纳税所得额不超过100万元的部分，减按25%计入应纳税所得额，按20%的税率缴纳企业所得税；对年应纳税所得额超过100万元但不超过300万元的部分，减按50%计入应纳税所得额，按20%的税率缴纳企业所得税。自2021年1月1日至2022年12月31日，对小型微利企业年应纳税所得额不超过100万元的部分，在上述优惠政策基础上，再减半征收企业所得税，即减按12. 5%计入应纳税所得额，按20%的税率缴纳企业所得税。自2022年1月1日至2024年12月31日，对小型微利企业年应纳税所得额超过100万元但不超过300万元的部分，减按25%计入应纳税所得额，按20%的税率缴纳企业所得税。

应纳税所得额=会计利润±纳税调整事项=20+0=20(万元)

减按12. 5%计入应纳税所得额，按20%的税率缴纳企业所得税，则

应纳企业所得税=20×12.5%×20%=0.5(万元)

实战演练

【答案】

(1) 营改增试点中的非居民企业，取得《企业所得税法》第三条第三款规定的所得，在计算缴纳企业所得税时，应以不含增值税的收入全额作为应纳税所得额。

根据国家税务总局公告2013年第19号文的规定，自2013年6月1日起，非居民企业（以下统称派遣企业）派遣人员在中国境内提供劳务，如果派遣企业对被派遣人员工作结果承担部分或全部责任和风险，通常考核评估被派遣人员的工作业绩，应视为派遣企业在中国境内设立机构、场所提供劳务。因此其适用的企业所得税税率为25%。

该制药企业应当扣缴企业所得税=150÷(1+6%)×20%①×25%

=7.08(万元)

① 20%为主管税务机关核定的劳务利润率，见原题最后。

应当扣缴增值税＝150÷(1＋6％)×6％＝8.49(万元)
应当扣缴城市维护建设税＝8.49×7％＝0.59(万元)
应当扣缴教育费附加＝8.49×3％＝0.25(万元)
应当扣缴地方教育附加＝8.49×2％＝0.17(万元)

(2) 残疾人员工资50万元另按100％加计扣除，应调减企业所得税应纳税所得额50万元。

可以扣除的福利费限额＝1 500×14％＝210(万元)
应调增应纳税所得额＝250－210＝40(万元)
可以扣除的工会经费限额＝1 500×2％＝30(万元)
应调增应纳税所得额＝35－30＝5(万元)
可以扣除的教育经费限额＝1 500×8％＝120(万元)

本年教育经费支出100万元可全额扣除，并可扣除上年结转的扣除额5万元，则应调减应纳税所得额5万元。

为投资者支付的商业保险费不能在企业所得税前扣除，应调增应纳税所得额10万元。

(3) 计算广告费和业务宣传费扣除的基数＝5 500＋360＝5 860(万元)

2016年1月1日起至2025年12月31日，对化妆品制造或销售、医药制造和饮料制造（不含酒类制造）企业发生的广告费和业务宣传费支出，不超过当年销售（营业）收入30％的部分，准予在企业所得税前扣除；超过部分，准予在以后纳税年度结转扣除。

可以扣除的广告费限额＝5 860×30％＝1 758(万元)

当年发生的640万元广告费无须作纳税调增，但非广告性质的赞助支出不能在企业所得税前扣除，应调增应纳税所得额50万元。

可以扣除的业务招待费限额1＝5 860×5‰＝29.3(万元)
可以扣除的业务招待费限额2＝72×60％＝43.2(万元)

因此扣除限额为29.3万元。

应调增应纳税所得额＝72－29.3＝42.7(万元)

(4) 制造业企业开展研发活动中实际发生的研发费用，未形成无形资产计入当期损益的，在按规定据实在企业所得税前扣除的基础上，自2021年1月1日起，再按照实际发生额的100％在税前加计扣除；形成无形资产的，在上述期间按照无形资产成本的200％在税前摊销。

应调减应纳税所得额＝100×100％＝100(万元)

(5) 会计利润＝5 500＋360＋300－2 800－300－210－420－550－900－180＋120

=920(万元)

公益性捐赠的扣除限额=920×12%=110.4(万元)

通过县级政府向贫困地区捐赠120万元应作应纳税所得额调增。

应调增应纳税所得额=120−110.4=9.6(万元)

另外，直接向某学校捐赠20万元不能在企业所得税前扣除，应调增应纳税所得额20万元。

(6) 可以抵免的应纳所得税额=300÷(1+13%)×10%=26.55(万元)

可以免税的所得额=30−22=8(万元)

应调减应纳税所得额8万元。

(7) 应调减应纳税所得额10万元。

(8) 会计利润为920万元。

应纳税所得额=920−50+40+5−5+10+50+42.7−100+9.6+20−8−10
=924.3(万元)

应纳企业所得税=924.3×25%−26.55=204.53(万元)

第5章　个人所得税法

技能训练

1.【答案】

本年综合所得应纳税所得额=10 000×12+24 000×(1−20%)−60 000−40 000
=39 200(元)

本年综合所得应纳个人所得税=39 200×10%−2 520=1 400(元)

本年偶然所得应纳个人所得税=28 000×20%=5 600(元)

本年应纳个人所得税合计=1 400+5 600=7 000(元)

2.【答案】

应纳税所得额=68 000×(1−20%)=54 400(元)

应纳个人所得税=54 400×30%−4 410=11 910(元)

实战演练

【答案】

(1) 独生子女补贴不属于应税的工资、薪金所得，不缴纳个人所得税。

本年综合所得应纳税所得额＝12 000×12＋36 000×(1－20%)－60 000－40 000
＝72 800(元)

本年综合所得应纳个人所得税＝72 800×10%－2 520＝4 760(元)

(2) 保险赔款免征个人所得税；李某取得的福利彩票中奖收入应缴纳个人所得税。

应纳个人所得税＝25 000×20%＝5 000(元)

(3) 自2015年9月8日起，个人从公开发行和转让市场取得的上市公司股票，持股期限在1个月以内（含1个月）的，其股息、红利所得全额计入应纳税所得额；持股期限在1个月以上至1年（含1年）的，暂减按50%计入应纳税所得额；持股期限超过1年的，暂免征收个人所得税。李某取得的红利所得应纳个人所得税为0。

(4) 李某出售住房应纳个人所得税＝(200 000－120 000－8 000)×20%＝14 400(元)

(5) 企业为股东购买车辆并将车辆所有权归到股东个人名下，应按照利息、股息、红利所得项目征收个人所得税。考虑到该股东个人名下的车辆同时也为企业经营使用的实际情况，允许合理减除部分所得。

李某取得车辆所有权应纳个人所得税＝(300 000－100 000)×20%＝40 000(元)

第6章　其他税种税法（上）

技能训练

1.【答案】按照特定减免税办法批准予以减免税进口的货物，在转让或出售而需补税时，可按这些货物原进口时的到岸价格来确定其完税价格，其计算公式为：

$$\text{应补缴关税的完税价格}=\text{原入境到岸价格}\times[1-\text{实际使用月份}\div(\text{管理年限}\times 12)]$$

甲企业应补缴关税的完税价格＝280×[1－9÷(2×12)]＝175(万元)

甲企业应补缴关税＝175×10%＝17.5(万元)

2.【答案】拖船和非机动驳船分别按相同净吨位船舶税率的50%计征。

应纳船舶吨税＝15 000×9.2×50%＝69 000(元)

3.【答案】

应纳城市维护建设税＝(50＋8)×7%＝4.06(万元)

应纳教育费附加＝(50＋8)×3%＝1.74(万元)

应纳地方教育附加＝(50＋8)×2%＝1.16(万元)

4.【答案】

增值额＝1 000－[50＋200＋40＋60＋(200＋50)×20%]＝600(万元)

因此，土地增值税税率为50%，扣除系数为15%。

应纳土地增值税=600×50%－400×15%=240(万元)

5.【答案】纳税人新征用的非耕地，自批准征用之次月起计算纳税，则

应纳城镇土地使用税=960×5+1 200×5×8÷12=8 800(元)

6.【答案】占用耕地改成果园，不征收耕地占用税；农村居民在规定用地标准以内占用耕地新建自用住宅，按照当地适用税额减半征收耕地占用税；占用耕地建设农田水利设施的，不缴纳耕地占用税。

张某应纳耕地占用税=300×20×50%=3 000(元)

实战演练

【答案】

(1) 开采环节不需要计算缴纳资源税，应纳资源税为0。

(2) 业务(2)：

应纳资源税=240×100×5%=1 200(元)

(3) 业务(3)：纳税人将其开采的原煤，自用于连续生产洗选煤的，在原煤移送使用环节不缴纳资源税；将其开采的原煤，自用于其他方面(如用于职工宿舍)的，视同销售原煤，按同期对外销售价格计算应纳资源税；纳税人将其开采的原煤加工为洗选煤销售的或用于职工宿舍等视同销售，以洗选煤销售额乘以折算率作为应税煤炭销售额计算缴纳资源税，且洗选煤销售额中包含的运输费用以及随运销产生的装卸、仓储、港杂等费用应与煤价分别核算，凡取得相应凭据的，允许在计算煤炭计税销售额时予以扣减。

应纳资源税=(50+3+20)×(200－20)×60%×5%=394.2(元)

(4) 销售开采煤矿过程中生产的天然气，暂不征收资源税，业务(4)应纳资源税为0。

该煤矿当月应纳资源税合计=1 200+394.2=1 594.2(元)

第7章　其他税种税法(下)

技能训练

1.【答案】

买卖合同应纳印花税=2 000×0.3‰=0.6(万元)=6 000(元)

仓储合同应纳印花税＝100×1‰＝0.1(万元)＝1 000(元)

2. **【答案】**

应纳车船税＝3 000×3×5＋1 800×4×50%＝48 600(元)

3. **【答案】**

应纳车辆购置税＝113 000÷(1＋13%)×10%＝10 000(元)

4. **【答案】**契税的纳税人，是指在我国境内承受土地、房屋权属转移的单位和个人，本例中承受房屋权属转移的为谢某，因此

谢某应纳契税＝70×3%＝2.1(万元)

5. **【答案】**按照2018年7月1日起实施的《烟叶税法》，烟叶税的应纳税额按照纳税人收购烟叶实际支付的价款总额乘以税率计算。纳税人收购烟叶实际支付的价款总额包括纳税人支付给烟叶生产销售单位和个人的烟叶收购价款和价外补贴。其中，价外补贴统一按烟叶收购价款的10%计算。

应纳烟叶税＝88×(1＋10%)×20%＝19.36(万元)

6. **【答案】**

水污染物当量数＝50÷0.5＝100(吨)

应纳环境保护税＝100×2.8＝280(元)

实战演练

【答案】

(1) 以房产投资，收取固定收入，不承担联营风险的，实际上是以联营名义取得房产租金，应按照租金收入计算缴纳房产税；纳税人委托施工企业建造的房屋，自办理验收手续之次月起缴纳房产税。

应纳房产税＝30×12%＋780×(1－30%)×1.2%÷12×5
＋400×(1－30%)×1.2%÷12×4
＝7.45(万元)

(2) 纳税人新占用非耕地的，自批准征用次月起缴纳城镇土地使用税。

应纳城镇土地使用税＝1 800×5÷12×9＝6 750(元)

纳税人新占用耕地的，自批准征用之日起满1年时开始缴纳城镇土地使用税，因此甲企业本年占用耕地不缴纳城镇土地使用税。

第8章　税务行政法制

技能训练

【答案】

（1）《税收征收管理法》规定："纳税人、扣缴义务人、纳税担保人同税务机关在纳税上发生争议时，必须先依照税务机关的纳税决定缴纳或者解缴税款及滞纳金或者提供相应的担保，然后可以依法申请行政复议；对行政复议决定不服的，可以依法向人民法院起诉。当事人对税务机关的处罚决定、强制执行措施或者税收保全措施不服的，可以依法申请行政复议，也可以依法向人民法院起诉。"（也可以说，申请人对复议范围中征税行为不服的，应当先向复议机关申请行政复议，对行政复议决定不服的，可以再向人民法院提起行政诉讼。申请人对复议范围中税务机关作出的征税行为以外的其他具体行政行为不服的，可以申请行政复议，也可以直接向人民法院提起行政诉讼。）

（2）凡是未经复议直接向人民法院提起诉讼的，或者经过复议，复议裁决维持原具体行政行为，当事人不服而向人民法院提起诉讼的，根据《行政诉讼法》第十八条以及其他相关法律的规定，均由最初作出具体行政行为的税务机关所在地人民法院管辖。因此，该行政诉讼案件由最初作出具体行政行为的税务机关所在地人民法院（A市M区人民法院）管辖。

（3）根据《行政诉讼法》第二十六条的规定，经复议的案件，复议机关决定维持原行政行为的，作出原行政行为的行政机关和复议机关是共同被告；复议机关改变原行政行为的，复议机关是被告。该行政诉讼案件中，复议机关审查后，决定维持原行政处罚决定，因此，作出原行政行为的行政机关（A市M区税务局）和复议机关（A市税务局）是共同被告。

实战演练

【答案】

（1）该市税务局应受理甲加工企业的行政复议申请。根据税法的规定，行政复议申请符合下列规定的，行政复议机关应当受理：属于规定的行政复议范围；在法定申请期限内提出；有明确的申请人和符合规定的被申请人；申请人与具体行政行为有利害关系；有具体的行政复议请求和理由；符合《税务行政复议规则》第三十三条和第三十四条规定的条件；属于收到行政复议申请的行政复议机关的职责范围；其他行政复议机关尚未受理同一行政复议申请，人民法院尚未受理同一主体就同一事实提起的行政诉讼。

本题中纳税人对各级税务局的稽查局的具体行政行为不服的，向其所属税务局申请行政复议。该复议属于该市税务局的管辖范围。纳税人对该税务机关作出的征税行为（征收税款行为）提出行政复议，属于税务行政复议的受案范围。4月20日收到税务处理决定书，5月20日缴纳了税款，5月21日申请行政复议，即在规定的期限60日内提出行政复议的申请，也是符合规定的。有明确的申请人和符合规定的被申请人等都是符合条件的，所以该市税务局应该受理甲加工企业的行政复议申请。

（2）甲加工企业可以就该市税务局不予受理行为向法院提起诉讼。根据税法的规定，对应当先向行政复议机关申请行政复议，对行政复议决定不服再向人民法院提起行政诉讼的具体行政行为，行政复议机关决定不予受理的，申请人可以自收到不予受理决定书之日起15日内，依法向人民法院提起行政诉讼。

参考文献

［1］中国注册会计师协会．会计．北京：中国财政经济出版社，2022.

［2］中国注册会计师协会．税法．北京：中国财政经济出版社，2022.

［3］全国税务师职业资格考试教材编写组．税法（Ⅰ）．北京：中国税务出版社，2022.

［4］全国税务师职业资格考试教材编写组．税法（Ⅱ）．北京：中国税务出版社，2022.

［5］东奥会计在线注会网上辅导税法讲义．2022.

［6］中华会计网校注会网上辅导税法讲义．2022.

［7］财政部会计资格评价中心．经济法基础．北京：经济科学出版社，2021.

［8］梁文涛．税法（简明版）．3 版．北京：中国人民大学出版社，2022.

［9］梁文涛．税法．6 版．北京：中国人民大学出版社，2022.

［10］梁文涛．税务会计（简明版）．2 版．北京：中国人民大学出版社，2022.

［11］梁文涛．税务会计．4 版．北京：中国人民大学出版社，2021.

［12］梁文涛．《税务会计（第 4 版）》习题集．北京：中国人民大学出版社，2021.

［13］梁文涛．纳税筹划．6 版．北京：中国人民大学出版社，2022.

［14］梁文涛．《纳税筹划（第 6 版）》习题集．北京：中国人民大学出版社，2022.

［15］梁文涛．中国税收：税费计算与申报．5 版．北京：中国人民大学出版社，2021.

［16］梁文涛，等．企业纳税实务．3 版．北京：高等教育出版社，2019.

［17］梁文涛，等．企业纳税实务习题与实训．3 版．北京：高等教育出版社，2019.

［18］1990—2022 年中华人民共和国相关财经、会计、税收等法律法规文件.

教师教学服务说明

中国人民大学出版社财会出版分社以出版经典、高品质的会计、财务管理、审计等领域各层次教材为宗旨。

为了更好地为一线教师服务，近年来财会出版分社着力建设了一批数字化、立体化的网络教学资源。教师可以通过以下方式获得免费下载教学资源的权限：

在中国人民大学出版社网站 www. crup. com. cn 进行注册，注册后进入“会员中心”，在左侧点击“我的教师认证”，填写相关信息，提交后等待审核。我们将在一个工作日内为您开通相关资源的下载权限。

如您急需教学资源或需要其他帮助，请在工作时间与我们联络：

中国人民大学出版社　财会出版分社

联系电话：010-62515987，62511076

电子邮箱：ckcbfs@ crup. com. cn

通讯地址：北京市海淀区中关村大街甲 59 号文化大厦 1501 室（100872）

人大社财会